Kulturbranding II

Weimarer Studien zu Kulturpolitik und Kulturökonomie

Herausgegeben von Steffen Höhne und Wolfgang Lück
Band 4

Kulturbranding II

Konzepte und Perspektiven der Markenbildung
im Kulturbereich

Herausgegeben von
Steffen Höhne und Ralph Philipp Ziegler

LEIPZIGER UNIVERSITÄTSVERLAG GMBH 2009

Bibliografische Information der Deutschen Nationalbibliothek
Die Deutsche Nationalbibliothek verzeichnet diese Publikation in der Deutschen
Nationalbibliografie; detaillierte bibliografische Daten sind im Internet über
http://dnb.ddb.de abrufbar.

Das Werk einschließlich aller Abbildungen ist urheberrechtlich geschützt.
Jede Verwertung außerhalb der engen Grenzen des Urheberrechtsgesetzes ist ohne
Zustimmung des Verlages unzulässig und strafbar. Das gilt insbesondere für
Vervielfältigungen, Übersetzungen, Mikroverfilmungen und die Einspeicherung und
Bearbeitung in elektronischen Systemen.

Umschlagfotos:
„In Worte schreiben" (Citroen Picasso): Juerg Balmer, Zürich
„Konzerthaus Dortmund": IRIS-Medien, Dortmund
„MoMA in Berlin": MetaDesign AG, Berlin

© Leipziger Universitätsverlag GmbH 2009
Redaktion: Steffen Höhne und Ralph Philipp Ziegler unter Mitwirkung
von Carsten Wernicke, Anne Brüning und Wolf-Georg Zaddach
Druckvorlagen von Carsten Wernicke und Wolf-Georg Zaddach
Umschlaggestaltung: berndtstein | grafikdesign, Berlin
Druck: DDF GmbH, Leipzig
Buchbinderische Verarbeitung: Buchbinderei Prade, Leipzig
ISSN 1860-8639
ISBN 978-3-86583-338-9

Inhalt

Vorwort   7

Kai-Uwe Hellmann
„Wer Marke will, muss auch Kultur wollen."
Zur Interdependenz von Kulturmarken und Markenkulturen   11

Steffen Höhne
Kulturbranding – zwischen inhaltsarmer Reduktion und kommunikativer
Praxis. Konzeptuelle Überlegungen zu einem aktuellen Phänomen   25

Stefanie Rathje
An glatten Oberflächen bleibt nichts haften! –
Brand Cohesion als Ansatz zur Markenentwicklung im Kulturbereich   37

Carsten Baumgarth, Kristina Freund
Markenführung von Museen: Markenorientierung als Erfolgsfaktor?   57

Sigrid Bekmeier-Feuerhahn
Museum als Marke – Identitätsverlust oder Erfolgsstrategie?   73

Sebastian Steinert
Zur Typologisierung des Bildenden Künstlers als Marke   101

Birgit Mandel
Das *MoMA* ist der Star und die Hochkultur wird populär –
neue Strategien der Besucherbindung im Kulturbetrieb   119

Andreas Eckel
Branding und Sponsoring am Beispiel
des *Schleswig-Holstein Musik Festivals*   129

Pascal Charles Amann
Vom Flugblatt zu *MySpace.com*. Marken und Marketing
von Künstlern im Zeitalter der digitalen Informationsgesellschaft   135

Ralph Philipp Ziegler
Wirkungsprinzipien und Nutzendimensionen des
künstlerischen Kernproduktes in der klassischen Musik
und deren Integration in Markenbildungs- und -führungsprozesse   151

Ralph Philipp Ziegler, Sonja Müller-Bollenhagen
Klassische Werbung für klassische Musik – Werbe- und Markenstrategien professioneller Agenturen für öffentliche Kulturinstitutionen an zwei Fallbeispielen   213

Autoren   237

Vorwort

Es scheint, dass sich professionelles Markenmanagement gerade nach dem Bankencrash im Herbst 2008 einigermaßen ruckartig vom zeitgemäßen Acessoire des Muster-Kulturbetriebs zu einer harten Notwendigkeit der Existenzsicherung von Kulturinstitutionen wandeln wird. Max Hollein als einer der erfolgreichsten Sponsoring-Akquisiteure der bundesdeutschen Kulturlandschaft prophezeite in diesem Kontext im *Spiegel*: „Sponsoring ist ein Geschäft, und das wird noch härter werden als bisher. Die verbleibenden Unternehmen werden sich wählerischer zeigen und fordernder auftreten." (HOLLEIN 2008) Dieser Voraussage ist ohne Abstriche zuzustimmen – insbesondere angesichts der Fülle von Kultureinrichtungen und -projekten, die im Wettbewerb um monetär tragfähige Partnerschaften mit der Wirtschaft stehen. Ein wesentliches Differential in der Spannweite zwischen kommerzieller Anbiederung und inhaltlichem Selbstbewusstsein stellt bei solchen Partnerschaften die Fähigkeit dar, Qualität, Sinn und Wirkung der eigenen Arbeit überzeugend kommunizieren zu können. Und, nicht zuletzt: deren Wert auch für die Ansprüche Dritter transparent machen zu können. Hier werden in einer hoch sensibilisierten und von Unternehmensseite bereits erheblich professionellen Situation effektvoll gestrickte Sponsoringkonzepte ohne ausreichende qualitative Grundierung keine Chance für nachhaltige Kooperationen mehr bleiben. Fokussierung ist das Gebot der Zukunft: außergewöhnliche und für Partner wie Besucher bedeutsame Qualitäten sichtbar zu machen – und auf professioneller Basis Anschlusspositionen zu entwickeln. Diese Anschlusspositionen können einmal für die Bedürfnisse und Interessen potenzieller Besucher wirken und als Wegweiser im turbulenten Konzert der Kern-, Sparten- wie Freizeitkonkurrenz Aufmerksamkeit zu generieren imstande sein – in der Konkurrenz um Attraktivität und nicht zuletzt den Faktor ‚Zeit'. Aber eben auch um der klarsichtigen Kooperationsfähigkeit von Interessen Dritter: derjenigen von Stiftungen und politischen Akteuren mit den Kernanforderungen innovativer Aspekte und gesellschaftlicher Wirkung – und derjenigen von Partnern aus der Wirtschaft, für die unter dem Aspekt nachhaltigen gemeinsamen Tuns eben nicht ausschließlich gesellschaftliche Reputation und Glamourfaktor, sondern gerade auch Aspekte wie Innovationsfähigkeit und einzigartiger Leistungspotenziale eine elementare Basis darstellen.
Um seine Anspruchs- und Interessengruppen auf der ganzen Breite anzusprechen – vom interessierten möglichen Besucher über Träger und meinungsbildende Gruppen bis zur Wirtschaft, sind qualifizierte Instrumente gefordert, die gleichzeitig monetär zumindest tendenziell darstellbare wie inhaltlich wesentliche Aspekte zu moderieren und zu vermitteln vermögen.
In der Situation „nach Lehman", wie sie Max Hollein im erwähnten Interview auswertet, erscheint es fast als zeitliche Dopplung und Bestätigung der Entwicklung, dass professionelles Markenmanagement für Kulturinstitutionen zu einem

vieldiskutierten Thema, fast einem ‚Hype', im praktischen wie akademischen Kulturmanagement geworden ist. In einer Konkurrenz, in der selbst der Markenwert des medial hochstilisierten Eisbären Knut im Berliner Zoo ökonomisch greifbar gemacht wird (die Unternehmensberatung BBDO spricht in der FAZ von 13 Millionen Euro) (FAZ 2007), sollten insbesondere ökonomisch vielfach hoch aufwändige Kultureinrichtungen mehr als nur ein Interesse daran haben, keine Potenziale zu verschenken – und ihre oft überragenden Qualitäten auch entsprechend souverän und profund bewertet in Verhandlungen einzubringen.

Dazu fehlt es zum Teil selbst an fundamentalen Instrumenten. So existieren beispielsweise bislang keine ernsthaften Ansätze für eine Markenbewertung im Kulturbereich, die teils selbst bei Institutionen höchsten Renommees für Partnerschaftsvereinbarungen weit unter Wert bedingen. Empirische Arbeiten, wie die in diesem Band veröffentlichten zum Themenbereich „Museum und Marke", setzen erste Grundlagen für einen fundierten Umgang mit dem Thema.

Theorie und Praxis haben sich des Themas angenommen. Seit der ersten Weimarer Konferenz *Kulturbranding? Konzepte und Perspektiven der Markenbildung im Kulturbereich* im Herbst 2005 sind mehrere Symposien und Publikationen dem Thema gewidmet worden; unter anderem die Folgekonferenz *Kulturbranding II* in Weimar, deren Beiträge im vorliegenden Band vorgelegt werden. Das Institut für Kulturmanagement in Ludwigsburg veranstaltete den Kongress *Starke Marken* mit einer Reihe von Praxisbeispielen (KLEIN 2006). Wissenschaftliche Ansätze wie Praxisreflexion vermittelt dagegen der Band *Das Museum als Marke* (JOHN/GÜNTER 2008). Auch in der Praxis ist Markenmanagement für Kulturinstitutionen im Alltag angekommen; als integriertes Konzept auf dem Niveau der allgemeinen Wirtschaft geschieht es aber noch eher vereinzelt wie beim Markenkonzept des Beratungsunternehmens *Brandmeyer Markenberatung* für die Hamburger *Elbphilharmonie*.

Eine Reihe von Herausforderungen zur Thematik werden das Kulturmanagement auch zukünftig vor hohe Herausforderungen stellen, so das Verhältnis zwischen bewussten und unbewussten Nutzenerwartungen beim Publikum, die die Darstellung eines Kernnutzens teils noch komplexer als im allgemeinen Konsumgüter- und Dienstleistungsbereich gestalten. Die weitere Arbeit an diesen Kernbereichen soll die Professionalisierung des Instrumentariums deutlich vorantreiben, im engeren wie weiteren Kulturbereich Strategien des Markenmanagements erfolgreich und mit nachhaltigem Nutzen für Bestehen und Wirkung von Institutionen anwenden zu können.

Weimar, im Dezember 2008

Steffen Höhne   Ralph Philipp Ziegler

Literatur

FAZ (2007): „Superbär – Knut ist Millionen wert". – In: FAZ (31.03.2007) http://www.faz.net/s/Rub62CD6E955D7B4068B2B82DB047E0A39C/Doc~E782787F7D4654B0F923F80269DE41943~ATpl~Ecommon~Scontent.html.

HÖHNE, Steffen/ZIEGLER, Ralph Philipp (Hgg.) (2006): *Kulturbranding. Konzepte und Perspektiven der Markenbildung im Kulturbereich* (= Weimarer Schriften zu Kulturpolitik und Kulturökonomie, 2). Leipzig: Universitätsverlag.

HOLLEIN, Max (2008): „Die Zeit der großen Deals ist vorbei" – Max Hollein im Interview mit Ulrike Knöfel. – In: *Der Spiegel* (14.10.2008) http://www.spiegel.de/kultur/gesellschaft/0,1518,583902,00.html.

JOHN, Hartmut/GÜNTER, Bernd (Hgg.) (2008): *Das Museum als Marke. Branding als strategisches Managementinstrument für Museen*. Bielefeld: Transcript.

KLEIN, Armin (Hg.) (2007): *Starke Marken im Kulturbetrieb*. Baden-Baden: Nomos.

„Wer Marke will, muss auch Kultur wollen."
Zur Interdependenz von Kulturmarken und Markenkulturen

Kai-Uwe Hellmann

> „Ja, wenn wir wollen, daß Menschen zu uns kommen, dann müssen wir unsererseits auf sie zugehen."
> (Simon Rattle)[1]

1. Kulturmarken im Aufwind

Der Markt ist eine mächtige Metapher, die zunehmende Verbreitung, Anerkennung und Verwendung findet, beileibe nicht nur in der Wirtschaft. Ob Politik, Religion, Wissenschaft oder Bildung: Überall kommt der Markt ins Spiel, häufig in Gestalt einer Argumentations- und Legitimationsfigur, der man kaum mehr zu widersprechen wagt, die neue Bedingungen und Begrenzungen dafür setzt, was zu tun ist, um wettbewerbs- und bestandsfähig zu bleiben, und die Veränderungen und damit einhergehende Lernprozesse einfordert, die es unbedingt zu befolgen gilt, um nicht bloß auf eine glorreiche Vergangenheit zurückblicken, sondern auch in eine aussichtsreiche Zukunft vorausschauen zu können. Denn der Markt setzt immer stärker Maßstäbe für die eigene Zukunftsfähigkeit.

Marktorientierung ist demnach das Gebot der Stunde: Sich am Markt orientieren, sich auf den Markt beziehen, sich nach dem Markt richten heißt die Maxime (LAFFERTY/HULT 1999). Das Marketing stellt dafür die erforderlichen Mittel bereit, um zwischen Angebot und Nachfrage zu vermitteln, und am Ende des Tages läuft alles aufs Branding hinaus: die Bildung einer erfolgreichen Marke als Krönung jeder Werbekampagne (HELLMANN 2005).

Wendet man sich vor diesem Hintergrund dem Kulturbereich zu, wird man umgehend feststellen können: Auch hier schießen Kulturmarken wie Pilze aus dem Boden, weil das Regime des Marktes auch im Kulturbereich einen immer größeren Raum einnimmt.[2] Dementsprechend finden Marketing und selbst Branding reißenden Absatz: Beinahe jede Kulturinstitution praktiziert Marketing und versucht sich am Branding oder trägt sich zumindest mit dem Gedanken daran. Dabei beschränkt sich diese Entwicklung keineswegs nur auf die Metropolen, sondern hat längst schon die Provinz erreicht: Ob Freilichtbühne, Heimatmuseum oder Musikfestival auf der grünen Wiese, überall wird Marketing und am besten gleich Branding betrieben.[3]

---

1 Das Zitat entstammt einem Interview mit Simon Rattle, das am 29. Juni 2007 in der *Frankfurter Allgemeinen Zeitung*, Ausgabe 148, S. 44, veröffentlicht wurde.
2 HARTMAN (2003); O'REILLY (2005); SCHROEDER (2005); HELLMANN/PICHLER (2005); HÖHNE/ZIEGLER (2006); KLEIN (2007).
3 Vgl. das Portal www.kulturmarken.de der Agentur für Marketing & Kommunikation „causales" in Berlin, die sich auf die Bildung und Prämierung von Kulturmarken spezialisiert hat.

Was bei dieser Entwicklung vorherrscht, ist jedoch eine etwas einseitige Betrachtung der Nutzen/Kosten-Bilanz.[4] Man sieht vorrangig, welche Vorteile erfolgreiches Marketing zu bieten verspricht, wie größere Bekanntheit, höhere Kartenverkäufe, mehr Abonnenten, wachsender Marktanteil, verbessertes Renommee, und schaut man gar auf die Chance, eine Marke mit Anspruch auf Alleinstellung zu werden, ist der Enthusiasmus kaum mehr zu bremsen. Gerade Markenbildung bringt aber eine Reihe von Verpflichtungen auch sich selbst gegenüber mit sich, deren Konsequenzen nicht unterschätzt werden sollten. Markenbildung bedeutet nämlich Selbstbindung, frei nach dem Motto: „Wer A sagt, muss auch B sagen." Denn eine Marke ist das Symbol eines Versprechens, das ein Unternehmen seinen Kunden freiwillig gibt, und daran wird es dann gemessen (HELLMANN 2007a). Um eine Marke zum Erfolg zu führen, sollte daher eine Regel unbedingt Beachtung finden: „Versprich' nur soviel Produktqualität, wie Du langfristig auch halten kannst." Für Wirtschaftsunternehmen, die Massenmärkte mit hochstandardisierten Produkten beliefern, mag dies größtenteils erreichbar sein, für Kulturinstitutionen, deren Kernkompetenz sich mitnichten darin erschöpft, ausschließlich hochstandardisierte Produkte zur Unterhaltung der Massen anzubieten, wohl kaum. Insofern tun sich Kulturinstitutionen mit derartigen Qualitätsversprechen ungleich schwerer, weil sich die Qualität ihrer Produkte ständig ändert, dies liegt in der Natur der Sache (HELLMANN 2006, 2007a).

Doch damit nicht genug. Nicht nur, dass Markenbildung Selbstbindung erfordert, kann sich auf der Nachfrageseite unter den Konsumenten und Kunden einer bestimmten Marke auch eine eigenständige Alltagskultur um eine solche Marke herausbilden, unter gewissen Umständen entsteht sogar eine Markengemeinschaft, die autonom agiert und ganz eigene Ansichten, Vorlieben und Abneigungen hinsichtlich „ihrer" Marke entwickelt, die sich möglicherweise nicht mehr im Einklang damit befinden, wie diese Marke auf der Angebotsseite wahrgenommen wird.[5] Diese Diskrepanz zwischen Selbst- und Fremdwahrnehmung einer Marke, ihrer Bedeutung, Funktion und Relevanz, kann für die rechtmäßigen Markeninhaber indes zu einem ernsten Problem führen, fordert Marktorientierung doch die Kenntnisnahme und auch Anerkennung dessen, was der Markt fordert und für richtig hält. In der Konsequenz bedeutet das die Fähigkeit und Bereitschaft der Unternehmen, sich mit einer solchen Markenkultur, wie sie sich „draußen" im Markt und darüber hinaus etabliert hat, konstruktiv ins Benehmen zu setzen, auf sie einzulassen und in einen Dialog mit ihr einzutreten. Eine solche Konsequenz bedeutet letztlich aber, die eigene Unternehmenskultur in eine gewisse Ab- und Übereinstimmung mit einer solchen Markenkultur zu bringen. Mit anderen Worten kann der Erfolg von Markenbildung im Falle der Entstehung ei-

---

[4] Vgl. das noch vergleichsweise ausgewogene „Jahrbuch für Kulturpolitik 2005" mit dem Themenschwerpunkt „Kulturpublikum", herausgegeben vom Institut für Kulturpolitik der Kulturpolitischen Gesellschaft.

[5] SCHOUTEN/Mc ALEXANDER (1995); O'GUINN/MUNIZ (2005); FOURNIER et al. (2005).

ner solchen Markenkultur soweit gehen, dass er sogar auf das Unternehmen und dessen Kultur zurückwirkt, diese berührt, beeinflusst, verändert – eine Herausforderung, deren erfolgreiche Bewältigung voraussetzt, dass sich das jeweilige Unternehmen zu einem solchen „Kulturkontakt" tatsächlich bereit findet und als eine Folge seiner eigenen Unternehmenspolitik begreift und akzeptiert.

Wenn nun auch vermehrt Kulturinstitutionen auf Marketing und Branding setzen, dann werden diese ebenfalls damit konfrontiert, dass Markenbildung nicht nur Selbstbindung einschließt, sondern auch dazu führen kann, dass sich in ihrem Publikum, innerhalb ihrer Kundschaft eine Markenkultur entwickelt, die auf die Kulturinstitutionen, ihr Selbstverständnis, ihre Programmpolitik, ihre Praxis, ihre Mitarbeiter zurückwirkt und sie in eine Auseinandersetzung darüber verwickelt, was die eigentliche Marke des jeweiligen Hauses tatsächlich ist. Grundsätzlich dürfte für Kulturinstitutionen eine solche Konfrontation mit der Publikumsmeinung zwar nichts Neues sein. Im Zuge der professionellen Einführung von Marketing und Branding gehört es aber nicht mehr bloß zum guten Ton, auch dem eigenen Publikum mitunter Gehör zu schenken, sondern diese Übung wird dann zum festen Prinzip der Geschäftsgrundlage, gleichsam ein virtueller Vertrag zwischen Institution und Publikum, mit weitreichenden Folgen für das Innenleben der Institutionen.

Der folgende Beitrag widmet sich dieser Interdependenz von Marken- und Unternehmenskultur unter besonderer Berücksichtigung von Kulturinstitutionen. Dabei soll lediglich der Versuch unternommen werden, die Wechselwirkung und wechselseitige Abhängigkeit zwischen Marken- und Unternehmenskultur in den Grundzügen vorzuzeichnen. In einem ersten Schritt wird hierzu das Phänomen der Markenkultur näher beleuchtet, in einem zweiten Schritt mögliche Rückwirkungen solcher Markenkulturen auf die Unternehmenskultur von Kulturinstitutionen.

2. Entstehung und Eigenständigkeit von Markenkulturen

Die Innovation und Institutionalisierung von Marken, sieht man von der rechtzeitigen Erwirkung eines rechtlichen Markenschutzes einmal ab, nimmt in der Regel dort ihren Anfang, wo ein bestimmtes Unternehmen ein bestimmtes Produkt auf einem bestimmten Markt einführen möchte und hierfür gewisse Maßnahmen zum Zwecke der Vermarktung ergreift, wie Name, Verpackung, Vertriebsweg etc. Was dadurch erreicht wird, ist jedoch lediglich die semiotische Markierung des Produktes, also die Einbettung desselben in ein bestimmtes Zeichensystem, das zur Grundlage der weiteren Kommunikation mit der angepeilten Kundschaft dienen soll. Von Marke kann bis dahin nur in dieser rein formalen Hinsicht gesprochen werden. Mit Marke ist jedoch weitaus mehr gemeint, nämlich Aufbau und Pflege einer vertrauensvollen und langjährigen Beziehung zu einer Vielzahl von Konsumenten. Die Teleologie jeder Markenbildung zielt somit auf die Bildung solcher sozialen Beziehungen, die sich zwischen Unternehmen und Kundschaft mit Bezug auf eine bestimmte Marke ergeben und festigen sollen.

Auf dem Weg von der Vermarktung eines Produktes als Marke zur Ausbildung solcher sozialen Beziehungen werden verschiedene Stadien durchlaufen, die sich als eine zunehmende Verdichtung der entsprechenden Beziehungsverhältnisse darstellen. Ausgehend von einer völlig losen Kopplung, wie sie Marktverhältnisse auszeichnet, die idealtypisch nur als Einmalbegegnungen von Angebot und Nachfrage ohne Wiedersehen konzipiert werden, entsteht aus der Zufriedenheit mit der Qualität des erworbenen Produkts bei manchen Konsumenten die Bereitschaft zum Wiederkauf. Daraus kann sich wiederum eine noch deutlich engere Anbindung an Produkt und Unternehmen entwickeln, die bis zur konsequenten Markentreue gehen kann, also keinerlei Produktwechsel mehr in Erwägung zieht, und im Ergebnis ist aus einer anfangs noch völlig losen Kopplung eine ganz und gar feste Kopplung zwischen Kunde und Produkt bzw. Unternehmen geworden. Eben dies ist gemeint, wenn hier von Marke gesprochen wird: nicht bloß Absicht, Zeichen, Werbung, sondern die Entstehung einer Realität sui generis.

Alexander Deichsel (2004: 37ff.) hat hinsichtlich dieses Transformationsprozesses eine sehr brauchbare Einteilung vorgenommen. So spricht er von deutlich zu unterscheidenden Dichtezonen, die für den Absatz von Markenprodukten zugleich Zonen unterschiedlicher wirtschaftlicher Stabilität und Effizienz darstellen. Seine Typologie umfasst Konsumenten, Käufer, Kunden und Kundschaft. So sind Konsumenten noch ungebundene Marktteilnehmer, die keinerlei Beziehung zur jeweiligen Marke aufweisen. Bei Käufern dieser Marke ist dies schon anders, weil sie erste Erfahrungen mit ihr machen, ohne dass sich daraus schon die Bereitschaft zum Wiederkauf ableiten ließe. Sollte dies jedoch der Fall sein, spricht Deichsel (2004: 50) nicht mehr vom bloßen Käufer, sondern vom Kunden:

Als Kunde hat er eine Verbundenheit zum Produkt entwickelt. Die Produktprüfung, die ihn als Käufer charakterisierte, ist einem entstehenden Zutrauen gewichen, das schließlich durch echtes Vertrauen ersetzt wird. ... Als Kunde geht er eine persönliche Bindung zum Produkt ein. ... Treue entsteht.

Schließlich kann sich zwischen solchen einzelnen Kunden einer Marke ein Kollektiv entwickeln, das Deichsel Kundschaft nennt. Kundschaft besteht dabei aus einer Vielzahl je einzelner Kunden, ist für sich aber mehr als deren pure Aufsummierung.

Eine neue Einheit entsteht. Die vergrößerte Quantität ist in eine neue Qualität ‚umgeschlagen'. Das Unternehmen hat es jetzt mit einem sozialen Willen zu tun, und zwar in doppeltem Sinne: Erstens ist Kundschaft eine sich bejahende Verbundenheit, denn die Kunden freuen sich, wenn sie andere Verwender des geschätzten Produktes sehen; ein Vorgang, der das System positiv auflädt. Zweitens entsteht durch den Austausch von Produkt und Geld Rückkopplung, die die Marke aufbaut. Vernetzung führt auf diese Weise zu Sozialität. Sich fremde Menschen fühlen sich verwandt, die Marke wirkt als Katalysator. Kundschaft ist folglich ein sozialer Organismus sui generis. (DEICHSEL 2004: 51f.)

Wendet man sich auf Grundlage dieser Typologie dem Phänomen der Markenkultur zu, kann schon für den je einzelnen Kunden davon gesprochen werden, dass die Beziehung zu einer bestimmten Marke unter kulturellen Gesichtspunkten hoch bedeutsam werden kann. Insbesondere Susan M. Fournier (1999) hat sich mit diesem Phänomen eigens auseinandergesetzt. Ausgangspunkt ihrer Studie ist die Feststellung, daß mache Kunden bestimmte Marken personifizieren, ihnen Persönlichkeit zuschreiben und mit ihnen ein „gefühltes" Interaktionsverhältnis unterhalten, die Marke also nicht nur vermenschlichen, sondern im Laufe jahrelangen Gebrauchs zu regelrechten Als-ob-Bezugspersonen und -Ansprechpartnern für den täglichen Umgang machen. Das Alltagsleben wird sozusagen mit einer Anzahl von Markenpersönlichkeiten bevölkert, die wie Familienmitglieder oder Freunde Halt geben, als dialogfähige Bezugsgrößen zur Verfügung stehen und darüber Sinnorientierung stiften. Sichtbar werden solche Interaktionsverhältnisse oftmals durch gewisse Rituale und Praktiken, die regelmäßig in Gebrauch sind, etwa beim Putzen und Waschen mit Rückgriff auf die immer gleichen bewährten Produkte (GRÜNEWALD 1996). Überhaupt sind solche regelmäßig wiederkehrenden Verhaltensmuster ein sicheres Indiz dafür, dass es sich um eine gelebte Kultur, um eine symbolisch bedeutsame Struktur und integrative Strukturierung des Alltagslebens handelt.

Was nun bei einzelnen Kunden an solcherart gelebter Markenkultur beobachtbar ist, gilt um so mehr für das, was Deichsel Kundschaft nennt. Kundschaft bezeichnet ein nicht bloß imaginiertes, sondern auch real erfahrbares Kollektiv von Kunden, die allesamt die gleiche Marke wertschätzen und intensiv nutzen. Bei Kundschaft kommt es gewissermaßen zur wechselseitigen Beobachtung und Bestätigung der Tatsache, daß viele Kunden sich grundsätzlich für eine bestimmte Marke entschieden haben, die für sie einen besonders hohen Stellenwert in ihrer Lebenswelt besitzt.

Neuerdings spricht man in diesem Zusammenhang auch von Markengemeinschaft („brand community"). Empirisch geht es dabei um mehr oder weniger aufwendig gepflegte Beziehungsnetzwerke zwischen Intensivverwendern spezieller Markenprodukte wie *Apple, AOL, BMW, eBay, Harley-Davidson, Jeep, Käfer, Märklin, Porsche, Red Bull, Saab, Saturn, Tupperware, Vespa, Yahoo!* oder auch *Star Wars* und *Star Trek* mit den „Conventions". Dabei wird unter Markengemeinschaft eine spezifische, geographisch nicht festgelegte Gemeinschaft verstanden, die aus einem Geflecht sozialer Beziehungen besteht, die zwischen Bewunderern einer bestimmten Marke entstanden sind. Spezifisch ist an ihr, dass sich in ihrem Kern alles um eine als Marke inszenierte Sach- oder Dienstleistung dreht. Wie bei anderen Gemeinschaften zeichnen sich auch Markengemeinschaften durch Kollektivbewusstsein (Wir-Gefühle), bestimmte Rituale und Traditionen sowie moralische Solidarität füreinander aus. Jede dieser Eigenschaften entfaltet sich innerhalb eines kommerziellen und massenmedialen Ethos' und besitzt ganz eigene Ausdrucksformen. Überdies nehmen Markengemeinschaften an der gesellschaftsweiten Inszenierung von Marken teil und spielen eine wichtige Rolle für das ultimative Markenvermächtnis (MUNIZ/O'GUINN 2001: 412).

Hervorzuheben ist an diesen zahlenmäßig und an Vielfalt rasant zunehmenden Markengemeinschaften ferner, dass sich ihre Emergenz und Kontinuität nicht selten einer ausgesprochen engen Kooperation mit den jeweiligen Unternehmen verdankt. Gleichzeitig pochen solche Markengemeinschaften auf ihre Unabhängigkeit, wie es die Cultural Studies betonen. Immerhin wähnen sich viele Markengemeinschaften im Besitz ihrer Marken, und sie reagieren auch entsprechend aufgebracht und ungehalten, wenn die Unternehmen ihre verehrten Marken auf eine Weise modifizieren, die ihnen nicht behagt (O'GUINN/MUNIZ 2005; FOURNIER et al. 2005). Und genau darin drückt sich das Bestehen einer funktionierenden Markenkultur aus: in der Unabhängigkeit und ggf. sogar Widerständigkeit gegenüber der inadäquaten Gestaltung, Führung oder Veränderung einer spezifischen Marke durch das jeweilige Unternehmen.

Dabei wäre es verfehlt, nur solchen Markengemeinschaften eine eigenständige Kultur zuzutrauen, die offenbar über eine verfügen. Vielmehr dürfte auch das weitere Umfeld der Markenanhänger kultursoziologisch von großem Interesse sein, selbst wenn der Bindungsgrad sukzessive abnehmen sollte (HELLMANN/ KENNING 2007). Nur wie lässt sich eine solche Markenkultur konkret bestimmen? Sehr viele Vorschläge sind hierzu noch nicht gemacht worden.[6] Sicher empfiehlt es sich, die vorliegenden Untersuchungen einzelner Markengemeinschaften daraufhin genauer zu studieren. Überdies erscheint es wenig ratsam, das Rad ganz neu erfinden zu wollen. So dürfte die jahrzehntelange Forschungstradition bezüglich Subkulturen hierzu einiges abwerfen, ohne damit auch deren Leitdifferenz von Dominanz- und Subkultur unhinterfragt zu übernehmen.[7] Denn inzwischen erscheint es einigermaßen fragwürdig, ob es im Konsumbereich überhaupt noch irgendeine Dominanzkultur gibt, was die Rede von Subkultur wiederum überflüssig machen würde.[8] Insofern wäre der Begriff der Teilkultur vielleicht vorzuziehen. Dies würde auch gut dazu passen, was sich in einem sachlich sehr verwandten Forschungsbereich als Standard inzwischen herausgestellt hat. Denn bei der Untersuchung von Unternehmenskulturen bekommt man es ebenfalls mit sehr partikularen Kulturphänomenen zu tun, ob nur lokal oder global operierende Unternehmen betreffend: In jedem einzelnen Fall handelt es sich um eine Organisation, deren Mitgliedschaft nur einen Bruchteil der jeweiligen Bevölkerung umfasst.[9] Zudem repräsentieren solche Organisationen nicht bloß spezifische Teilkulturen innerhalb der Branchen, in denen sie jeweils tätig sind, sondern sie weisen nicht selten auch organisationsintern mehrere Teilkulturen auf, häufig gebildet durch unterschiedliche Professionspopulationen innerhalb

---

6 KARMASIN (1998); GRIES (2003); HOLT (2004); THOMPSON (2004); BENGTSSON et al. (2005).
7 BURGH-WOODMAN/BRACE-GOVAN (2007); SCHWENDTER (1981); VASKOVICS (1989).
8 MIKLAS/ARNOLD (1999); KOZINETS (2001); HELLMANN (2004); CHANG (2005).
9 PETTIGREW (1979); HOFSTEDE (1981); SMIRCICH (1983); SCHEIN (1984); OUCHI/ WILKINS (1985); SACKMANN (1992); HATCH (1993); STADLER (2004).

der Wertschöpfungskette Forschung und Entwicklung, Produktion, Marketing und Vertrieb sowie Geschäftsführung, Finanzen und Personal.[10]

This makes it possible to have a managerial culture, an engineering culture, a science culture, a labor union culture, etc., all of which coexist in a given organization. (SCHEIN 1984: 7)

Und in der Konsequenz hätte man es dann auf beiden Seiten der Unterscheidung von Angebot und Nachfrage mit einer Mehrzahl von Teilkulturen zu tun, die zunächst auf sich und ihr unmittelbares Umfeld bezogen sind. Doch damit ist es nicht getan. Denn so, wie die Gestaltung, Führung und Veränderung einer bestimmten Marke durch die Kultur des jeweiligen Unternehmens, bisweilen sogar noch durch verschiedene Teilkulturen innerhalb solcher Unternehmen, auf eine Art und Weise beeinflusst werden, die keineswegs immer die Zustimmung der markentreuen Kunden findet und daher durchaus auch in Widerspruch zu den jeweiligen Markenkulturen geraten kann, ergibt sich gerade durch diese Eigenständigkeit solcher Markenkulturen die Möglichkeit, mitunter sogar Notwendigkeit für die jeweiligen Unternehmen, ihrerseits zur Kenntnis zu nehmen, dass der Wert ihrer Marke nicht bloß von ihnen alleine abhängt, sondern gerade durch die Aktivitäten solcher Markenkulturen massiv mitgeprägt, wenn nicht erst geschaffen wird. Dies wirft aber die Frage auf, wie man sich die Wechselwirkung und wechselseitige Abhängigkeit von Unternehmens- und Markenkultur vorzustellen hat und wie damit umzugehen ist.

3. Interkulturelle Kompetenz als Herausforderung fürs Kulturmarkenmanagement

Ausgangspunkt für diese Fragestellung ist die Annahme, dass man es gerade im Falle von Marken sowohl auf der Unternehmens- wie auf der Kundenseite mit eigenständigen Kulturen zu tun hat, die sich wechselseitig beobachten, öfters auch beeinflussen und mitunter sogar direkt miteinander kommunizieren. Wenn hier nun von Kultur die Rede ist, dann ist damit, ohne der Komplexität dieses Konzepts auch nur ansatzweise gerecht werden zu können, lediglich gemeint, dass ein Beobachter, ob Unternehmen, Kunde oder wer auch immer, bei der Beobachtung seiner Umwelt eine Reihe von Ereignissen beobachtet, die für ihn eine feststellbare Regelmäßigkeit, ein wiederkehrendes Muster aufweist, das er partout nicht auf externe Steuerung zurückführen kann, weshalb er diese Ereignisreihe als einen selbstreferentiellen Vorgang deutet, quasi als einen weiteren eigenständigen Beobachter, ob Unternehmen, Kunde oder wer auch immer, der sich wiederholt von dem unterscheiden lässt, was er selber tut oder was in der gemeinsamen Umwelt passiert.

Diese etwas umständliche Beschreibung soll deutlich machen, dass Kultur ein Vergleichsbegriff ist, dessen Funktion darin besteht, Unterschiede, Variationen, Abweichungen kenntlich zu machen, die aufgrund ihrer wiederkehrenden Re-

---

10 MARTIN/SIEHL (1983); JEREMIER et al. (1991); SACKMANN (1992); SCHEIN (1996); HOFSTEDE (1998).

gelmäßigkeit Anlass für die Vermutung geben, dass man es bei der Beobachtung solcher Ereignisketten nicht mit Rauschen oder Zufälligkeiten, sondern mit einer zwar ähnlichen und somit vergleichbaren, am Ende aber doch anderen sozialen Entität zu tun hat, deren Andersheit trotz Ähnlichkeit pauschal als eigenständige Kultur definiert wird, ohne diese je vollständig erheben und beschreiben zu können. Kultur markiert sozusagen die soziale Tatsache, dass man es mit einem adäquaten Kommunikationspartner zu tun hat, der von seiner gesamten Erscheinungsweise her so anders ist als man selbst, dass man sogar mit ernsthaften Verständigungsproblemen rechnen muss (HILLENKAMP 2002; HELLMANN 2004). Aus diesem Grund bedarf es auch einer besonderen Befähigung und Bereitschaft, sich mit anderen, mehr oder weniger fremdartigen Kulturen fair und konstruktiv auseinanderzusetzen. Inzwischen hat sich hierfür der Begriff der interkulturellen Kompetenz herausgebildet (BOLLMANN et al. 1998; HERBRAND 2000). Gemeinsam ist beiden Konzepten, dass man die Ansichten, Überzeugungen, Standpunkte anderer Kulturen gleichberechtigt gelten lässt, sich mit ihnen offen auseinandersetzt, sie auf sich einwirken lässt und damit auch die Bereitschaft aufbringt, sich auf den anderen einzustellen, bis hin zu der Möglichkeit, dass ein derartiger Kulturkontakt zu Veränderungen der eigenen Kultur führen kann (HOFSTEDE 1993: 233ff.). Interkulturelle Kompetenz bedeutet somit die Verabschiedung vom weithin vorherrschenden Kulturautismus, d. h. vom Verharren der Kulturen in reiner Selbstbezogenheit.

Überträgt man diese Konsequenzen und das damit verbundene Konzept der interkulturellen Kompetenz auf das Verhältnis von Unternehmens- und Markenkulturen, bedeutet das aus Sicht der Unternehmen, dass sie sich im Umgang mit ihren markentreuen Kunden um eine tendenziell symmetrische, auf Gleichberechtigung gerichtete Beziehungsform bemühen sollten, dass sie ihre Kunden nicht einfach nur beliefern, erforschen, ausfragen, als Käufer und Datenlieferanten (miss)brauchen, sondern als echte Kommunikationspartner begreifen, als Chance zur Verbesserung der eigenen Performance, mithin zur Veränderung der eigenen Unternehmenskultur. Denn die Anerkennung derartiger Markenkulturen, wie sie hier thematisiert werden, deren Eigenständigkeit der eigenen Unternehmenskultur in nichts nachsteht, als gleichberechtigte Kooperationspartner lässt die eigene Unternehmenskultur gewiss nicht unberührt.

Thus, [working and] learning with and from the end-users seems to require not only specific organizational conditions, but also specific attitudes and norms. (WIKSTRÖM 1996: 17)

Bemerkenswert ist in diesem Zusammenhang übrigens, dass seit Jahren diskutiert wird, in welchem Maße sich die Verfassung der Unternehmen dadurch ändern wird, dass die Kunden für die Leistungserstellung ihrer Produkte immer wichtiger werden, weil deren Mitarbeit für die tatsächliche Ingebrauchnahme vieler Sach- und Dienstleistungen anteilsmäßig stetig steigt.[11] Man hat

---

11 HIPPEL (1982); WIKSTRÖM (1996); LENGNICK-HALL (2000); PRAHALAD/RAMASWAMY (2000); ULWICK (2002); REICHWALD/PILLAR (2002); THOMPE/HIPPEL (2002); VOSS/RIEDER (2005).

es gewissermaßen mit einem zunehmenden Auslagern gewisser Produktionsprozesse an die Kunden zu tun,[12] was die Frage aufwirft, ob und inwiefern dergestalt kollaborierende Kunden zukünftig nicht mehr nur zur Umwelt, sondern zu einem Sonderfall von Mitarbeitern der jeweiligen Unternehmen werden. So lautete die zentrale Schlussfolgerung einer Befragung englischer Unternehmen hinsichtlich der zukünftigen Entwicklung ihrer Kundenbeziehung aus dem Jahre 1991: „The customer should be seen as part of the organization." (COULSON-THOMAS 1991: 253) Und Reichwald/Pillar (2002) sprechen sogar von der Integration der Kunden in die Leistungserstellung. Im Resultat würde eine solche Entwicklung dazu führen können, dass die Unternehmensgrenze, die bislang noch durch die formale Mitgliedschaft der Unternehmensmitarbeiter gegeben ist, allmählich aufbricht oder sich nach außen verschiebt, indem hybride Rollenkombinationen aus Mitarbeiter-Kunden mit einbezogen werden, was ganz neue Steuerungsprobleme aufwerfen dürfte. Für den ursprünglichen Zusammenhang ist nun entscheidend, dass auch Kulturinstitutionen, die sich mit Marketing und Branding befassen, im Erfolgsfalle ihrer Bemühungen damit rechnen sollten, zur Entstehung, Aufzucht und Verselbständigung gewisser Markenkulturen beizutragen, die sie dann wiederum mit sehr konkreten Ansichten, Überzeugungen, Standpunkten hinsichtlich dessen konfrontieren könnten, um welche Marke des Hauses es sich in ihren Augen tatsächlich handelt oder handeln sollte. Denn engagiertes Marketing und Branding fördern eine solche Erwartungshaltung systematisch und fordern geradezu die Artikulation von Ansprüchen auf Mitsprache, Mitbeteiligung, ja Mitarbeit heraus. Angesichts der Tradition vieler Kulturinstitutionen bleibt jedoch zu fragen, ob sie auf diesen Fall überhaupt schon vorbereitet sind. Es ist dann nämlich nicht mehr damit getan, Besucherbebefragungen von Fremdagenturen durchführen zu lassen, die öffentliche Meinung aus der Zeitung zu entnehmen und sich ansonsten auf Bekundungen seines persönlichen Umfeldes zu veranlassen. Sollte es zutreffen, dass auch erfolgreiche Kulturmarkenpolitik zur Erzeugung von Kulturmarkenkulturen führen kann, die sich wiederum „anmaßen", beim operativen Geschäft der Kulturmarkenpolitik ein Wörtchen mitreden zu wollen, dann steht eine ungleich direktere Form der Kommunikation, sprich: Dialog zur Debatte, was bislang eher noch nicht die Regel sein dürfte. Dabei geht es hier nicht darum, den Kunden von Kulturinstitutionen per se die Kompetenz zur Mitsprache oder gar Mitarbeit zuzusprechen, dafür fehlt dem Großteil von ihnen schlichtweg das kulturelle Kapital. Doch wird durch die professionelle Einführung von Marketing beim Kulturpublikum gewissermaßen der Kundenstatus wachgerufen, und kommt Branding noch hinzu, dann wird sogar aktive Beziehungsarbeit mit den Kunden betrieben, und die Folge solcher Bemühungen könnte nun mal darin münden, daß die Kunden sich dadurch aufgerufen, ja aufgefordert fühlen, diese Beziehungsarbeit ernst zu nehmen, sich auf sie einzulassen und aktiv

---

12 So sprechen VOSS/RIEDER (2005: 119ff.) von der Auslagerung betrieblicher Kosten und Funktionen auf den Kunden.

einzubringen – und dies setzt dann eine entsprechende Responsivität seitens der Kulturinstitutionen voraus. Ob dies gewollt und gekonnt wird, ist die hier entscheidende Frage, auf die aufmerksam gemacht werden sollte.

Literatur

BENGTSSON, Anders/OSTBERG, Jacob/KJELDGAARD, Dannie (2005): Prisoners in Paradise: Subcultural Resistance to the Marketization of Tattooing. – In: *Consumption, Markets and Culture* 8, 261-274.

BOLLMANN, Andreas/DERICHS, Claudia/KONOW, Daniel/REBELE, Ulrike/SCHULZ, Christian/SEEMANN, Kerstin/TEGGEMANN, Stefanie/WIELAND, Stephan (1998): *Interkulturelle Kompetenz als Lernziel. Duisburger Arbeitspapiere Ostasienwissenschaften*, Nr. 17. http://duepublico.uni-duisburg-essen.de/servlets/ DerivateServlet/Derivate-5292/dao1798.pdf.

BURGH-WOODMAN, Hélène/BRACE-GOWAN, Jan (2007): We do not live to buy. Why subcultures are different from brand communities and the meaning for marketing discourse. – In: *International Journal of Sociology and Social Policy* 27, 193-207.

CHANG, Lieh-Ching (2005): The Study of Subculture and Consumer Behavior: An Example of Taiwanese University Students' Consumption Culture. – In: *The Journal of American Academy of Business* 7, 258-264.

COULSON-THOMAS, Colin (1991): Customers, Marketing and the Network Organization. – In: *Journal of Marketing Management* 7, 237-255.

DEICHSEL, Alexander (2004): *Markensoziologie*. Frankfurt/M.: Deutscher Fachverlag.

FOURNIER, Susan (1999): Markenbeziehungen – Konsumenten und ihre Marken. – In: Franz-Rudolf Esch (Hg.), *Moderne Markenführung. Grundlagen, Innovative Ansätze, Praktische Umsetzungen*. Wiesbaden: Gabler, 135-163.

FOURNIER, Susan M./SCHÖGEL, Marcus/SELE, Kathrin (2005): The Paradox of Brand Community ‚Management'. – In: *Thexis*, 16-20.

GRIES, Rainer (2003): *Produkte als Medien. Kulturgeschichte der Produktkommunikation in der Bundesrepublik und der DDR*. Leipzig: Leipziger Universitätsverlag.

GRÜNEWALD, Stephan (1996): Die geheime Logik des Marktes. Erfolgreiche Markenführung durch Analyse psychologischer Wirkungskräfte am Beispiel des Haushaltsreiniger-Marktes. – In: *Planung & Analyse*, Sonderdruck 5.

HARTMAN, Harvey (2003): *Reflections on a Cultural Brand: Connecting with Lifestyles*. Bellevue: The Hartman Group.

HATCH, Mary Jo (1993): The Dynamics of Organizational Culture. – In: *Academy of Management Review* 18, 657-693.

HELLMANN, Kai-Uwe (2004): Alles Konsum, oder was? Der Kulturbegriff von Luhmann und seine Nützlichkeit für die Konsumsoziologie. – In: Burkart, Günter/Runkel, Gunter (Hgg.), *Luhmann und die Kulturtheorie*. Frankfurt/M.: Suhrkamp, 136-168.

HELLMANN, Kai-Uwe (2005): Ausweitung der Markenzone: Zur Einführung. – In: Ders./Pichler, Rüdiger (Hgg.), *Ausweitung der Markenzone. Interdisziplinäre Zugänge zur Erforschung des Markenwesens*. Wiesbaden: VS, 7-18.

HELLMANN, Kai-Uwe (2006): Kultur als Marke. Perspektiven und Probleme. – In: Höhne, Steffen/Ziegler, Ralph Philipp (Hgg.), *Kulturbranding? Konzepte und Perspektiven der Markenbildung im Kulturbereich*. Leipzig: Leipziger Universitätsverlag, 21-45.

HELLMANN, Kai-Uwe (2007a): Kulturbranding als Kulturburning? Trends und Risiken des Kulturmarketing. – In: Klein, Armin (Hg.), *Starke Marken im Kulturbetrieb*. Baden-Baden: Nomos, 22-37.

HELLMANN, Kai-Uwe (2007b): Die Moral der Marken. Zur Frage der gesellschaftlichen Verantwortung von Unternehmen. – In: Beschorner, Thomas/Linnebach, Patrick/Pfriem, Reinhard/Ulrich, Günter (Hgg.), *Unternehmensverantwortung aus kulturalistischer Sicht*. Marburg: Metropolis, 205-221.

HELLMANN, Kai-Uwe/KENNING, Peter (2007): Die Kreise der Communities. – In: *Absatzwirtschaft*, Heft 5, 40-43.

HELLMANN, Kai-Uwe/PICHLER, Rüdiger (Hgg.) (2005): *Ausweitung der Markenzone. Interdisziplinäre Zugänge zur Erforschung des Markenwesens*. Wiesbaden: VS.

HERBRAND, Frank (2000): *Interkulturelle Kompetenz. Wettbewerbsvorteil in einer globalisierenden Wirtschaft*. Bern, Stuttgart, Wien: Haupt.

HILLENKAMP, Volker (2002): The Notion of Misunderstanding in Intercultural Communication. – In: Allwood, Jens/Dorriots, Beatriz (Hgg.), *The Diversity of Intercultural Communication. Selected Papers*. 5th NIC Symposium Gothenburg, Sweden. Göteborg: Göteborg University, 55-88.

HIPPEL, Eric von (1982): Get new products from customers. – In: *Harvard Business Review*, 117-122.

HÖHNE, Steffen/ZIEGLER, Ralph Philipp (Hgg.) (2006): *Kulturbranding? Konzepte und Perspektiven der Markenbildung im Kulturbereich*. Leipzig: Leipziger Universitätsverlag.

HOFSTEDE, Geert (1981): Culture and Organizations. – In: *International Studies of Management and Organization* 10, 15-41.

HOFSTEDE, Geert (1993): *Interkulturelle Zusammenarbeit. Kulturen – Organisationen – Management.* Wiesbaden: Gabler.

HOFSTEDE, Geert (1998): Identifying organizational subcultures: An empirical approach. – In: *Journal of Management Studies* 35, 1-12.

HOLT, Douglas B. (2004): *How Brands Become Icons. The Principles of Cultural Branding.* Boston: Harvard Business School Press.

JEREMIER, John M./SLOCUM, John W., Jr./FRY, Louis W./GAINES, Jeanne (1991): Organizational subcultures in a soft bureaucracy: Resistance behind the myth and façade of an official culture. – In: *Organizational Science* 2, 170-194.

KARMASIN, Helene (1998): *Produkte als Botschaften.* Wien, Frankfurt/M.: Überreuter.

KLEIN, Armin (Hg.) (2007): *Starke Marken im Kulturbetrieb.* Baden-Baden: Nomos.

KOZINETS, Robert V. (2001): Utopian Enterprise: Articulating the Meanings of Star Trek's Culture of Consumption. – In: *Journal of Consumer Research* 28, 67-88.

LAFFERTY, Barbara A./HULT, G. Tomas M. (1999): A synthesis of contemporary market orientation perspectives. – In: *European Journal of Marketing* 35, 92-108.

LENGNICK-HALL, Cynthia A./CLAYCOMB, Vincentia (Cindy)/INKS, Lawrence W. (2000): From recipient to contributor: examining customer roles and experienced outcomes. – In: *European Journal of Marketing* 34, 359-383.

MARTIN, Joanne/SIEHL, Caren (1983): Organizational Culture and Counterculture: An Uneasy Symbiosis. – In: *Organizational Dynamics* 12, 52-64.

MIKLAS, Sharon/ARNOLD, Stephen J. (1999): 'The Extraordinary Self': Gothic Culture and the Construction of the Self. – In: *Journal of Marketing Management* 15, 563-576.

MUNIZ, Albert M., Jr./O'GUINN, Thomas C. (2001): Brand Community. – In: *Journal of Consumer Research* 27, 412-432.

O'GUINN, Thomas C./MUNIZ, Albert M., Jr. (2005): Communal consumption and the brand. – In: Ratneshwar, Srinivasan/Mick, David Glen (Hgg.), *Inside Consumption. Consumer motives, goals, and desires.* London, New York: Routledge, 252-272.

O'REILLY, Daragh (2005): Cultural Brands/Branding Culture. – In: *Journal of Marketing Management* 21, 573-588.

OUCHI, William G./WILKINS, Alan L. (1985): Organizational Culture. – In: *Annual Review of Sociology* 11, 457-483.

PETTIGREW, Andrew M. (1979): On Studying Organizational Cultures. – In: *Administrative Science Quarterly* 24, 570-581.

PRAHALAD, C.K./RAMASWAMY, Venkatram (2000): Co-Opting Customer Competence. – In: *Harvard Business Review*, 79-87.

REICHWALD, Ralf/PILLAR, Frank (2002): Der Kunde als Wertschöpfungspartner: Formen und Prinzipien. – In: Albach, Horst (Hg.), *Wertschöpfungsmanagement als Kernkompetenz*. Wiesbaden: Gabler, 27-52.

SACKMANN, Sonja A. (1992): Culture and Subcultures: An Analysis of Organizational Knowledge. – In: *Administrative Science Quarterly* 37, 140-161.

SCHEIN, Edgar H. (1984): Coming to a New Awareness of Organizational Culture. – In: *Sloan Management Review* 25, 3-16.

SCHEIN, Edgar H. (1996): Culture: The Missing Concept in Organization Studies. – In: *Administrative Science Quarterly* 41, 229-240.

SCHOUTEN, John W./Mc ALEXANDER, James H. (1995): Subcultures of Consumption: An Ethnography of the New Bikers. – In: *Journal of Consumer Research* 22, 43-61.

SCHROEDER, Jonathan E. (2005): The artist and the brand. – In: *European Journal of Marketing* 39, 1291-1305.

SCHWENDTER, Rolf (1981): *Theorie der Subkultur*. Frankfurt/M.: Syndikat.

SMIRCICH, Linda (1983): Concepts of Culture and Organizational Analysis. – In: *Administrative Science Quarterly* 28, 339-358.

STADLER, Christian (2004): *Unternehmenskultur bei Royal Dutch/Shell, Siemens und DaimlerChrysler*. Stuttgart: Franz Steiner.

THOMPKE, Stefan/HIPPEL, Eric von (2002): Customers as Innovators. – In: *Harvard Business Review*, 74-81.

THOMPSON, Craig J. (2004): Beyond Brand Image: Analysing the Culture of Brands. – In: *Advances of Consumer Research* 31, 98-99.

ULWICK, Anthony W. (2002): Turn Customer Input into Innovation. – In: *Harvard Business Review*, 91-97.

VASKOVICS, Laszlo A. (1989): Subkulturen – ein überholtes analytisches Konzept? – In: *Verhandlungen des 24. Deutschen Soziologentages*. Frankfurt/M.: Campus, 587-599.

VOSS, G. Günter/RIEDER, Kerstin (2005): *Der arbeitende Kunde. Wenn Konsumenten zu unbezahlten Mitarbeitern werden*. Frankfurt/M.: Campus.

WIKSTRÖM, Solveig (1996): The customer as co-producer. – In: *European Journal of Marketing* 30, 6-19.

Kulturbranding – zwischen inhaltsarmer Reduktion und kommunikativer Praxis. Konzeptuelle Überlegungen zu einem aktuellen Phänomen

Steffen Höhne

1. Vorüberlegungen

Unter dem englischen Lexem *brand* wird die Produktion und Wahrnehmung bzw. Rezeption komplexer Institutionen nebst ihren sozialen Zusammenhängen (Herkunft, Tradition, Zugehörigkeit etc.) durch ein im Idealfall einziges Zeichen (= brand) verstanden. Komplementär zu immer komplexeren Lebenswelten, symptomatisch in der Steigerung der materiellen und immateriellen Möglichkeiten des Konsums auf den unterschiedlichsten Ebenen, scheint ein Bedürfnis nach Eindeutigkeit zu wachsen, welches von den Identitätsagenten des strategischen Marketing bedient wird. Verstärkt durch die zunehmende Erfahrung einer Verflüchtigung von Institutions- und Produktidentitäten, die Beschleunigung von Markt- und Produktzyklen, eine wachsende *brand-parity* (Austauschbarkeit von Angeboten), die Individualisierung des Konsums und die Fragmentierung der Märkte erhöht sich offenkundig die Notwendigkeit zum Aufbau von Alleinstellungsmerkmalen.

Aus einer ökonomischen Perspektive betrachtet lässt sich dabei Markenbildung und -wahrnehmung – so suggeriert es die einschlägige Fachliteratur – als Ergebnis glaubwürdiger Innen- und Außenpräsentation (Werbung, Kommunikation) betrachten, die eine erfolgreiche ökonomische (Marktanteil, Distributionsgrad) und psychologische (Markenbekanntheit, Markenimage) Durchsetzung auf Märkten gewährleisten soll. Das darin involvierte funktionale bzw. instrumentelle Verständnis von Markenbildung determiniert zu großen Teilen den ökonomischen Diskurs. Ausgehend von einer zunächst dominierenden merkmalsorientierten Sichtweise, nach der sich Angebote über objektive Eigenschaften „in einheitlicher Aufmachung, gleicher Menge sowie in gleichbleibender oder verbesserter Güte" (MELLEROWICZ 1963: 39; PEPELS 1990) profilieren, entwickeln sich in der Folge eine Reihe von Ansätzen, die – differenziert nach Unternehmens- und Konsumentenperspektive – eine funktionsorientierte Perspektive einnehmen und den Fokus auf die Identifizierungs- und Differenzierungsfunktion gegenüber Wettbewerbern betonen, nach denen Markenartikel als Angebote oder Güter verstanden werden, die sich durch einen relativ stabilen und prägnanten Eigenschaftskatalog auszeichnen (WEINBERG/DIEHL 2001: 25) Über diese materiellen bzw. in der funktionalen Kernleistung greifbaren Kriterien hinaus wird das Konzept Marke, wie es sich in der Ökonomie mittlerweile durchgesetzt hat, als ein mit Persönlichkeitsmerkmalen (Markenidentität) ausgestattetes Phänomen betrachtet, welches inszeniert und kommuniziert werden muss. Markenbildung entsteht in einem sozialpsychologischen Rahmen und wird von Unternehmensseite durch die Entwicklung und Führung einer starken

Markenidentität beeinflusst. Marke, so das Credo, bündele Eigenschaften eines Angebotes und profiliere Leistungen über Assoziationen in den Köpfen (der Psyche) der Konsumenten. Damit verbunden ist die Vorstellung von einem erweiterten ganzheitlichen Bild von Marke, nach Heribert Meffert und Christoph Burmann (2002: 30) handelt es sich um einen „außen- und innengerichteten Managementprozess mit dem Ziel der funktionsübergreifenden Vernetzung aller mit dem Marketing von Leistungen zusammenhängenden Entscheidungen und Maßnahmen zum Aufbau einer starken Markenidentität." Der Aufbau von Markenidentität fuße somit auf der Identifikation der Kernwerte einer Marke in Form von einzigartigen (nicht zwangsläufig ausschließlich funktionalen) Ressourcen und Kompetenzen als strategischem Erfolgspotential. Die Markenidentität[1] umfasst die essentiellen, wesensprägenden und charakteristischen Merkmale einer Marke (ESCH 2003: 24). Tatsächlich bilden Marken einen der wichtigsten Vermögenswerte von Unternehmen. Durch sie werden Leistungen einzigartig, sie ermöglichen den Aufbau emotionaler Bindungen (an Produkte, Dienstleistungen, Institutionen) und initiieren Kundenbindungen. Marken helfen bei Unterscheidung und Identifikation von Angeboten, mindern das Risiko von Entscheidungen, schaffen Garantien und Vertrauen (Markenvertrauen als Ersatz für Warenwissen) und entwickeln Prestige- und Identifikationsangebote, bieten somit Nutzenversprechen für die soziale Stellung.

Ohne diese Diskussion vertiefen zu wollen lässt sich feststellen, dass Marken heutzutage die mit Abstand wichtigsten immateriellen Vermögenswerte bilden, was sich nicht zuletzt an regelmäßig in den Medien veröffentlichten Rankings großer Unternehmen hinsichtlich Markenstärke bzw. Markenwert erkennen lässt.

---

1 Adjouri (2002: 115) definiert ‚Marke' als „immaterielles Objekt, das sich in einem Kommunikationsprozeß befindet" und in einem dynamischen Verhältnis entsteht: Die Markenidentität als Trägerin der „inneren Werte der Marke" wird auf dem Markt positioniert und erreicht in einem Zusammenwirken von vom Unternehmen ausgehenden Kommunikationsmaßnahmen, Umwelteinflüssen und eigenen Einstellungen des Adressaten ein Markenimage bei den Bezugsgruppen.

RANK 2004 / 2003			2004 BRAND VALUE $MILLIONS	2003 BRAND VALUE $MILLIONS	PERCENT CHANGE	COUNTRY OF OWNERSHIP	DESCRIPTION
1	1	COCA-COLA	67,394	70,453	-4%	U.S.	Little innovation beyond its flagship brand and poor management has caught up with Coke as consumers' thirst for cola has diminished.
2	2	MICROSOFT	61,372	65,174	-6%	U.S.	Its logo pops up on 400 million computer screens worldwide. But virus plagues and rival Linux took some luster off Gates & Co.
3	3	IBM	53,791	51,767	4%	U.S.	A leader in defining e-business, with services making up more than half of Big Blue's sales.
4	4	GE	44,111	42,340	4%	U.S.	With acquisitions in areas from bioscience to bomb detection, it's easier to buy GE's new theme of "imagination at work."
5	5	INTEL	33,499	31,112	8%	U.S.	No longer just inside PCs, Intel is using its muscle to set the agenda for everything from wireless standards to the digital home.
6	7	DISNEY	27,113	28,036	-3%	U.S.	Long the gold seal in family entertainment, but newcomers like Nickelodeon and Pixar are siphoning off some of its brand equity.
7	8	McDONALD'S	25,001	24,699	1%	U.S.	Big Mac has pulled out of a two-year slump but still has to battle its reputation for supersizing the world's kids.
8	6	NOKIA	24,041	29,440	-18%	Finland	Tough times for the mobile-phone giant as its market share has slipped and younger buyers turn to rivals such as Samsung.
9	11	TOYOTA	22,673	20,784	9%	Japan	With rock-solid quality and the edge in hybrid cars, the Japanese auto maker is on track to overtake Ford in worldwide sales.
10	9	MARLBORO	22,128	22,183	0%	U.S.	The No. 1 name in cigarettes has cut prices and upped marketing to beat back the challenges of higher taxes and fewer smokers.
11	10	MERCEDES	21,331	21,371	0%	Germany	With wobbly profits and quality problems, the luxury car brand is struggling to retain premium status.
12	12	HEWLETT-PACKARD	20,978	19,860	6%	U.S.	Covering everything from digital cameras to service, the IT giant wants to dominate the middle ground between Dell and IBM.
13	13	CITIBANK	19,971	18,571	8%	U.S.	New CEO Charles Prince has spurred on global expansion and boosted the consumer credit division.
14	15	AMERICAN EXPRESS	17,683	16,833	5%	U.S.	A recent federal court ruling that allows banks to issue Amex cards should give the brand another boost.
15	16	GILLETTE	16,723	15,978	5%	U.S.	Despite the tougher competition from Schick, the King of Blades still reigns with new products like the battery-powered M3Power.

8 | BusinessWeek | August 2, 2004

Abb. 1: Markenwert[2]

Ungeachtet solcher Wertzuschreibungen lassen sich gleichwohl gewisse inflationäre Tendenzen kaum verbergen, die zum Einen der generellen Informationsüberlastung geschuldet sind,[3] zum Anderen Ausdruck einer Markeninflation selbst sind. Angesichts einer Schätzung von fast 700.000 registrierten Marken nur für Deutschland im Jahre 2003 (HELLMANN 2003: 12ff.) und einer damit verbundenen Markenerosion lässt sich ohne weiteres die von Boris Groys erkannte Dialektik von Valorisierung und Kommerzialisierung von Kulturgütern auf Marken insgesamt übertragen:

> Valorisierung und Kommerzialisierungsstrategien sind auf diese Weise eng miteinander verbunden. Alles, was kulturell valorisiert ist, kann in der Folge auch kommerzialisiert werden. Doch alles, was kommerzialisiert wird, verliert seinen kulturellen Wert. Deshalb kann und muss es dann als Profanes erneut valorisiert werden. Valorisierung und Kommerzialisierung kompensieren einander nicht nur, sondern werden ständig gegeneinander ausgetauscht. (GROYS 2002: 119f.)

Ob ein paradigmatischer Wechsel von der Waren- zur Imageproduktion einen Ausweg aus der Inflations-Deflations-Spirale zu weisen vermag, kann erst die Zukunft zeigen. Tatsächlich scheint es im aktuellen Branding-Diskurs vermehrt um Lebensführungsangebote auf der einen Seite (HELLMANN 2003: 389), um eine Transzendierung der Grenze zur Kultur auf der anderen zu gehen. Exemp-

---

2   Zur Bestimmung von Markenwert s. AAKER (1992); SATTLER (1994); KELLER (2001).
3   1997 existierten 94 Fernsehsender, 227 Hörfunkprogramme, 427 Zeitungen, 1847 Zeitschriften, 392.642 Plakatsäulen. „Theoretisch könnte man heute 33 Stunden am Tag Werbefernsehen schauen, würde man alle 5.350 täglich geschaltete Werbespots in den verschiedenen Sendern hintereinander schalten." (ESCH 2001: 71)

larisch für Letzteres mögen die (subversiven) Arbeiten des russischen Konzeptkünstlers Alexander Kosolapov stehen (BOYM 2005; DENARO 2007; ferner LIEBL 2006).

McLenin's, 1982
Siebdruck/Serigrafie
Courtesy Galerie Inge Baecker, Köln

Malevich, 1985
Acryl auf Leinwand, Triptychon
im Besitz des Künstler

Abb. 2: Alexander Kosopalov

2. Von der Valorisierung zur Identität von Marken

Kai-Uwe Hellmann (2003) hat in seiner längst zum Standardwerk avancierten Monographie über die *Soziologie der Marke* zentrale Funktionen herausgearbeitet, die inzwischen in der noch jungen Kulturbranding-Literatur fast schon gebetsmühlenartig perpetuiert werden. Ungeachtet des heuristischen Status' und ohne „Anspruch auf Letztverbindlichkeit der Bezeichnungsweisen" (HELLMANN 2003: 126) lassen sich Funktionen wie Differenzierung und Identifikation, Entlastung und Orientierung, Garantie und Vertrauen, Prestige sowie Kommunikation und Inklusion als grundlegende kognitive Voraussetzungen betrachten, mit denen eine Strategie kultureller Privilegierung intendiert ist (GROYS 2002: 33) und die auch in ökonomiefernen Bereichen erfolgreich eingesetzt werden kann, was die bemerkenswerte Ausdifferenzierung von Markenbildungsprozessen in den letzten Jahren, ausgehend vom Produktbranding über Dienstleistungs-, Corporate-, Personen-, Kultur- bis zum Nationenbranding, belegen kann, zutreffend als *Ausweitung der Markenzone* (HELLMANN/PICHLER 2005) beschrieben. Diese Entwicklung hat unterschiedliche Ursachen. Die Individualisierung von Lebensentwürfen führt zu Verlust von Kontinuität und Tradition, die Öffentlichkeit sucht im Gegenzug nach vertrauten Identitätsbildern und Identifizierungsangeboten. Produkte und Leistungen werden vermehrt austauschbar, wachsender Wettbewerbsdruck führt zu einer Verlagerung vom Produktwettbewerb über Problemlösewettbewerb zu einem Reputationswettbewerb (Aufmerksamkeit, Identität, Reputation). Traditionsbilder schaffen Präferenzen im Wettbewerb um Ansehen und Reputation. Sie erzeugen ein unverwechselbares öffentliches Differenzierungspotenzial.

Marken als Symbole – so die Hoffnung – bieten Signale, die dem Anspruch der Öffentlichkeit auf Wiedererkennbarkeit einer Leistung oder Organisation entsprechen können, vor allem wenn die entsprechenden semantischen Merkmale über eine Institution bzw. eine Marke im öffentlichen Gedächtnis verankert sind und damit zu einer Chiffre von Bekanntheit und Ansehen avancieren.

Nun ließe sich, gewissermaßen aus einer kritischen bis skeptischen Perspektive, das Phänomen der Markenkonjunktur in den Kontext der konnotativen Stereotypisierung integrieren. Stereotype lassen sich wie Marken, ausgehend von der Art und Weise der Informationsverarbeitung, als Produkte aus Prozessen selektiver Wahrnehmung erkennen. In ihnen kommt es zur:

- Reduktion sozialer Komplexität, die gleichwohl der Orientierung dient – Komplexität in der Umwelt wird auf ein überschaubares Maß reduziert, Wahrnehmung und Handeln somit gesteuert. Marken bieten dabei eine Entlastung, da Situationen nicht ständig neu bewertet werden müssen.
- Identitätsfindung und -stabilisierung. Marken ermöglichen einen hohen Grad an Distinktion, die Partizipation an den ihnen zugrunde liegenden Produkt- bzw. Leistungsversprechen bieten eine klare Abgrenzung gegenüber alternativen Angeboten und fördern das Zusammengehörigkeitsgefühl.
- Bildung und Erhaltung von Gruppenkohäsion über die Anpassungsfunktion (soziale Integration und Exklusion von Personen und Gruppen mit der Folge positiver Selbsteinschätzung).
- Systemstabilisierung (Steuerungs- und Rechtfertigungsfunktion).

Nun handelt es sich bei Marken – die über ein gegen rationale Analysen erstaunlich stabiles Potential verfügen können, dem eine handlungsleitende Kraft zukommt –, nicht nur um Phänomene der Wahrnehmung, sondern auch um Konzeptualisierungsleistungen bzw. Verallgemeinerungsprozesse. Der Betrachter bzw. Rezipient soll die Einheitlichkeit des Gemeinsamen, Zugehörigen erkennen. Die im Konzept Marke behauptete Wesentlichkeit wird zudem durch die beschriebene Valorisierung verstärkt und weist auf eine emotionale Bedeutung als Ergebnis von Zuschreibungsprozessen von innen und außen. Die Veränderung von Wahrnehmungskategorien, Bedeutungskonstruktionen und Identitätsstiftungen lässt sich – bezogen auf das Objekt Marke – als ein langlebiger, kommunikativer Prozess der Organisation und Deutung gesellschaftlichen Zusammenlebens verstehen.

Dennoch sei der kritische Blick zunächst einmal beibehalten. Bei Marken handelt es sich um einen inhaltsarmen Reduktionsbegriff, der Heterogenes homogenisiert und daraus normative Zuschreibungen ableitet, die an die Stelle so komplexer sozialer Phänomene wie Biographie, Geschichte, Organisationsaufbau und -struktur von Unternehmen oder Institutionen treten:

> Die Zusammenfassung des Unterschiedlichen unter dem Gesichtspunkt der Identität macht alle Unterschiede in der Sache, aber auch in der Berechtigung seines Geltungsanspruchs und in der Gattung seiner Anmeldung gleich gültig und damit seine Spezifität gleichgültig. (NIETHAMMER 2000: 35)

Die Gegenüberstellung eines Komplexität schon reduzierenden Organigramms (Abb. 3a) und seine weitere Verdichtung in einem Zeichen (Abb. 3b) mögen dieses Phänomen verdeutlichen:

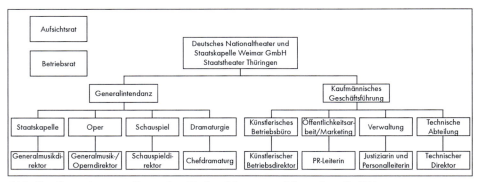

Abb. 3a: Organigramm *Deutsches Nationaltheater und Staatskapelle Weimar*

Abb. 3b: Logo *Deutsches Nationaltheaters und Staatskapelle Weimar*

Mit dem Konzept Marke erfolgt zudem eine Umwandlung von Geschichte in Natur, da diesem eine Persönlichkeit und somit ein Wesen zugeordnet wird, die zugleich Voraussetzung für den Fetischcharakter gerade von Marken bilden, den nicht zuletzt Künstler der Postmoderne wie Andy Warhol erfolgreich für ihre Arbeit eingesetzt haben (HÖHNE 2006). Ein zentrales Ziel von Markenidentität besteht ja aus der Sicht der Ökonomie in der Verselbständigung gegenüber dem eigentlichen Produkt, um auf diese Weise das Vorstellungsbild der Konsumenten über konkrete Leistungseigenschaften des Produktes hinaus beeinflussen zu können. Die damit verbundene immanente Erzeugung von Bedürfnissen und Uniformität, führt – bezogen auf die Marke – letztlich zu einer Unterbestimmtheit, das Produkt respektive Angebot verliert an Spezifität und auch Präzisierbarkeit, und Überbestimmtheit, da sich ökonomische oder künstlerische Phänomene in ihrer konkreten Fülle als nicht identisch erweisen. Anders formuliert: Die erhöhte Komplexität von Entscheidungssituationen im Spannungsfeld von kreativer Unabhängigkeit, künstlerischer Innovation, ästhetischen Qualitätserfordernissen, kulturpolitischen Vorgaben, zielgruppengerechten Angeboten sowie starker Umfelddynamik lässt sich mit Hilfe des Konstruktes Marke nur bedingt repräsentieren.

Eine letzte Gefahr, auf die hier noch hinzuweisen ist, lässt sich in den die Markenbildungsprozesse kennzeichnenden Kolonisierungseffekten erkennen, schließlich geht es gerade nicht um die Anerkennung kultureller Differenzen, multipler Verfassungen und Situationen bzw. deren Aushandlung jenseits essentieller Festschreibungen, sondern um Definitionsbehauptungen. Eine Moderne, die um die Phänomenologie des Hybriden und die Krise der Identität weiß,[4] steht vollkommen konträr zu den Anforderungen der Markenpolitik.

Insofern stellt sich für jede Übertragung von Prozessen der Markenbildung auf Kultur ein doppeltes Problem. a) Welche Konsequenzen haben die geschilderten Operationalisierungsprozesse für das künstlerische Kernprodukt? b) Wie lässt sich der Gegensatz von künstlerischer Autonomie als essentiellem Erfolgsfaktor im künstlerischen Schaffens- und Präsentationsprozess mit einer standardisierenden Managementtechnik vereinbaren? Hierzu ein erster Konzeptualisierungsvorschlag.

Überträgt man das Konzept Marke als Mitteilungssystem oder Botschaft in das System kognitiver Wahrnehmung, dann lassen sich ausgehend von den Prämissen der Schema- bzw. Musterbildung Prozesse der Markenwirkung im Hinblick auf die organisierte Erfahrung definieren, die eine Identifikation von Objekten und Ereignissen erst ermöglichen (im Anschluss an CYRUS 2001: 172f.):

1. Unter Marken lassen sich erlernte Muster der Verknüpfung von Merkmalen oder Eigenschaften verstehen, denen eine kognitive Filterfunktion zukommt, d. h., sie organisieren Wahrnehmung nach den jeweiligen Interessen bzw. Relevanzen, registriert werden nur die bedeutsamen Stimuli.

2. Marken entstehen als mentale Konstruktionen über die Interaktion mit der Umwelt, als kognitive Schemata bilden sie abstrakte Repräsentationen von Umweltregelmäßigkeiten auf der Basis von Erfahrungen.

3. Als Deutungsmuster werden Marken durch bestimmte Ereignisse (z. B. Werbung) aktiviert und in den Begrifflichkeiten des jeweiligen Schemas erfasst.

4. Marken fungieren als aktive Mechanismen (Steuerung) zur Auswahl, Analyse und Hypothesenbildung.

---

[4] „*Hybrid* ist alles, was sich einer Vermischung von Traditionslinien oder von Signifikantenketten verdankt, was unterschiedliche Diskurse und Technologien verknüpft, was durch Techniken der *collage*, des *samplings*, des Bastelns zustandegekommen ist." (BRONFEN/MARIUS 1997: 14)

5. Marken üben kognitive Ergänzungsfunktionen aus, sie ermöglichen Induktionen (Generalisierung, Verallgemeinerung von Erfahrungen), Kategorisierungen (Einordnung von Erfahrungen), Evaluationen (Verifikation per Zeugnis), Vervollständigung unvollständiger Wahrnehmungen und Zukunftsentwürfe.

6. Marken verfügen als kontextdeterminierter Prozess der Schematisierung über keine feststehende Struktur, die Dynamik der Distinktion z. B. ist situationsabhängig, weshalb sich besser von Interpretationen sprechen ließe.

7. Marken können individuelle (idiosynkratische), kulturelle (von Mitgliedern einer bestimmten Gruppe) und universale Schemata zugrunde liegen; ferner Objektschemata (Klassifizierungs- und Benennungssysteme), Orientierungsschemata (räumliche Klassifizierungen wie oben/unten) und Ereignisschemata.

8. Der Wirkungsgrad von Marken steht in Abhängigkeit von Zirkularität und gegenseitiger Verstärkung. Dies ist zugleich der Punkt, an dem Markenpolitik einzusetzen hätte.

Betrachtet man Markenbildung, ausgehend von den Erkenntnissen der Schematheorie, nicht nur unter dem Aspekt einer Reduktion von Komplexität oder Konstruktion von Differenz (und der darin immanenten Normierungsfunktion), sondern auch als Sinnstiftungsmöglichkeit, dann ergeben sich Perspektiven für Branding im Sinne einer sensiblen Navigation in dynamischen Systemen.

3. Wo bleibt also das Positive?

Inwieweit kann die bisher zu großen Teilen staatlich geförderte Hochkultur von den Prozessen der Markenbildung profitieren bzw. umgekehrt, inwiefern können auch Künstler selbst an diesen – identitätsversprechenden und somit Aufmerksamkeit und Akzeptanz verstärkenden – Entwicklungen partizipieren?

Der Rückzug des Staates aus der bislang weitgehenden Vollfinanzierung öffentlicher Kulturinstitutionen bedingt die Notwendigkeit der Akquise alternativer Finanzierungsmittel und damit eine neue Qualität von Präsenz in der Öffentlichkeit – denn auch der Wert von Kulturinstitutionen als Partner für Wirtschaft und Politik bzw. als Teil von Gesellschaft bemisst sich zu einem erheblichen Teil an dem Grad ihrer öffentlichen Akzeptanz. Zumindest lässt sich ein wachsendes Anspruchsdenken gegenüber Unternehmen konstatieren, das in der *corporate-citizenship*- und *corporate-governance*-Diskussion einen Niederschlag findet (MAYNTZ 2004; SCHUPPERT 2005).

Die konkrete Nutzung des Kulturangebotes durch den Kunden wird zudem heute bedeutend stärker als noch in den beginnenden 90er Jahren durch den sich verstärkenden Wettbewerb im Rahmen einer allgemeinen Freizeitkonkurrenz beeinflusst. Die kontinuierliche Nutzung hochkultureller Angebote durch traditionelle Zielgruppen erscheint immer weniger selbstverständlich. Auf der anderen Seite führen Veränderungen auf den Märkten, so durch die Wende zum Verkäufermarkt bzw. die Steigerung der materiellen und immateriellen Möglichkeiten des Konsums nicht nur zu einer ubiquitären Präsenz von Marken und Markenwelten, die sich durch Phänomene der Neuen Medien (Internet) noch verstärken, sondern implizieren auch eine Veränderung der Logik von Produktion und Konsumtion insgesamt, die neuen Aufmerksamkeitsstrukturen unterliegen. Kulturelle Produktion im allgemeineren Sinn avanciert zunehmend zum Leitsektor von Wertschöpfungsketten, was von vielen Unternehmen mittlerweile erkannt ist.[5]

Versteht man in diesem Kontext Markenbildung nicht als ökonomische, sondern als kulturelle Praxis, dann ist man auf Theorieansätze der Rahmenbildung verwiesen, in denen es um das Verhältnis eines Angebotes zu den Vorstellungswelten der Konsumenten geht.

Bezogen auf Museen, um ein Beispiel herauszugreifen, darf Marketing also nicht als eine Subsumierung unter eine Warenästhetik bedeuten, mit der „die Kulturproduktion jeglichen Eigenanspruch verlöre – wäre doch damit die Merkmalsdifferenzierung schon verwässert." (PRIDDAT/BERG 2008: 30) Es geht schließlich zumindest im Bereich der Hochkultur, was sich aber auch auf den Bereich der nicht kommerziellen Kultur insgesamt übertragen lässt, nicht um „Kapitalzuwachs, sondern ‚Aufmerksamkeit' und ‚Wertzumessung'." (PRIDDAT/BERG 2008: 30) Somit scheint Markenkommunikation auch im Hochkulturbereich Markttransparenz sowie Marken- und Institutionentreue fördern zu können, womit eine zentrale Voraussetzung für einen langfristigen Markterfolg gewährleistet sein könnte.

Ausgehend von der Überlegung, dass Kulturmanagement (im Sinne angewandter Forschung) nicht als einseitig instrumentelles Handeln verstanden und auf Fragen materieller Ressourcen, organisatorischer Planung etc. reduziert wird, ist mit den hier angedeuteten Fragestellungen z. B. über Begrifflichkeiten und deren Reflexion im Kulturbranding nicht nur ein Blick auf ein neues Forschungsfeld eröffnet,[6] sondern perspektivisch auch auf die leitenden, das Fach prägenden Diskurse.

---

[5] Als Beispiele mögen die Aktivitäten der im BDI organisierten Unternehmen gelten. Der Volkswagen-Konzern bietet z. B. in der Gläsernen Manufaktur in Dresden ein regelmäßiges Hochkulturprogramm an; ferner darf das *Movimentos Festival* in der Autostadt Wolfsburg als herausragendes Kulturprojekt auch im engeren Sinne gewertet werden.

[6] Möglichkeiten der Übertragbarkeit von Brandingstrategien und -techniken auf den Kulturbereich werden in der Forschung bislang kaum berücksichtigt. Eine erste wissenschaftliche Auseinandersetzung fand in Weimar auf der ersten Kulturbranding-Konferenz statt. Die Ergebnisse liegen bei HÖHNE/ZIEGLER (2006) vor; diejenigen der zweiten Konferenz werden im vorliegenden Band publiziert. Ferner behandeln einige Beiträge bei HELLMANN/ PICHLER (2005) das Thema Kultur respektive Hochkultur, hinzu kommt der Konferenzband von KLEIN (2007) mit vorwiegend Fallstudien. Als letzte einschlägige Arbeit haben Hartmut John und Bernd Günter (2008) einen Band zum Museumsbranding vorgelegt.

Literatur

AAKER, David (1992): *Management des Markenwerts*. Frankfurt/M., New York: Campus.

ADJOURI, Nicholas (2002): *Die Marke als Botschafter – Markenidentität bestimmen und entwickeln*. Wiesbaden: Gabler.

BOYM, Svetlana (2005): Paradoxien der Freiheit im postsowjetischen Russland. Aus dem Abseits der Moderne zum Antimodernismus. – In: *Zurück aus der Zukunft. Osteuropäische Kulturen des Postkommunismus*. Hrsg. von Boris Groys, Anne von der Heiden und Peter Weibel. Frankfurt/M.: Suhrkamp, 168-192.

BRONFEN, Elisabeth/MARIUS, Benjamin (1997): Hybride Kulturen. Einleitung zur anglo-amerikanischen Multikulturalismusdebatte. – In: Dies. (Hgg.), *Hybride Kulturen*. Tübingen: Stauffenburg, 1-29.

CYRUS, Norbert (2001): Stereotypen in Aktion. Die praktische Relevanz nationaler Schemata für einen polnischen Transmigranten in Berlin. – In: Roth, Klaus (Hg.), *Nachbarschaft. Interkulturelle Beziehungen zwischen Deutschen, Polen und Tschechen*. Münster: Waxmann, 165-196.

DENARO, Dolores (Hg.) (2007): *Branding. Das Kunstwerk zwischen Authentizität und Aura, Kritik und Kalkül. L'Œvre d'Art entre Authenticité et Prestige, Critique et Spéculation*. Nürnberg: Verlag für moderne Kunst.

ESCH, Franz-Rudolf (2001): Wirksame Markenkommunikation bei steigender Informationsüberlastung der Konsumenten. – In: Köhler, Richard/Majer, Wolfgang/Wiezorek, Heinz (Hgg.), *Erfolgsfaktor Marke. Neue Strategien des Markenmanagements*. München: Vahlen, 71-89.

ESCH, Franz-Rudolf (2003): *Strategie und Technik der Markenführung*. München: Vahlen.

GROYS, Boris (^{2}2002): *Über das Neue. Versuch einer Kulturökonomie*. Frankfurt/M.: Fischer.

HELLMANN, Kai-Uwe (2003): *Soziologie der Marke*. Frankfurt/M.: Suhrkamp.

HELLMANN, Kai-Uwe (2007): Kulturbranding als Kulturburning? Trends und Risiken des Kulturmarketing. – In: Klein, Armin (Hg.), *Starke Marken im Kulturbetrieb*. Baden-Baden: Nomos, 22-37.

HELLMANN, Kai-Uwe/PICHLER, Rüdiger (Hgg.) (2005): *Ausweitung der Markenzone. Interdisziplinäre Zugänge zur Erforschung des Markenwesens*. Wiesbaden: VS.

HÖHNE, Steffen (2006): Image durch Markenbildung. Affinitäten zwischen Kultur und Kommerz am Beispiel Andy Warhol. – In: Ders./Ziegler, Ralph Philipp (Hgg.), *Kulturbranding* (= Weimarer Schriften zu Kulturpolitik und Kulturökonomie, 2). Leipzig: Universitätsverlag, 95-111.

JOHN, Hartmut (2008): ‚Top oder Flop'? Die Branding-Welle erreicht die Museumswelt. Eine Einführung. – In: Ders./Günter, Bernd (Hgg.), *Das Museum als Marke. Branding als strategisches Managementinstrument für Museen*. Bielefeld: Transcript, 9-28.

KELLER, Kevin L. (^{3}2001): Kundenorientierte Messung des Markenwerts. – In: Esch, Franz-Rudolf (Hg.), *Moderne Markenführung: Grundlagen – Innovative Ansätze – Praktische Umsetzungen*. Wiesbaden: Gabler, 1059-1080.

KLEIN, Armin (Hg.) (2007): *Starke Marken im Kulturbetrieb*. Baden-Baden: Nomos.

LIEBL, Franz (2006): Unbekannte Theorie-Objekte der TrendforschungTM. Folge 55: Die Kunst der Kundenorientierung. – In: Höhne, Steffen/Ziegler, Ralph Philipp (Hgg.), *Kulturbranding* (= Weimarer Schriften zu Kulturpolitik und Kulturökonomie, 2). Leipzig: Universitätsverlag, 113-135.

MAYNTZ, Renate (2004): Governance im modernen Staat. – In: Benz, Arthur (Hg.), *Governance – Regieren in komplexen Regelsystemen*. Wiesbaden: VS, 65-76.

MEFFERT, Heribert/BURMANN, Christoph (2002): Theoretisches Grundkonzept der identitätsorientierten Markenführung. – In: Dies./Koers, Martin (Hgg.), *Markenmanagement. Grundfragen der identitätsorientierten Markenführung*. Wiesbaden: Gabler, 35-72.

MELLEROWICZ, Konrad (1963): *Markenartikel. Die ökonomischen Gesetze ihrer Preisbildung und Preisbindung*. München, Berlin: Beck.

NIETHAMMER, Lutz (2000): *Kollektive Identität. Heimliche Quellen einer unheimlichen Konjunktur*. Reinbek: Rowohlt.

PEPELS, Werner (1990): *Marketing als Markenmanagement*. Pforzheim: FHW.

PRIDDAT, Birger P./BERG, Karen van den (2008): Branding Museums. Marketing als Kulturproduktion – Kulturproduktion als Marketing. – In: John, Hartmut/Günter, Bernd (Hgg.), *Das Museum als Marke. Branding als strategisches Managementinstrument für Museen*. Bielefeld: Transcript, 29-48.

SATTLER, Henrik (1994): *Der Wert von Marken (Brand Equity)*. Kiel: Institut f. BWL.

SCHUPPERT, Gunnar Folke (2005): Governance im Spiegel der Wissenschaftsdisziplinen. – In: Ders. (Hg.), *Governance-Forschung. Vergewisserung über Stand und Entwicklungslinien.* Baden-Baden: Nomos, 371-469.

WEINBERG, Peter/DIEHL, Sandra (2001): Aufbau und Sicherung von Markenbindung unter schwierigen Konkurrenz- und Distributionsbedingungen. – In: Köhler, Richard/Majer, Wolfgang/Wiezorek, Heinz (Hgg.), *Erfolgsfaktor Marke. Neue Strategien des Markenmanagements.* München: Vahlen, 23-35.

An glatten Oberflächen bleibt nichts haften! – Brand Cohesion als Ansatz zur Markenentwicklung im Kulturbereich

Stefanie Rathje

1. Herausforderungen des Kulturbranding
1.1. Ausgangssituation

Aufgrund von steigenden Rentabilitätsanforderungen gewinnt Marketingkommunikation auch für deutsche Kulturinstitutionen stetig an Bedeutung. Die zunehmende Anzahl von Studiengängen in Kulturmanagement oder Kulturmarketing[1] sowie zahlreiche, auch wissenschaftliche Veröffentlichungen zu diesem Thema (BENKERT/LENDERS/VERMEULEN 1995; HEINZE 1994, 1997; SIEBENHAAR 2003; KLEIN 2004; MANDEL 2005) belegen ein seit den 1980er und 1990er Jahren wachsendes Interesse an einer Professionalisierung dieses Tätigkeitsbereichs zwischen Kunst, Kultur und ihrer Vermarktung. Geleitet von der Idee, den großen erfolgreichen Global Players in die Marketing-Rezeptbücher zu schauen und Verwertbares auf den Kulturbetrieb zu übertragen, wurde in den letzten Jahren vermehrt der Versuch unternommen, nicht nur „kulturelle Leistungen aller Art aus dem Non-Profit-Sektor […] professionell zu vermarkten", sondern sie sogar selbst „als Marken zu inszenieren": nach Kai-Uwe Hellmann (2006: 21) ein absehbarer Prozess, denn „wo immer Marketing zur Anwendung kommt, taucht früher oder später auch das Branding auf".[2]

Trotz dieser Ansätze scheint es aus betriebswirtschaftlicher Perspektive im deutschsprachigen Raum zur guten Gewohnheit geworden zu sein, regelmäßig den Finger auf den großen Nachholbedarf und die noch immer mangelnde Professionalität von Kulturinstitutionen in Bezug auf ihre Marketingkommunikation zu legen. Als typische Probleme beispielsweise der Markenführung werden dabei häufig mangelndes Know-How der Mitarbeiter, eine ungenaue Zuordnung der Verantwortlichkeiten für Branding in der Kulturorganisation, die einfache Fremdvergabe von Markenentwicklung an Externe ohne inhaltliche Kenntnisse des Produkts sowie ein fehlendes Marketing-Verständnis auf der Leitungsebene genannt (HAUSMANN 2006: 54).

Zum Ausgleich dieses Kompetenz-Defizits konzentrierten sich bisherige Kulturmarketing-Konzepte daher vor allem auf eine möglichst genaue, oft „schematische Übertragung" (BENKERT/LENDERS/VERMEULEN 1995: 7) betriebswirtschaftlicher Ansätze. Neben einfachen Marketing-Fibeln für Anfänger, in

---

[1] Obwohl die Verwendung der Begriffe Kulturmanagement oder Kulturmarketing kulturwissenschaftlich problematisch ist, da sie einen engen Kulturbegriff suggerieren, der Kultur auf Kunst bzw. „Hochkultur" verkürzt, sollen sie dennoch aufgrund ihrer allgemeinen Verbreitung im Folgenden im weitesten Sinne für die Vermarktungstätigkeit von Künstlern, ihren Produkten oder Institutionen künstlerischer Produktion verwendet werden.

[2] Im Folgenden werden die Begriffe Branding bzw. Brand Building und ihre deutsche Entsprechung der Markenführung bzw. Markenentwicklung synonym verwendet.

denen im Rahmen von Handbüchern zum Kulturmanagement die Grundlagen betriebswirtschaftlicher Absatzpolitik aufgelistet werden (LOHKAMP/MALETZ 1997), existieren auch Übertragungs-Konzepte zu spezielleren Fragestellungen, wie beispielsweise zur Festlegung eines unternehmerischen Wertesystems in einer einheitlichen „Firmenphilosophie" (VERMEULEN/GEYER 1995: 87). Auch im Bereich der Markenentwicklung liegen Vorschläge z. B. zur Anwendung klassischer Positionierungsstrategien vor (HAUSMANN 2006: 52ff.). Häufig wird dabei auf den amerikanischen Ansatz der Markenidentität („Brand Identity") zurückgegriffen (AAKER 1995; AAKER/JOACHIMSTHALER 2002), der innerhalb des praktischen Anwendungsbereichs von Branding in gewinnorientierten Unternehmen sehr verbreitet ist (ZIEGLER 2006: 72f.). Das Modell von Aaker unterscheidet dabei drei konzentrische Sphären zur Beschreibung der Identität einer Marke: die Markenessenz in der Mitte („brand essence"), Hüterin der zeitlosen Grundwerte einer Marke, die zumeist in einer einzigen Aussage zusammengefasst werden, ihre Kernidentität („brand core"), die zusätzlich zur Markenessenz weitere differenzierbare aber allgemeine Markeneigenschaften beschreibt, und schließlich die erweiterte Markenidentität an der Peripherie, die bestimmte Aspekte der Marke ausführlicher illustriert und eine konsistente Umsetzung der Marke als Produkt, Organisation, Person und Symbol ermöglichen soll (AAKER/JOACHIMSTHALER 2002: 44).

1.2. Problemstellung
Seit den Anfängen professionellen Kulturmarketings ist immer wieder auf die Problematik einer solchen einfachen Übertragung betriebswirtschaftlicher Konzepte auf den Non-Profit-Sektor bzw. den Kulturbereich hingewiesen worden (ausf. hierzu BENDIXEN 2002: 41ff). Eine wichtige Rolle bei der Einschränkung der Übertragbarkeit spielen dabei weit verbreitete Vorbehalte von Seiten der Kulturschaffenden gegenüber Marketing im Allgemeinen. Benkert unterscheidet beispielsweise zwischen der typischen Abwertung von Marketing als „Kunst [...], ihn [den Kunden] zum Kauf von Dingen zu bewegen, für die er ‚eigentlich' keinen Bedarf hat" (1995: 11), sowie der Angst, die Verwendung von Marketinginstrumenten in Kultureinrichtungen „laufe darauf hinaus, die Ergebnisse künstlerischer und kultureller Produktion seien auf dem Altar des Konsums zu opfern" (1995: 11), also der Befürchtung zunehmender betriebswirtschaftlicher Einflussnahme auf das künstlerische Schaffen. Gerade der letzte Vorbehalt erscheint nicht unbegründet. So verweist z. B. Bendixen (2002: 36) auf die grundlegende Verwobenheit des Kulturmanagements mit seinem Gegenstand: „Kunstmanager machen in der Tat (gewöhnlich) keine Kunstwerke, aber sie sind an der Art ihrer Wahrnehmung durch die Rezipienten beteiligt", und fordert dementsprechend für diesen Bereich eine spezifische Form von Managementkultur.

Einige Ansätze des Kulturmanagements versuchen dieser Besonderheit Rechnung zu tragen: Kultureinrichtungen werden innerhalb des betriebwirtschaftlichen Sprachgebrauchs beispielsweise als Dienstleister mit der speziellen Aufgabe beschrieben, kulturelle Werte zu vermitteln, indem sie zeitraumbezogene, erlebnisintensive Produkte anbieten (LENDERS 1995: 24). Als zentrales Leistungsversprechen stellt sich dabei die direkte Einwirkung auf den Besucher dar (CORSTEN 1988: 18). Die Anwendung betriebswirtschaftlicher Prinzipien des Dienstleistungsmarketings scheitert jedoch häufig an der Qualitätsproblematik. Julian Holch (1995: 36) bemerkt: „Aus der Kunstrezeption ist bekannt, dass Qualität zwar spürbar, oft jedoch nicht einmal in Worte zu fassen ist. Gerade ästhetische Qualität entzieht sich der diskursiven Sprache" und damit konsequenterweise auch dem Zugriff betriebswirtschaftlicher, auf Messbarkeit angelegter Ansätze der Kundenorientierung.

Auch für den speziellen Bereich des Kulturbranding kann eine Übertragung betriebswirtschaftlicher Konzepte, also die Entwicklung und Kommunikation einer einheitlichen Markenpersönlichkeit im Sinne einer Brand Identity, zu Problemen führen. Zwei Aspekte künstlerischer Produktion, die sich mit der Vorstellung eines kohärenten Brand Building nur schwer vereinbaren lassen, illustrieren dieses Spannungsfeld.

So weisen mehrere Kulturmanagement-Ansätze zum einen auf die Wichtigkeit von Authentizität als Qualitätsmerkmal künstlerischen Schaffens hin (MOHR 1995: 115; HOLCH 1995: 37). Die Festlegung auf eine klar formulierte Markenidentität wirft hier vor allem für einzelne Künstler oder Künstlergruppen das Problem mangelnder Wahrhaftigkeit auf, da eine klassische Markenidentität mit ihrer Festlegung auf ausgewählte Eigenschaften („personality profile", AAKER/ JOACHIMSTHALER 2002: 78) die Kunstschaffenden natürlich nicht adäquat beschreiben kann, so dass sich im besten Fall simplifizierte, viel eher jedoch verzerrte Kommunikationsaussagen ergeben, die dem persönlichen Anspruch der Künstler auf Authentizität entgegenstehen. Diese Authentizitätsproblematik kann als mangelnde Mitarbeiteridentifikation natürlich auch beim Branding von Wirtschaftsunternehmen auftreten, fällt dort jedoch für den Einzelnen weniger stark ins Gewicht, da sich zwischen Marke und Individuum eine ganze Organisation und ihre Produkte befinden, für die der einzelne Mitarbeiter, anders als in der künstlerischen Produktion, kaum vollumfänglich und direkt mit seiner eigenen Person einstehen muss.

Eng mit dieser Problematik verknüpft ist zum anderen die Kontingenz künstlerischen Schaffens. Holch spricht hier von einem „Erwartungsparadoxon der kulturellen Dienstleistung", da es entgegen dem verlässlichen Qualitätsversprechen eines klassischen Markenprodukts in der Kunst nicht unbedingt darauf ankomme, die Erwartungen des Kunden zu erfüllen:

Das Besondere der künstlerischen Interaktion ist [...], dass der Kunde diesem Kern der kulturellen Dienstleistung gerade nicht wohldefinierte Erwartungen entgegenbringen kann, da er die qualitativen Dimensionen der ästhetischen Wahrnehmung nicht antizipieren kann. (HOLCH 1995: 41)

Der Aspekt der Vereinheitlichung, der die Grundlage betriebswirtschaftlicher Markenkonzepte bildet, kann danach im Rahmen künstlerischer Produktion kaum fruchtbar ausgespielt werden, „weil sich Kultur gerade durch ein Eigenleben im Sinne der Organismusmetapher auszeichnet". So „kommt es gerade auf hohe Komplexität [...], auf die Unbegrenztheit der Zwecke und Mittel an, um das einzelne und einmalige Kunstwerk herzustellen" (HELLMANN 2006: 33f).

1.3. Zielsetzung

Man könnte den Schluss ziehen, im Kulturbereich grundsätzlich von Branding-Konzepten absehen zu müssen. So bezeichnet beispielsweise Hellmann (2006: 38) es folgerichtig als „fragwürdig, inwieweit die Zielsetzung, zur Marke zu werden, im Kulturbereich überhaupt zur Anwendung und Verbreitung kommen sollte, weil damit das, was Kultur ausmacht, möglicherweise erheblich beschädigt, wenn nicht zerstört wird."
Ein Blick in die Kunst- und Musikgeschichte zeigt jedoch, dass offensichtlich kein grundsätzlicher Widerspruch zwischen den fundamentalen Bedingungen künstlerischer Produktion und dem Phänomen von Kunst und Künstler als Marke besteht. So betont beispielsweise Ziegler:

Die Geschichte der Künste und die Gesamtheit überlieferter Werke von Musik, Darstellender und Bildender Kunst lässt sich [...] an vielfältigen Beispielen regelrecht unter Markengesichtspunkten analysieren. (2006: 63)

Meister der Selbstinszenierung wie Paganini, Liszt oder Picasso können auch unter Brand-Building-Gesichtspunkten beeindruckende Leistungen vorweisen (ZIEGLER 2006: 63; HAUSMANN 2006: 47f.). So lassen sich „bedeutende Parallelen zwischen Markenprinzip und Kunst [identifizieren] – Übereinstimmungen, die der Kulturpraxis nicht etwa als Übertragung aus der Wirtschaft implementiert wurden, sondern die ihre eigene Tradition und wesentliche Züge ihrer Wertecodices teilweise bereits seit Jahrhunderten prägen" (ZIEGLER 2006: 59). Hinzu kommt, dass Künstler und Kulturinstitutionen paradoxerweise vermutlich schon immer eine Art Brand Building benötigten, um sich langfristig ihre finanzielle und damit auch künstlerische Unabhängigkeit sichern zu können.
Vor diesem Hintergrund erscheint es wiederum lohnenswert, nach einem systematischen Konzept der Markenentwicklung im Kulturbereich zu suchen, das auf eine direkte Übertragung betriebswirtschaftlicher Prinzipien verzichtet und Authentizität und Kontingenz künstlerischer Produktion nicht als Störfaktoren, sondern als Rahmenbedingungen berücksichtigt. Da die wissenschaftliche Forschung im Bereich Kulturbranding jedoch noch ganz am Anfang steht bzw. sogar als „unzureichend" bezeichnet werden kann (HELLMANN 2006: 21), können konzeptionelle Überlegungen nur in eingeschränktem Maße an Existierendes anknüpfen. Es erweist sich daher als sinnvoll, auf der Suche nach alternativen Konzepten Erkenntnisse aus angrenzenden Bereichen der Organisationskommunikation einzubeziehen. Um jedoch den in der Vergangenheit oft begangenen Fehler einer Übertragung von Konzepten, die für die Bewältigung anderer Probleme entwickelt wurden, zu vermeiden, soll zunächst die Suche nach ähnlichen

Problemen im Mittelpunkt stehen, bevor in einem zweiten Schritt über eine Übertragung oder Anwendung existierender Erkenntnisse nachgedacht wird.

2. Konzeptuelle Analogie zwischen Branding und Unternehmenskultur

Aus dem erweiterten Bereich der Organisationskommunikation erweist sich eine Analogie zu dem Konzept der Unternehmenskultur als hilfreich für das Kulturbranding. Da sich Branding im ursprünglichen Sinn sehr stark nach außen, am Kunden, orientiert, Unternehmenskultur hingegen eher das Innere einer Organisation betrachtet, kann dieser Vergleich auf den ersten Blick ungewöhnlich erscheinen. Eine genauere Betrachtung bringt jedoch zahlreiche Parallelen zwischen beiden Ansätzen ans Licht.

2.1. Funktionale Ähnlichkeiten

Markenbildung wie auch Unternehmenskulturentwicklung nehmen zielgerichtet Einfluss auf die Kommunikation einer Organisation und stellen damit Führungskonzepte zur Kontrolle der Unternehmenskommunikation dar. Gleichzeitig besitzen beide Konzepte jedoch auch einen emergenten Charakter: Ihre Entwicklung muss als Wechselspiel von Einflussnahme und Eigendynamik verstanden werden, dessen Ergebnis als Resultat komplexer Kommunikationsprozesse nicht vollständig kalkulierbar ist.

Den Ausgangspunkt des Branding bildet klassischerweise die Produktkommunikation. Moderne integrative Branding-Konzepte weiten die kommunikative Implementierung einer Markenstrategie jedoch auf alle Funktionsbereiche einer Organisation aus und schließen damit Aspekte des Produktdesigns genauso ein wie erwünschte Verhaltensweisen der Mitarbeiter (AAKER 2001). Den Ausgangspunkt des Unternehmenskulturansatzes stellt demgegenüber eher interne Kommunikation zur Einschränkung des organisatorischen Kontrollaufwands dar, die z. B. über eine gesteigerte Mitarbeiteridentifikation und indirekte Verhaltensregulation erreicht wird (SCHREYÖGG 2000: 463). Neuere Ansätze, die Unternehmenskultur beispielsweise als „Konsistenz der postulierten Werte mit Haltungen und Überzeugungen sowie dem gelebten Verhalten" der Mitarbeiter beschreiben (SACKMANN 2004: 236), sorgen für eine Erweiterung des Konzepts nach außen, bei der letztlich auch die Entwicklung von Produkten oder die Gestaltung von Kundeninteraktion einem bestimmten unternehmenskulturellen Wertegerüst folgen soll. Besonders deutlich dokumentiert sich die Verwandtschaft von Branding und Unternehmenskultur in dem bekannten Ansatz der Corporate Identity, bei dem Markenführung und Unternehmenskultur als „Unternehmenserscheinungsbild", „Unternehmenskommunikation" und „Unternehmensverhalten" im integrierten „Identitäts-Mix" einer Organisation aufgehen (BIRKIGT/STADLER 2002: 20ff.).

2.2. Strukturelle Ähnlichkeiten

Da Branding und Unternehmenskultur als Ansätze zur Kontrolle von Organisationskommunikation ähnliche Ziele verfolgen, erscheint es nicht verwunderlich, dass sich zwischen beiden Konzepten auch strukturelle Ähnlichkeiten nachweisen lassen. Aktuelle Forschung zu Unternehmenskultur stellt vor allem die Annahme kultureller Kohärenz, im Sinne von Widerspruchsfreiheit, als grundlegendes Paradigma in der Unternehmenskulturdebatte heraus (RATHJE 2006: 105ff.). So definiert einer der bekanntesten Vertreter des Unternehmenskulturansatzes:

> [Only] what is shared is, by definition, cultural. It does not make sense, therefore, to think about high or low consensus cultures, or cultures of ambiguity or conflict. If there is no consensus or if there is conflict or if things are ambiguous, then, by definition, that group does not have a culture with regards to those things. (SCHEIN 1991: 247f.)

Das bekannte Schichtenmodell von Unternehmenskultur betont dementsprechend den starken Zusammenhang zwischen geteilten Grundannahmen der Organisationsmitglieder, die in einheitlichen Unternehmenswerten ihren Niederschlag finden und sich schließlich in Form von beobachtbaren Strukturen, Prozessen oder Verhaltensweisen der Organisation manifestieren (SCHEIN 1995: 30). Als charakteristisch für das Kohärenzparadigma erweist sich die explizite oder implizite Verknüpfung des Kohärenzgrades einer Unternehmenskultur mit ihrer Stärke oder Funktionsfähigkeit (RATHJE 2004: 72; SCHREYÖGG 2000: 451). Unternehmenskultur ist in diesem Sinne nicht nur das Kohärente einer Organisation, als Führungsinstrument sollte sie zur Erhöhung des Unternehmenserfolgs auch darauf abzielen, Kohärenz weiter zu erhöhen: Kohärenz-Diagnose und Kohärenz-Desiderat fallen zusammen.

Ein Vergleich mit dem Brand-Identity-Ansatz (siehe Abb. 1) zeigt deutliche Parallelen in der Ausrichtung an Kohärenz als Strukturmerkmal bekannter Branding-Modelle auf. Auch hier geht es um die Identifikation kohärenter Inhalte, in diesem Fall zur Beschreibung einer Marke und ihrer konsistenten Umsetzung auf verschiedenen Ebenen (AAKER/JOACHIMSTHALER 2002: 93). Aaker spricht von dem Ziel einer „coherent brand experience" (AAKER 2001: 2). Markensoziologen verwenden den Begriff der „Selbstähnlichkeit der Marke", bei der ein Ausschnitt dem Ganzen in seiner Gestalt ähnlich sein soll (DEICHSEL 2004: 109).

An glatten Oberflächen bleibt nichts haften! 43

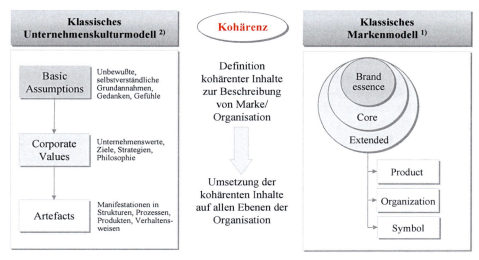

1) Markenmodell (exemplarisch) nach Aaker/Joachimsthaler 2002:44
2) Schichtenmodell der Unternehmenskultur (exemplarisch) nach Schein 1995:30

Abb. 1: Strukturelle Ähnlichkeit klassischer Branding- und Unternehmenskultur-Konzepte

Das auch im Bereich des Kulturmarketings häufig diskutierte Konzept der Corporate Identity mit seiner Verschmelzung von Branding und Unternehmenskultur unterstreicht besonders eindrücklich das Kohärenz-Primat als Charakteristikum existierender Ansätze: Klaus Linneweh (2004: 14) bezeichnet als wichtigstes Merkmal von Corporate Identity „seine Ganzheitlichkeit, Geschlossenheit und innere Konsistenz", Klaus Birkigt und Marinus M. Stadler (2002: 18ff.) betonen Geschlossenheit und Einheitlichkeit als „klare Forderung" und Peter Vermeulen und Hardy Geyer (1995: 88) definieren die „Schlüssigkeit des Verhaltens" als zentrales Ziel von Corporate Identity auch für Kulturinstitutionen: „Die Angebote, Erscheinungsbild [...], die Komunikationspolitik [...] und die innerbetrieblichen Strukturen [...] müssen ein geschlossenes Bild ergeben".

2.3. Ähnliche Problemfelder
Aufgrund dieser strukturellen Verwandtschaft der Konzepte von Branding und Unternehmenskultur verwundert es nicht, dass auch ihre Probleme Ähnlichkeiten aufweisen.
Der identifizierten Authentizitätsproblematik kohärenzorientierter Branding-Modelle im Kulturbereich entspricht die umgreifende Erkenntnis in der Unternehmenskulturdebatte, dass Kohärenz in den seltensten Fällen wirklich die Unternehmensrealität widerspiegelt. So hat die Forschung einerseits zur Existenz organisatorischer Subkulturen (RILEY 1983; MARTIN/SIEHL 1983; TRICE 1993; MARTIN 1992), andererseits zur fortschreitenden Unternehmensinternationalisierung (BUHR 1998; BOLTEN 2000) den Blick für eine Diagnose of-

fensichtlicher Unmöglichkeit der Durchsetzung einheitlicher kultureller Inhalte in Organisationen geöffnet (JUCH/RATHJE/KÖPPEL 2007). Das beschriebene Kontingenzproblem im Zusammenhang mit künstlerischer Freiheit bei der Implementierung einheitlicher Markenstrategien findet ebenso seine Entsprechung innerhalb der Unternehmenskulturdebatte: So häufen sich vor allem in internationalen Unternehmen die Befunde der Ambivalenz von kultureller Homogenität (SCHREYÖGG 2000: 463ff.) und eingeschränkter Sinnhaftigkeit kohärenter unternehmenskultureller Inhalte (vgl. hierzu eine frühe Studie von KOTTER/HESKETT 1992: 15ff.). Empirische Untersuchungen stellen die mangelnde Flexibilität eines weltweit kohärenten unternehmenskulturellen Wertesystems heraus, das den Eigenheiten unterschiedlicher Märkte nicht gerecht wird (RATHJE 2004).

Abb. 2: Analogie der Kohärenz-Problematik in der Debatte zu Unternehmenskultur und Kulturbranding

Die Unternehmenskulturforschung hat in den vergangenen Jahren auf diese Problematik mit verstärkter Forschungstätigkeit zur Entwicklung alternativer Modelle von Unternehmenskultur reagiert, die darauf abzielen, das prekäre Kohärenz-Primat zu umgehen. Aufgrund der beschriebenen Analogie zwischen Branding und Unternehmenskultur erscheint es lohnenswert, diese neuen Erkenntnisse aus dem Bereich der Unternehmenskultur auf ihre Anwendbarkeit im Kulturbranding zu untersuchen.

3. Nutzung von Erkenntnissen aus der Unternehmenskultur für Kulturbranding

Die folgenden Ausführungen beziehen sich auf empirische Befunde einer qualitativen Studie zur Entwicklung und Gestaltung von Unternehmenskultur im internationalen Kontext[3] (RATHJE 2004; 2004a). Dabei wurden Unternehmen untersucht, die erwartungsgemäß einen geringen Homogenitätsgrad von Werten oder Verhaltensweise aufweisen, da ihre Mitarbeiter aus unterschiedlichen Nationalkulturen stammen.

3.1. Erkenntnisse zur Gestaltung von Unternehmenskultur

Eine funktionsfähige Unternehmenskultur wurde in den untersuchten Organisationen häufig als starkes Zusammengehörigkeitsgefühl artikuliert, das im Folgenden als Kohäsion bezeichnet werden soll. Sie äußert sich als persönliche Bindung der Mitarbeiter untereinander und bringt für den Unternehmenserfolg positive Nebeneffekte mit sich: So zeichnen sich Organisationen mit einer hochkohäsiven Kultur z. B. durch eine sehr niedrige Fluktuation bei gleichzeitig hohem persönlichen Einsatz der Mitarbeiter aus. Interessant erscheint vor allem, dass Kohäsion weitgehend unabhängig vom realen Kohärenz-Grad der untersuchten Organisation entstehen kann (RATHJE 2004: 220ff.). Die Ergebnisse legen vielmehr den Schluss nahe, dass in funktionsfähigen Unternehmenskulturen neben Dynamiken der gegenseitigen Anpassung oder Integration, die für eine Zunahme an Kohärenz sorgen, auch Dynamiken präsent sind, die zur Erhaltung oder sogar zur Verstärkung von Unterschieden führen (RATHJE 2004a). Als besonders erfolgreich bei der Entstehung von Mitarbeiterbindung erweisen sich gerade nicht zielgerichtete Versuche der Vereinheitlichung, sondern – natürlich unter der Voraussetzung, dass der Unternehmenserfolg nicht gefährdet wird – eher das Gewährenlassen oder die großzügige Unterstützung abweichender Verhaltensweisen (RATHJE 2004: 237ff.). Die Ergebnisse deuten insgesamt darauf hin, dass die Orientierung an Kohärenz als Ziel von Unternehmenskulturgestaltung nur eingeschränkten Nutzen für den Unternehmenszusammenhalt bietet. Alternative Konzepte versuchen daher, das Kohärenz-Paradigma zu überwinden zugunsten einer Zielvorstellung, die sich eher an der Entwicklung von Kohäsion im Sinne der Stärkung des inneren Zusammenhalts bzw. der Mitarbeiterbindung orientiert (RATHJE 2004a). Funktionsfähige Unternehmenskultur lässt sich in diesem Sinne metaphorisch als Bindemittel oder Klebstoff zwischen den Organisationsmitgliedern verstehen, wobei die Übereinstimmung oder Homogenität der zusammenhaftenden Individuen gegenüber des Zusammenhaftens selbst zweitrangig erscheint. Ein solches Verständnis von Unternehmenskultur findet seine Parallele auch in aktuellen kulturwissenschaftlichen Ansätzen, die die innere Struktur von Kulturen als Differenzen beschreiben und ihren Zusammenhalt nicht durch Homogenität bestimmter Werte oder Verhaltensweisen

---

[3] Die Studie untersuchte die Entwicklung von Unternehmenskultur innerhalb 13 thailändischer Tochtergesellschaften deutscher Unternehmen.

erklären, sondern aus der Normalität bzw. Bekanntheit der vorhandenen Differenzen (HANSEN 2000: 232f.).

Auf den Bereich der Unternehmenskultur angewendet, lässt sich postulieren, dass sich Kohäsion nicht von der Unternehmensführung vorschreiben oder erzwingen lässt, sondern eher aus Vertrautheit mit den vorhandenen Unterschieden erwächst. Die daraus entstehende Normalität kann durchaus als eine Art Einheit oder Gemeinsamkeit empfunden werden, die jedoch nicht notwendigerweise auf realen Übereinstimmungen basieren muss. Zielgerichtet unterstützen lässt sich ein solcher Prozess vor allem durch eine Erhöhung der Interaktionsfrequenz und -intensität zwischen den Mitarbeitern, um eine stetige Kommunikation über Gemeinsamkeiten und Unterschiede zu erreichen (RATHJE 2006: 116f.). Gerade die Vertrautheit mit Unterschieden bei gleichzeitiger Kommunikationsfortschreibung erweist sich als identitätsförderndes Bindemittel. Auch hier scheint zu gelten: Rauhe Flächen haften besser als glatte.

3.2. Übertragung auf Kulturbranding

Die Analogie zum Konzept der Unternehmenskultur kann für das Kulturbranding hinsichtlich seiner Ziele und Mittel wertvolle Anregungen liefern.

In Bezug auf die Zieldefinition von Kulturbranding legt der beschriebene Kohäsionsansatz aus dem Bereich Unternehmenskultur nahe, das derzeitige Kohärenzprimat der Markenbildung zumindest zu überdenken. Es ist zu vermuten, dass eine Ausrichtung an kommunikativer Einheitlichkeit und Homogenität ähnlich wie in der Unternehmenskulturdebatte eine Verwechslung von Mittel und Zweck darstellt. Analog zur Unternehmenskultur, wo Einheitlichkeit in bestimmten Bereichen das eigentliche Ziel einer stabilen Mitarbeiterbindung unterstützen kann, aber nicht notwendigerweise muss, kann kohärente Kommunikation, z. B. die Verwendung eines einheitlichen Logos, ein adäquates Instrument der Markenentwicklung sein, sie stellt jedoch keinen Selbstzweck dar. Als eigentliches Ziel von Kulturbranding sollte dementsprechend die Herstellung von Bindung zwischen der Kulturinstitution und ihren relevanten Öffentlichkeiten verstärkt in den Blick genommen werden, also z. B. die Entwicklung von Kohäsion zwischen der Kulturinstitution und den Rezipienten der künstlerischen Produktion. Nur über eine solche Bindung lässt sich langfristig ihr Bestand sichern, nur so kann sie ihren künstlerischen Vermittlungs- und Bildungsauftrag erfüllen, da sie nur im Kontext einer stabilen Publikumsbindung Experimente wagen und sich weiterentwickeln kann.

Vor diesem Hintergrund stellt sich die Frage, mit welchen Mitteln Kulturbranding zur Stärkung der Bindung relevanter Öffentlichkeiten beitragen kann. In Analogie zu den Ergebnissen aus dem Bereich der Unternehmenskultur soll hier ein Branding-Konzept vorgeschlagen werden, das auf die Herstellung von Vertrautheit mit der Marke abzielt. Diese Vertrautheit oder Normalität kann, wie das Beispiel Unternehmenskultur zeigt, einerseits über Kommunikation von Übereinstimmungen mit einer Öffentlichkeit, also z. B. einer bestimmten

Publikumsgruppe oder dem Kreis möglicher Sponsoren, erreicht werden, die zur Wahrnehmung scheinbarer Einheit führen können. Andererseits kann sie ebenso über die Kommunikation von Unterschieden zu einer Öffentlichkeit über den Effekt des gegenseitigen Kennenlernens unterstützt werden. Deutlich wird dabei, dass ein solches, auf Kohäsion ausgerichtetes Kulturbranding statt einheitlicher Kommunikationsinhalte eher die Interaktionsqualität selbst in den Vordergrund stellt. Während ein herkömmliches Markenverständnis sich sendungsbezogen auf die Festlegung kohärenter Inhalte der Marke konzentriert, muss sich kohäsives Branding viel stärker mit den Eigenschaften oder Strukturen der Öffentlichkeiten auseinandersetzen, auf die seine Botschaften treffen, um überhaupt in der Lage zu sein, mögliche Übereinstimmungen und Differenzen adäquat identifizieren und kommunizieren zu können. Kohäsive Markenbildung als Aufgabenbereich bedeutet in diesem Sinne statt Definition und Pflege fester Inhalte von Markenidentität und der Ableitung kohärenter Kommunikationsaussagen viel eher die Bestimmung kommunikativer Rahmen oder Grenzen, innerhalb derer Interaktion mit Öffentlichkeiten stattfinden kann. Die Marke selbst wird dabei zunächst einerseits auf ihr äußeres Markenbild als Absender von Kommunikation reduziert, gleichzeitig jedoch ähnlich dem Prinzip des offenen Kunstwerks (ECO 2002) zu einem mehrfach kodierten Symbol erweitert, dessen Bedeutungsinhalt aus der stetigen Interaktion mit unterschiedlichen Öffentlichkeiten erwächst.

Die Eigenschaften eines solchen kohäsiven Branding lassen sich praktisch an einem Beispiel verdeutlichen, das zwar nicht gezielt nach seinen Grundsätzen konzipiert wurde, aber dennoch zahlreiche seiner Merkmale aufweist: „Zukunft@Bphil" heißt das vor einigen Jahren gestartete Education-Projekt der Berliner Philharmoniker, dessen Ziel es ist, die Arbeit des Orchesters und seine Musik langfristig einem breiten Publikum zugänglich zu machen. Das Orchester arbeitet mit Schulen und sozialen Einrichtungen zusammen und fördert in kleinen Projekten Schülergruppen, die zu künstlerischer Produktion angeregt und angeleitet werden und ihre Werke abschließend öffentlich aufführen. Das Orchester nutzt diese Projekte zur Markenkommunikation im Sinne eines kohäsiven Brandings. Das Orchester tritt als realer Interaktionspartner im Rahmen der Projektarbeit und der Abschlusskonzerte in Erscheinung. Die Interaktionen selbst thematisieren Übereinstimmungen genauso wie Unterschiede. Zu einem Effekt geglaubter Einheit tragen beispielsweise für die Schüler die erfahrene Wertschätzung ihrer Personen und der Spaß am gemeinsamen Musizieren bei. Die Eltern fühlen sich in ihrem Anliegen einer guten Ausbildung ihrer Kinder unterstützt. Den Abonnenten, die kostenlos zu den Abschlusskonzerten eingeladen werden, vermittelt sich eine Vorstellung ideeller Teilhabe an dieser „guten Sache". Auf der anderen Seite ist die Interaktion jedoch auch auf eine Auseinandersetzung mit Differenzen angelegt: Den Schülern und oft auch den Eltern wird zugemutet, sich mit völlig fremden Verhaltens- und Kunstformen auseinanderzusetzen. Konzertbesucher schauen im Rahmen der Kinderkonzerte hinter die Kulissen und lernen die Mitglieder des Orchesters außerhalb der Konzertatmosphäre kennen. Bei allen Interaktionen sowie auch der Kommunikation erscheinen die Berliner Philharmoniker als Marke im klassischen Sinn nur in ihrer Funktion als Initiator, manifestiert durch ihr Logo auf sämtlichen Kommunikationsmaterialien. Dabei wird vollständig auf eine an einem kohärenten Image ausgerichtete Markenkommunikation im herkömmlichen Sinn verzichtet. Markenbindung entsteht in diesem Fall ganz im Gegenteil aus der kollektiven Erfahrung von Übereinstimmungen und dem allmählichen Vertrautwerden mit Unterschieden als lebensweltliche Normalität. Die Marke wird zum authentischen Träger individueller Geschichte.

4. Diskussion

Im Folgenden sollen überblicksartig Bezüge zu verwandten Ansätzen der Betriebswirtschaftslehre, der Soziologie und der Kommunikationswissenschaften hergestellt werden, um eine erste grobe Einbettung von kohäsivem Branding in existierende Ansätze vorzunehmen und Unterschiede bzw. Gemeinsamkeiten herauszuarbeiten.

Im Bereich der Betriebswirtschaft finden sich Anknüpfungspunkte zu Ansätzen des Beziehungsmarketing (customer relationship management/marketing) sowie zu interaktionsorientierten Konzepten des Dienstleistungsmarketings. Mit dem Beziehungsmarketing besitzt kohäsives Branding vor allem die Gemeinsamkeit der Zielsetzung, „to establish, maintain, and enhance [...] relationships with customers and other partners" (GRÖNROOS 1990: 138), wobei der Langfristigkeit der Kundenbeziehung ein besonderer Stellenwert zukommt (HOLCH 1995: 47). Interaktionsorientierte Ansätze aus dem Dienstleistungsmarketing hingegen betonen unter dem Stichwort Prosumtion im Gegensatz zur Konsumtion die besondere Gleichzeitigkeit von Produktion und Verbrauch (HOLCH 1995: 28f.): Die Vorstellungen eines Prosumenten berücksichtigt dabei, dass

zum einen die Dienstleistung ohne die aktive Partizipation des Kunden gar nicht stattfinden kann und dass zum anderen das Verhalten des Kunden im prosumtiven Prozess die Qualität der Dienstleistung nachhaltig beeinflussen kann. (HOLCH 1995: 29)

Der Spezialfall der Kulturproduktion kann in diesem Sinne als Prozess verstanden werden, bei dem das Ergebnis aus Interaktion zwischen Künstler oder Kulturorganisation und Publikum nicht vollständig kontrollierbar ist: „Wird Prosumtion [...] als Interaktionsprozess begriffen, ist der Anbieter der Dienstleistung in der Lage, das innovative Potential zu berücksichtigen, das der Kunde in die Dienstleistung mit einbringt. Gerade aus spontanen Reaktionen des Kunden (des Publikums) können Lernprozesse und Veränderungen beim Dienstleistungsanbieter hervorgehen" (HOLCH 1995: 29). Gemeinsam mit dem Konzept des kohäsiven Branding hat dieser Ansatz das Verständnis für die Offenheit bzw. Emergenz künstlerischer Produktion, das jedoch eher zur Beschreibung der künstlerischen Dienstleistung an sich verwendet wird. Kohäsives Branding entwickelt dieses Verständnis weiter, indem der Interaktionsaspekt künstlerischer Produktion auch in ihre Meta-Kommunikation im Rahmen von Branding integriert wird.

In der Soziologie bietet vor allem Luhmanns Verwendung des Begriffs Eigenwert bzw. Eigenwertbildung wertvolle Anregungen zur Beschreibung des allgemeinen Phänomens der Marke (HELLMANN 2003: 275f.) und damit Anknüpfungspunkte auch für Kulturbranding. Luhmann (1997: 394) definiert: „Die Eigenwertbildung ist ein Resultat der Wiederverwendbarkeit, der Anwendung von Operationen auf das Resultat vorheriger Operationen desselben Mediums". Die entstandenen Eigenwerte beschreibt er als „Sinnmarken [...], die Anhaltspunkte für ein weiteres Beobachten fixieren, die stabil sind, auch wenn (und gerade weil) sie aus unterschiedlichen Perspektiven benutzt werden und dies durchschaut wird" (LUHMANN 1990: 113f.). Da die Vorstellung von brand identity eng mit der Auffassung der Marke als Persönlichkeit verknüpft ist, erweist sich Luhmanns Anwendung des Eigenwert-Begriffs in Bezug auf Personen als besonders fruchtbar für die Markensoziologie:

Personen sind Bedingungen der Fortsetzung von Kommunikation, sind Adressen, Zurechnungspunkte, oft auch Erklärungen für Merkwürdigkeiten im Verlauf von Kommunikation. In diesem Sinne kann man Personen auch als ‚Eigenwerte' des Kommunikationssystems Gesellschaft bezeichnen. [...] Personen entstehen, sie fallen gleichsam als Nebenprodukte an, wenn überhaupt kommuniziert wird; denn man muss schließlich wissen, wer für Mitteilungen verantwortlich ist und an wen man sich mit Rückfragen oder mit Bitten um Erklärungen oder mit Kritik zu wenden hat. (LUHMANN 2002: 30)

In Luhmanns Verständnis von Eigenwert und Sinnmarke finden sich Anklänge zum kohäsiven Verständnis der Marke als Absender und Adresse von Kommunikation, die allein schon durch Kommunikationsfortschreibung Stabilität erhält. Interessant erscheint in diesem Zusammenhang, dass Luhmann eine besondere Einheitlichkeit der Kommunikation explizit nicht als notwendige Voraussetzung für die Entstehung dieser Stabilität betrachtet. Auf das Branding übertragen, bedeutet dies eine indirekte Bestätigung der Hypothese, dass zur Entwicklung von Markenstabilität – bzw. um den Beziehungsaspekt erweitert: von Markenkohäsion – Kohärenz als Selbstzweck überflüssig ist.

Der Markensoziologe Hellmann greift den Gedanken der Kommunikationsfortschreibung für das Kulturbranding in seinem Ansatz des (Marken-)„Management by Mediation" auf. Im Gegensatz zu einem herkömmlichen „Management by Monologue" beschreibt er dessen Anforderungen als

fortlaufende Kommunikation, ständiger Dialog, [...] Erfordernis des permanenten Polylogs auf Basis einer Symmetrieannahme, die hochsensible Beachtung von Interdependenzen und ständige reflexive Abstimmung [...] mit dem Ziel der wechselseitigen Vertrauensbildung und dem erkennbar auf Langfristigkeit angelegten Aufbau sozialer Beziehungen. (HELLMANN 2006: 37)

Obwohl sich hier aufgrund der ausgeprägten Interaktionsorientierung Ähnlichkeiten zum Kohäsions-Ansatz feststellen lassen, besteht ein wesentlicher Unterschied zwischen beiden Konzepten in ihrer Position gegenüber dem beschriebenen Kohärenz-Primat. So entsteht Hellmanns „Management by Mediation" aus der Notwendigkeit, dass in Kulturorganisationen aufgrund von „Komplexität und Unkontrollierbarkeit" „kaum formale Durchgriffs- und Erzwingungsrechte bestehen, um kontrollierte Kausalität [...] zu erreichen" (HELLMANN 2006: 35). Er fragt sich daher, „ob es überhaupt noch sinnvoll ist, in solchen Fällen von Markenmanagement zu sprechen" (HELLMANN 2006: 27), und verleiht damit der Hypothese Ausdruck, dass Kohärenz letztlich doch als Zweck und nicht nur als mögliches Mittel des Markenmanagements betrachtet werden sollte. Kohäsives Branding hingegen begreift die beschriebene Komplexität und Kontingenz nicht als Störfaktor, sondern macht sie zum Ausgangspunkt kultureller Markenentwicklung.

Aufgrund des ausdrücklichen Interaktionsschwerpunktes lassen sich abschließend auch Parallelen zwischen kohäsivem Kulturbranding und kommunikationswissenschaftlichen Public-Relations-Ansätzen ziehen: eine naheliegende Verwandtschaft, da PR gemeinhin als der Teil von Organisationskommunikation verstanden werden, der nicht primär auf Vertriebsziele, sondern auf die langfristige Beziehung zwischen der Organisation und ihrer Umwelt ausgerichtet ist. Hierbei ergeben sich interessante Übereinstimmungen vor allem mit kultursoziologischen PR-Konzepten, die versuchen, explizit auch die Besonderheiten von Non-Profit-Organisationen zu berücksichtigen. So kommt beispielsweise Werner Faulstich (2000) mit seinem Strukturhomologie-Konzept der PR auf anderem Weg zu Ergebnissen, die den Grundlagen kohäsiven Brandings stark ähneln. Den Ausgangspunkt bildet seine Kritik am betriebswirtschaftlichen Verständnis von Image als definierbare Soll-Vorstellung einer Organisation, dem er ein kultursoziologisches Image-Konzept entgegenstellt, das sich glaubwürdig, handlungsrelevant und wirklichkeitsnah am Wesen der Organisation ausrichten soll (FAULSTICH 2000: 130ff.). Zur Entwicklung dieses Images steht als Ziel von PR dann nicht die rein instrumentelle Selbstdefinition im Vordergrund, wie sie auch aus klassischen Markenkonzepten bekannt ist, sondern die Entwicklung systemischer Übereinstimmung zwischen der Organisation und ihren Öffentlichkeiten, von Faulstich als Strukturhomologie bezeichnet. Strukturhomologie als Ziel von PR wird erzeugt durch fortgesetzte System-Umwelt-Interaktion auf Basis der Vermittlung und Kenntnis der jeweils anderen Systemstrukturen. Image differenziert sich je nach Priorität und Anliegen unterschiedlicher Öffentlichkeiten und verliert auf diese Weise den Charakter eines auf Einheitlichkeit ausgerichteten Kommunikationsphänomens. Je höher die Interaktionsintensität ausfällt, desto ausdifferenzierter sind die entstandenen Sinn-Bilder, je niedriger die Interaktionsintensität, desto größer die Leerstellen. Image lässt sich somit als Funktion der Interaktionsqualität und nicht notwendigerweise des Interaktionsinhalts beschreiben (FAULSTICH 2000: 133f.). Verknüpft man diese Vorstellung von PR und ihrem Ziel der Imagebildung mit Markenmanagement und seinem Ziel des Bindungsaufbaus, weist Faulstichs Strukturhomologie-Konzept starke Ähnlichkeiten mit dem Ansatz des kohäsiven Branding auf. Beide betonen den Interaktionsaspekt zielgerichteter Organisationskommunikation im Gegensatz zu ihrem Inhaltsaspekt und erteilen kommunikativer Einheitlichkeit als Selbstzweck eine klare Absage. Die Zielvorstellung von Strukturhomologie als Grundlage für Image wird bei kohäsivem Branding noch um die Hypothese einer Bindungsverstärkung durch Vertrautheit mit Übereinstimmungen und Unterschieden erweitert. Was Faulstich als PR-Prämisse formuliert, könnte ebenfalls für Kulturbranding gelten: „die Selbstinszenierung [ist] dem Prinzip der je spezifizierten Wahrhaftigkeit unterworfen. Es geht nicht um das Abbild, sondern um die Identität des Selbst" (FAULSTICH 2000:135).

5. Handlungsempfehlungen für das Kulturbranding

Das Konzept des kohäsiven Kulturbranding stellt im Bereich zielgerichteter Organisationskommunikation vielleicht ein ungewöhnliches bzw. neues Verständnis von Branding dar; unabhängig von modernen betriebswirtschaftlichen Erkenntnissen historisch betrachtet scheint es jedoch ein sehr altes und erfolgreiches Prinzip zu berücksichtigen: So beziehen die ältesten und bekanntesten Markensymbole wie z. B. das christliche Kreuz ihre Bindungsqualität nicht aus von Marketingstrategen ausgetüftelten kohärenten Kommunikationsinhalten, sondern aus einer Tradition eindrucksvoller Interaktionsintensität mit ihren ‚Kunden'.[4]

Versucht man auf Basis der Hypothesen zum kohäsiven Branding praktische Handlungsempfehlungen für das Kulturmanagement zu formulieren, so lassen sich abschließend vier Grundsätze ableiten, die eine erfolgreiche Markenentwicklung im Kulturbereich berücksichtigen müsste:

Marke als Adresse
Beschränkung der Marke auf ihre Rolle als Kristallisationspunkt/Absender von Kommunikation
Konzentration auf die Klarheit und Eindeutigkeit des Absenders durch Pflege eines eindeutigen Logos, einer eindeutigen Bezeichnung (einschl. grafischer Richtlinien für Kommunikationsmaterialien)

Marke als Interaktionspartner
Identifikation der aktuellen Aktionsziele der Organisation (z. B. geplante Projekte) zur Bestimmung eines Interaktionsrahmens für die Marke
Identifikation der für die Organisation relevanten Öffentlichkeiten und Publikumsgruppen
Entwicklung eines genauen Verständnisses relevanter Eigenheiten dieser Gruppen (Bedürfnisse, Stärken, Potentiale, Probleme, Bedrohungen etc.) in Bezug auf die Aktionsziele der Organisation

---

4 Es ist daher zu vermuten, dass ‚coole' Brandingkampagnen wie beispielsweise der evangelischen Kirche an ihrem Mitgliederschwund, der letztlich als Bindungsschwund zu interpretieren ist, nichts ändern können.

Marke als Stifter geglaubter Einheit
Identifikation von spezifischen Zielkongruenzen zwischen der Institution und der jeweiligen Öffentlichkeit
Markenkommunikation und -interaktion zur Thematisierung dieser Gemeinsamkeiten (Schaffung von Kohäsion durch geglaubte Einheit)

Marke als Vermittler von Differenz
Identifikation von spezifischen Unterschieden zwischen der Institution und der jeweiligen Öffentlichkeit
Markenkommunikation und -interaktion zur Thematisierung und zum gegenseitigen Kennenlernen dieser Differenzen (Schaffung von Kohäsion durch Normalität)

Der Aufwand eines solchen Branding-Konzepts ist dementsprechend im Vergleich zu herkömmlichen Ansätzen besonders hinsichtlich der Einbindung des vorhandenen Personals als höher einzuschätzen, weil fortlaufend Interaktionsqualität und -intensität mit zahlreichen Öffentlichkeiten gleichzeitig aufrecht erhalten und gepflegt werden muss. Da eine Marke als Trägerin gemeinsamer Geschichte jedoch nicht ohne Weiteres verschwinden kann wie ein veraltetes Logo oder ein unmodernes Plakatdesign, sondern im günstigen Fall aufgrund des erworbenen Grads an Vertrautheit ein hartnäckiges Eigenleben entwickelt, ist zu vermuten, dass sich diese Investition in öffentliche Interaktion als nachhaltiger erweist als ein Branding-Konzept, das sich primär auf die blendende Kohärenz der Kommunikationsoberfläche konzentriert. An glatten Oberflächen allein bleibt schließlich nichts haften.

Literatur

AAKER, David A. (1995): *Building Strong Brands*. New York: Free Press.

AAKER, David A. (2001): *Brand-Customer Relationship – The Face of Your Business Strategy*. San Francisco: Prophet.

AAKER, David A./JOACHIMSTHALER, E. (2002): *Brand Leadership*. London: Simon & Schuster.

BENDIXEN, Peter (2000): *Einführung in das Kultur- und Kunstmanagement*. Wiesbaden: Westdeutscher Verlag.

BENKERT, Wolfgang (1995): Einführung. – In: Ders./Lenders, Britta/Vermeulen, Peter (Hgg.), *Kulturmarketing – Den Dialog zwischen Kultur und Öffentlichkeit gestalten*. Stuttgart: Raabe, 11-16.

BENKERT, Wolfgang/LENDERS, Britta/VERMEULEN, Peter (Hgg.) (1995): *Kulturmarketing – Den Dialog zwischen Kultur und Öffentlichkeit gestalten.* Stuttgart: Raabe.

BIRKIGT, Klaus/STADLER, Marinus M. (2002): Corporate Identity Grundlagen. – In: Dies./Funck, Hans J. (Hgg.), *Corporate Identity.* München: Moderne Industrie, 13-23.

BOLTEN, Jürgen (2000): *Können internationale mergers eine eigene Identität ausbilden? – Unternehmensfusionen aus der Perspektive der interkulturellen Wirtschaftskommunikationsforschung* (= Schriftenreihe der IIK Bayreuth, 7). Bayreuth.

BUHR, Regina (1998): *Unternehmen als Kulturräume – Eigensinnige betriebliche Integrationsprozesse im transnationalen Kontext.* Berlin: Sigma.

CORSTEN, Hans (1988): *Die Produktion von Dienstleistungen, Grundzüge einer Produktionswirtschaftslehre des tertiären Sektors.* Berlin: Schmidt.

DEICHSEL, Alexander (2004): *Markensoziologie.* Frankfurt/M.: Deutscher Fachverlag.

ECO, Umberto (2002): *Das offene Kunstwerk.* Frankfurt/M.: Suhrkamp.

FAULSTICH, Werner (2000): *Grundwissen Öffentlichkeitsarbeit.* München: UTB.

GRÖNROOS, Christian (1990): *Service Management and Marketing.* Lexington: Wiley & Sons.

HANSEN, Klaus P. (2000): *Kultur und Kulturwissenschaft. Eine Einführung.* Tübingen et al.: UTB.

HAUSMANN, Andrea (2006): Die Kunst des Branding. Kulturbetriebe im 21. Jahrhundert erfolgreich positionieren. – In: Höhne, Steffen/Ziegler, Ralph Philipp (Hgg.), *Kulturbranding? Konzepte und Perspektiven der Markenbildung im Kulturbereich.* Leipzig: Leipziger Universitätsverlag, 47-58.

HEINZE, Thomas (Hg.) (1994): *Kulturmanagement – Professionalisierung kommunaler Kulturarbeit.* Opladen: Westdeutscher Verlag.

HEINZE, Thomas (Hg.) (1997): *Kulturmanagement II.* Opladen: Westdeutscher Verlag.

HELLMANN, Kai-Uwe (2003): *Soziologie der Marke.* Frankfurt/M.: Suhrkamp.

HELLMANN, Kai-Uwe (2006): Kultur als Marke. Perspektiven und Probleme. – In: Höhne, Steffen/Ziegler, Ralph Philipp (Hgg.), *Kulturbranding? Konzepte und Perspektiven der Markenbildung im Kulturbereich.* Leipzig: Leipziger Universitätsverlag, 21-46.

HOLCH, Julian (1995): Dienstleistungsorientiertes Kulturmarketing. – In: Benkert, Wolfgang/Lenders, Britta/Vermeulen, Peter (Hgg.), *Kulturmarketing – Den Dialog zwischen Kultur und Öffentlichkeit gestalten.* Stuttgart: Raabe, 27-56.

JUCH, Susann/RATHJE, Stefanie/KÖPPEL, Petra (2007): Cultural fit oder fit for culture? Ansätze für ein effizientes und effektives Instrumentarium zur kulturellen Gestaltung der Zusammenarbeit in internationalen Unternehmenskooperationen. – In: *Arbeit – Zeitschrift für Arbeitsforschung, Arbeitsgestaltung und Arbeitspolitik* [im Druck].

KLEIN, Armin (Hg.) (2004): *Kompendium Kulturmanagement – Handbuch für Studium und Praxis.* München: Vahlen.

KOTTER, John P./HESKETT, James L. (1992): *Corporate culture and performance.* New York: Free Press.

LENDERS, Britta (1995): Auf dem Weg vom Marketing zum Kulturmarketing. – In: Benkert, Wolfgang/Lenders, Britta/Vermeulen, Peter (Hgg.), *Kulturmarketing – Den Dialog zwischen Kultur und Öffentlichkeit gestalten.* Stuttgart: Raabe, 17-26.

LINNEWEH, Klaus (2004): Corporate Identity – ein ganzheitlicher Ansatz. – In: Daldrop, Norbert W. (Hg.), *Kompendium Corporate Identity und Corporate Design.* Ludwigsburg: avedition, 10-21.

LOHKAMP, Cordula/MALETZ, Stefanie (1997): Das marketingpolitische Instrumentarium. – In: Heinze, Thomas (Hg.), *Kulturmanagement II.* Opladen: Westdeutscher Verlag, 76-100.

LUHMANN, Niklas (1990): *Die Wissenschaft der Gesellschaft.* Frankfurt/M.: Suhrkamp.

LUHMANN, Niklas (1997): *Die Gesellschaft der Gesellschaft.* Frankfurt/M.: Suhrkamp.

LUHMANN, Niklas (2002): *Das Erziehungssystem der Gesellschaft.* Frankfurt/M.: Suhrkamp.

MANDEL, Birgit (2005): *Kulturvermittlung – Zwischen kultureller Bildung und Kulturmarketing.* Bielefeld: transcript.

MARTIN, Joanne (1992): *Cultures in Organizations – Three Perspectives.* New York: Oxford University Press.

MARTIN, Joanne/SIEHL, Caren (1983): Organizational culture and counterculture – An uneasy symbiosis. – In: *Organizational Dynamics* 12, 52-64.

MOHR, Karsten (1995): Theatermarketing. – In: Benkert, Wolfgang/Lenders, Britta/Vermeulen, Peter (Hgg.), *Kulturmarketing – Den Dialog zwischen Kultur und Öffentlichkeit gestalten*. Stuttgart: Raabe, 197-120.

RATHJE, Stefanie (2004): *Unternehmenskultur als Interkultur – Entwicklung und Gestaltung interkultureller Unternehmenskultur am Beispiel deutscher Unternehmen in Thailand*. Sternenfels: Wissenschaft & Praxis.

RATHJE, Stefanie (2004): Corporate Cohesion – Handlungsansatz zur Gestaltung interkultureller Unternehmenskultur. – In: Bolten, Jürgen (Hg.), *Interkulturelles Handeln in der Wirtschaft – Positionen, Modelle, Perspektiven, Projekte*. Sternenfels: Wissenschaft & Praxis, 112-124.

RATHJE, Stefanie (2006): Zusammenhalt in der Zwischenzeit – Neue Ansätze zur Erhaltung der Unternehmenskultur in der M&A-Planung. – In: *Interculture Journal* 1, 103-122.

RILEY, Patricia (1983): A structurationist account of political cultures. – In: *Administrative Science Quarterly* 28, 414-437.

SACKMANN, Sonja A. (2004): *Erfolgsfaktor Unternehmenskultur*. Wiesbaden: Gabler.

SCHEIN, Edgar. H. (1991): What is culture? – In: Frost, Peter J. et al. (Hgg.), *Reframing organizational culture*. Newbury Park: Sage, 243-253.

SCHEIN, Edgar H. (1995): *Unternehmenskultur. Ein Handbuch für Führungskräfte*. Frankfurt/M., New York: Campus.

SCHREYÖGG, Georg (2000): *Organisation – Grundlagen moderner Organisationsgestaltung*. Wiesbaden: Gabler.

SIEBENHAAR, Klaus (Hg.) (2003): *Karriereziel Kulturmanagement*. Nürnberg: Bildung & Wissen.

TRICE, Harrison M. (1993): *Occupational subcultures in the workplace*. Ithaca: ILR Press.

VERMEULEN, Peter/GEYER, Hardy (1995): Operatives Kulturmarketing. – In: Benkert, Wolfgang/Lenders, Britta/Ders. (Hgg.), *Kulturmarketing. Den Dialog zwischen Kultur und Öffentlichkeit gestalten*. Stuttgart: Raabe, 81-106.

ZIEGLER, Ralph Philipp (2006): Entwurf eines Modells zu Grundlagen der Markenführung in Kulturinstitutionen am Beispiel der Präsentation klassischer Musik. – In: Höhne, Steffen/Ders. (Hgg.), *Kulturbranding? Konzepte und Perspektiven der Markenbildung im Kulturbereich*. Leipzig: Leipziger Universitätsverlag, 59-94.

Markenführung von Museen: Markenorientierung als Erfolgsfaktor?

Carsten Baumgarth, Kristina Freund

1. Problemstellung

Potsdam - Wie aus mehr weniger werden kann, zeigt sich derzeit in Brandenburgs Museumslandschaft. Gab es 1990 etwa 100 Museen in der Mark, so sind es jetzt laut Museumsverband rund 350. Die Folge: **Fördermittel müssen auf bedeutend mehr Häuser** verteilt werden. Und das bei **klammen Kassen**. ‚Im Schnitt müssen sie jetzt mit 180 000 Euro im Jahr auskommen', sagte Verbandschefin Susanne Köstering. ‚Mitte der 90er Jahre waren es noch 310 000 Euro'. **Hart am Existenzminimum wird nun ums Überleben gekämpft.** Vor allem mit Personalabbau: Nicht mal die Hälfte der Museums-Mitarbeiter ist fest angestellt, und viele Einrichtungen wurden zu Ein-Mann-Unternehmen.[1]

Der obige Zeitungsausschnitt verdeutlicht exemplarisch die Situation vieler Museen. Aufgrund der finanziellen Engpässe der öffentlichen Kassen verbunden mit einer Verschärfung des Wettbewerbs zwischen Museen und zwischen Museen und anderen Freizeiteinrichtungen sowie sinkenden Besucherzahlen kämpfen viele Museen um das Überleben.

Diese teilweise Existenz bedrohende Situation führt dazu, dass sich Museen, trotz aller Vorbehalte (HEINRICHS 1993: 175f.; MÜLLER-HAGEDORN 1993: 10), nach und nach Managementkonzepten aus dem kommerziellen Bereich öffnen.

Eines dieser Konzepte stellt die Markenführung dar. Zwar existieren bereits erste ‚Erfolgsbeispiele' für eine professionelle Markenführung einzelner Museen bzw. Ausstellungen (z. B. Guggenheim, Wanderausstellungen des MOMA), jedoch zeigt sich bei dem überwiegenden Teil der Museen, dass der Professionalisierungsgrad der Museumsmarkenführung in der Praxis noch nicht besonders stark ausgeprägt ist. Auch die Wissenschaft kann bislang wenig zur Thematik beitragen, da nur erste rudimentäre Erkenntnisse vorliegen. Diese basieren überwiegend auf Fallbeispielen (SEEMANN 2000: 81ff.; PANZER 2006: 204ff.), auf konzeptionellen Beiträgen (STAUDENMAYER 2002: 264ff.) und auf Praktikerratgebern (WALLACE 2006). Darüber hinaus können die Arbeiten zur Non-Profit-Marke (SANDBERG 2004; BRUHN 2004) und zur Markenführung anderer Kulturleistungen (allg. HELLMANN 2005; BEKMEIER-FEUERHAHN/ TROMMERSHAUSEN 2006; speziell zu Theatermarken SCHWERDTFEGER 2004; speziell zu Orchestermarken KAUFMANN 2006) erste Ansatzpunkte liefern. Eigenständige empirische Studien, die auf einer breiteren Basis das Konzept der Marke im Museumskontext untersuchen, liegen bislang noch nicht vor. Insbesondere fehlt bislang ein auch wissenschaftlichen Kriterien genügender Nachweis über den Erfolgsbeitrag einer Marke im Museumsbereich. Diese Lü-

---

[1] Das Zitat entstammt einen Artikel in der Berliner Zeitung vom 04.02.2004 unter dem Titel *Weniger Geld für Museen.*

cke schließt der vorliegende Beitrag. Dazu erfolgen zunächst auf der Basis der allgemeinen Markenliteratur die Präsentation des Markenorientierungskonzeptes sowie die Adaption auf den Museumsbereich. Anschließend werden das Design und die zentralen Ergebnisse einer breit angelegten empirischen Studie in der deutschen Museumslandschaft vorgestellt. Abgeschlossen wird der Beitrag mit einer kurzen Management-orientierten Zusammenfassung der Ergebnisse.

2. Konzept der Markenorientierung

Ein allgemeines Konzept, das die internen Voraussetzungen für starke Marken thematisiert, bildet die Markenorientierung (synonym: Brand Orientation). Dabei lässt sich Markenorientierung als eine spezifische Ausprägung der Unternehmenskultur interpretieren, die sich durch eine hohe Relevanz der Marke in der Unternehmensführung sowie durch ein hohes Ausmaß an systematischer Markenführung auszeichnet (ähnlich URDE 1999; HANKINSON 2001a, b). Die systematische Markenführung zielt darauf ab, ein aus Sicht der Zielgruppen im Zeitablauf relativ konstantes, konsistentes, relevantes und im Vergleich zu Wettbewerbsangeboten unterscheidbares Leistungsversprechen anzubieten.

In der Literatur finden sich vereinzelte Ansätze zur Konzeptualisierung und Messung der Markenorientierung (HANKINSON 2001a; HANKINSON 2002; SCHRAMM et al. 2004; EWING/NAPOLI 2005). Diese haben jedoch entweder den Nachteil eines engen Branchenbezugs (z. B. Spendenorganisationen) oder einer fehlenden theoretischen Fundierung.

Daher erfolgt die Vorstellung eines eigenständigen Ansatzes zur Konzeptualisierung von Markenorientierung, der auf Forschungsarbeiten zur Marktorientierung aufbaut (zur Übersicht HOMBURG/PFLESSER 2000). In der Literatur lassen sich zur Konzeption der Marktorientierung mit einer verhaltensorientierten und einer kulturellen Perspektive zwei Richtungen unterscheiden. Während die erste Richtung auf konkrete Maßnahmen abstellt, basiert die kulturelle Perspektive auf einer grundsätzlicheren Betrachtung der Marktorientierung als spezifische Ausprägung der Unternehmenskultur.

Der eigene Ansatz zur Konzeptualisierung der Markenorientierung verbindet diese beiden Perspektiven. Das Fundament des Modells bildet das Unternehmenskulturmodell von Schein (2003), welches zwischen den drei Ebenen ‚Werte', ‚Normen' und ‚Artefakte' unterscheidet. Ergänzt werden die drei Ebenen des Unternehmenskulturmodells durch die vierte Ebene tatsächliche ‚Verhaltensweisen'.

Die Werte-Ebene misst dabei die Rolle der Marke im Rahmen der Strategieentwicklung sowie das Verständnis der Grundprinzipien der Markenführung. Die Ebene ‚Normen' beurteilt, inwieweit Vorschriften und Regeln existieren, die dazu führen, dass die Grundprinzipien der Markenführung (z. B. formale Konstanz) eingehalten werden. Die dritte Ebene ‚Artefakte' misst den Grad von direkt erfahrbaren Symbolen, die die Positionierung der Marke widerspiegeln. Die ‚Verhaltensweisen' umfassen die konkreten Marketing-Maßnahmen auf der Informations- und Aktionsseite zur Unterstützung der Marke. Abbildung 1 zeigt exemplarisch Beispiele aus dem Museumsbereich für die vier Ebenen des Modells.

Abb. 1: Museumsbeispiele für die Ebenen des Markenorientierungsmodells

Ergänzt wird das Modell durch eine Verknüpfung mit dem Museumserfolg. Erfolg, als Erfüllung von Zielen, lässt sich im Rahmen von Museen in Kultur- und Marktziele einteilen (KOCH 2002; MÜLLER-HAGEDORN 1993). Zur Auswahl der Kultur- und Marktziele wurde auf die Zusammenstellung von Witt (2000) zurückgegriffen. Danach lassen sich folgende Kulturziele voneinander abgrenzen:

- Erweiterung der Sammlung
- Bewahrung der Exponate (Konservierung, Restaurierung, Inventarisierung)
- Durchführung von wissenschaftlicher Forschung
- Publizieren und Erteilung von Auskünften
- Konzeption und Präsentation von Ausstellungen
- Vermittlung von Lerninhalten

Zur Erfassung des Markterfolges wurden folgende Ziele ausgewählt:
- Erhöhung der Besucherzufriedenheit
- Steigerung der Besucherzahlen
- Gewinnung von Mäzenen und Sponsoren
- Steigerung der Bekanntheit
- Steigerung der Attraktivität des Museums für Besucher und potenzielle Besucher
- Aufbau und Pflege von Kontakten (z. B. zu Kulturträgern, anderen Museen, Presse)

Aufgrund der Heterogenität der Museen (z. B. Sammlungsschwerpunkt, Größe) und den damit verbundenen unterschiedlichen Zielsetzungen wird der Kultur- und Markterfolg im Sinne des zielorientierten Ansatzes durch einen interindividuellen Zielindex operationalisiert. Validiert wird der Index für den Markterfolg durch die Erreichung ökonomischer Ziele (effektiver Einsatz von Finanzmitteln, Gewinnerzielung). Abbildung 2 fasst das Modell im Überblick zusammen.

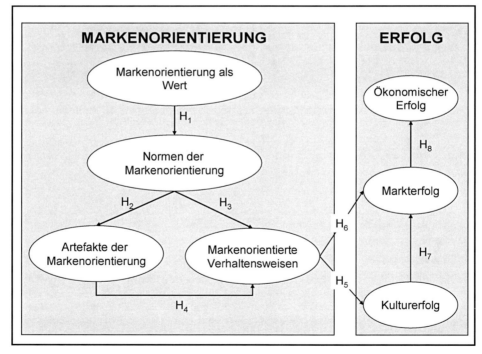

Abb. 2: Modell der Markenorientierung im Museumsbereich

3. Empirische Studie
3.1. Design und Grundlagen der empirischen Studie

Die Studie wurde als klassische schriftliche Befragung durchgeführt. Die Zielsetzung der Studie, die Ermittlung der Markenorientierung im Museumsbereich, erforderte eine breite Abdeckung der Museumslandschaft in Bezug auf Größe, Ausrichtung und Trägerschaft. Weiterhin war es notwendig, die Top-Entscheidungsträger der Museen zu befragen, da diese am ehesten Auskunft über die hier interessierende Thematik geben können. Da für die deutsche Museumslandschaft kein entsprechender Datenbestand öffentlich zugänglich ist, wurde eine eigene Adressdatenbank generiert. Die Zusammenstellung der Daten erfolgte auf Basis der ICOM-Mitgliederliste, der Adressensammlung der Internetseite www.webmuseen.de sowie weiteren Internetrecherchen. Insgesamt umfasste die Datenbank 590 Adressen.

Die Feldphase der Befragung war der Zeitraum Oktober-Dezember 2006. 17 Museen konnten aufgrund von Nichterreichbarkeit (z. B. Schließung, Fusion) nicht befragt werden. Weitere 25 Museen konnten aufgrund von Verweigerung oder Fristüberschreitung nicht berücksichtigt werden. Insgesamt wurden 284 Fragebögen zurückgesandt (Response: 49,6%). Für die durchzuführende Analyse war es notwendig, dass die Datensätze keine Missings in den exogenen und den endogenen Variablen besitzen. Zunächst wurden solche Fälle eliminiert, die bei den Items der vier Markenorientierungskonstrukte mehr als 10% Missings aufwiesen. Anschließend wurden die Fälle eliminiert, die bei den Zielgrößen mehr als 15% Missings aufwiesen. Insgesamt konnten so in der Auswertung 245 Fragebögen berücksichtigt werden. Fehlende Werte wurden in SPSS mithilfe des EM-Verfahrens durch Schätzwerte ersetzt.

Die Gruppe der Antwortenden setzt sich überwiegend aus der Top-Entscheidungsebene der Museen zusammen (Direktoren: 40%; stellvertretende Direktoren: 11%; Geschäftsführer: 10%). Zudem deckt die Befragung ein breites Spektrum in Bezug auf die Museumsgröße gemessen anhand der Mitarbeiterzahl (weniger als 5 Mitarbeiter: 48,5%; über 100 Mitarbeiter: 27%) und der Besucherzahlen (bis 10.000 Besucher pro Jahr: 41%; über 100.000 Besucher pro Jahr: 19%) ab. In Bezug auf die Museumsarten zeigen sich mit den Hauptsammlungsschwerpunkten Kunst/Film/Foto (25%), Kultur-/Religions-/Musikgeschichte (24%), Geschichte (22%) sowie Volks-/Heimatkunde (17%) und Naturwissenschaften (14%) eine ausgeglichene thematische Abdeckung. Bezüglich der Trägerschaft sind 46,3% der befragten Museen in staatlicher und 33% in privater Hand (übrige Museen: Mischformen). Insgesamt kann festgehalten werden, dass der Rücklauf zum einen die Anforderung der Top-Management-Antworten und zum anderen die breite Abdeckung der Museumslandschaft aufweist. Daher kann davon ausgegangen werden, dass die Ergebnisse den Stand der Markenorientierung in der deutschen Museumslandschaft gut repräsentieren.

3.2. Ergebnisse
3.2.1. Überprüfung der Messmodelle

Aufgrund der relativ geringen Fallzahl, der nicht immer erfüllten Anforderung der Multinormalverteilung der Variablen, dem frühen Forschungsstadium sowie der gemischt formativ-reflektiven Struktur der Konstrukte wurde auf ein PLS-Verfahren (SmartPLS, Version 2.0 M3; RINGLE et al. 2006) zur Modellschätzung abgestellt (JÖRESKOG/WOLD 1982). Die Gütebeurteilung der formativen und reflektiven Konstrukte orientiert sich an den Empfehlungen von Diamantopoulos/Winklhofer (2001) und Krafft et al. (2005). Zur Beurteilung des Messmodells der vier Konstrukte der Markenorientierung sind insbesondere die Gewichte und die durch eine Bootstrapping-Routine (n = 1000) ermittelten t-Werte der formativen Variablen von Interesse (vgl. Tabelle 1). Weiterhin wurde zur Gütebeurteilung die Multikollinearität der Items der formativen Konstrukte überprüft. Wie die Ergebnisse in Tabelle 1 zeigen, liegen für alle Items der vier Konstrukte unkritische Werte vor (VIF< 3; empfohlener Grenzwert VIF < 10, z. B. KRAFFT et al. 2005: 79).

Konstrukt	Item	Gewicht	t-Wert	VIF
Werte	Wir haben uns detailliert mit dem Management von Marken auseinandergesetzt.	0,43	5,05	1,60
	Auch in Zeiten knapper Finanzmittel investieren wir in unsere Museumsmarke.	0,36	3,88	1,62
	Markenentscheidungen werden bei uns auf Direktionsebene diskutiert und getroffen.	0,27	4,05	1,28
	Wir achten darauf, dass unsere Positionierung im Wesentlichen über einen langen Zeitraum gleich bleibt.	0,43	6,65	1,06
Normen	Wir kontrollieren regelmäßig, dass die Gestaltungsrichtlinien unserer Marke (z. B. CD-Richtlinien) eingehalten werden.	0,43	6,61	1,64
	Wir kontrollieren regelmäßig, ob sich unsere Museumsmarke von den Profilen der anderen Museen unterscheidet.	0,23	4,10	1,16
	Diese Verantwortlichen haben die Kompetenz und Macht, die Positionierung unserer Museumsmarke intern durchzusetzen.	0,16	2,75	1,21
	Unser Museum verfügt über eine detaillierte schriftliche Fixierung des Museumszwecks und der Philosophie (Was tun wir? Warum tun wir es?).	0,07	0,95	2,15
	Unser Museum verfügt über eine detaillierte schriftliche Fixierung der Positionierung.	0,09	1,29	2,15
	Wichtige Verhaltensregeln für unsere Mitarbeiter, die sich aus unserer Positionierung ergeben, sind detailliert schriftlich fixiert (z. B. Handbuch).	0,17	3,01	1,17
	Bei allen Kommunikationsmaßnahmen für das Museum achten wir explizit auf die Einhaltung einheitlicher formaler Gestaltungsprinzipien (Logo, Farben etc.) (formale Integration).	0,36	4,98	1,57
Artefakte	Unsere Mitarbeiter tragen bei Besucherkontakt sichtbare Markierungselemente (z. B. Namensschild mit Logo, Markenfarben etc.).	0,47	6,17	1,11
	Die Architektur unseres Museum spiegelt unsere Positionierung wider (z. B. Positionierung „Besuchernähe" → große Fensterfronten, einladende Freitreppe).	0,46	5,18	1,44
	Unsere Inneneinrichtung entspricht in ihrer Gestaltung unser Positionierung (z. B. Positionierung „Tradition" → dunkle Holzmöbel, gedämmtes Licht).	0,39	4.23	1,40

Verhalten	Wir führen regelmäßig eigene Besucherbefragungen durch.	0,13	1,41	2,03
	Wir erfassen nicht nur demografische Faktoren (z. B. Alter, Wohnsitz), sondern analysieren umfassend die Wünsche und Bedürfnisse unserer Besucher.	0,14	1,57	2,12
	Wir sammeln detaillierte Informationen über Nicht-Besucher.	0,07	1,20	1,42
	Wir führen regelmäßig Imageanalysen durch, um zu erfahren, welches Bild unsere Besucher von uns haben.	0,06	0,80	1,64
	Das Ausstellungskonzept unseres Museums wird von unserer Positionierung bestimmt (z. B. Positionierung „Interaktivität" → selbst abrufbare Erklärungen).	0,12	1,59	1,49
	Unsere Öffnungszeiten sind unserer Positionierung angepasst.	0,07	0,77	1,36
	Eventuelle Sonderveranstaltungen entsprechen unserer Positionierung (z. B. Positionierung „Bildung" → Seminarangebote; Positionierung „Unkonventionalität" → Übernachten im Museum).	0,28	3,60	1,51
	Wir verfügen über spezielle Einrichtungen, um unsere Positionierung deutlich zu machen (z. B. Positionierung „Familienfreundlichkeit" → Kinderbetreuung; Positionierung „Bildung" → wissenschaftlicher Buchladen).	0,40	5,57	1,45
	Neben der Ausstellungsbewerbung betreiben wir regelmäßig Imagewerbung für unser Museum.	0,27	3,96	1,29

Tab. 1: Operationalisierung der Markenorientierung von Museen

Eine Betrachtung der Gewichte zeigt, dass fünf unter dem Wert von 0,1 bleiben. Diese Variablen tragen nur sehr gering zur Erklärung der Varianz der jeweiligen latenten Variablen bei. In der Literatur gibt es eine Diskussion darüber, ob solche Indikatoren eliminiert werden sollten (SELLIN/KEEVES 1994; JÖRESKOG/WOLD 1982) oder nicht (ROSSITER 2002; HELM 2005). Im Folgenden wird den Argumenten der „Eliminierungskritiker" gefolgt, d. h. auch Indikatoren mit geringen Gewichten werden beibehalten. Dieses scheint auch deshalb gerechtfertigt, da in zwei weiteren Studien in anderen Branchenkontexten (B-to-B-Unternehmen, Medienunternehmen) ähnliche Indikatoren verwendet wurden, deren Gewichte sich von denen hier präsentierten deutlich unterscheiden.

Der Erfolg wurde mit dem Kulturerfolg und dem Markterfolg in zwei verschiedenen Konstrukten mit jeweils sechs Indikatoren reflektiv gemessen. Die einzelnen Ziele wurden im Sinne des zielorientierten Ansatzes durch eine Multiplikation der Zielrelevanz und der Zielerreichung bestimmt (ähnlich z. B. EVANSCHITZKY 2003: 58ff.; SCHMIDT 2001; WIEDMANN/SCHMIDT 1999). Beide Konstrukte weisen zufrieden stellende Messungen auf (Cronbach's Alpha: Kulturziele = 0,71; Marktziele = 0,82). Darüber hinaus wurde der ökonomische Erfolg mit Hilfe von zwei Indikatoren gemessen. Dieser dient überwiegend der Validierung des Marktzieles.

Insgesamt werden daher die Messmodelle nicht modifiziert und als ausreichend reliable und valide Messung der Konstrukte angesehen.

3.2.2. Markenorientierung als Erfolgsfaktor

Aufbauend auf der Überprüfung der einzelnen Konstrukte lassen sich das Gesamtmodell sowie die darin abgebildeten Hypothesen überprüfen. Abbildung 3 fasst die Ergebnisse grafisch zusammen.

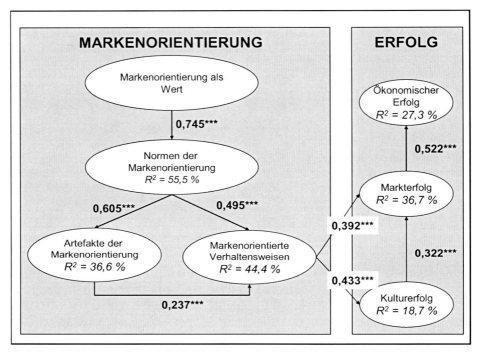

Abb. 3: Markenorientierung als Erfolgsfaktor von Museen

Die Überprüfung des Gesamtmodells in Bezug auf die Prognoserelevanz mithilfe des Stone-Geisser-Tests zeigt zunächst, dass Q^2 für den Markterfolg mit 0,19 über dem Grenzwert 0 liegt (KRAFFT et al. 2005: 85).

Die Ergebnisse für die einzelnen Strukturkoeffizienten bestätigen durch stark signifikante Zusammenhänge alle acht Hypothesen. Im Einzelnen bestätigen damit die Ergebnisse sowohl die Grundstruktur des Konstruktes der Markenorientierung als auch den positiven Zusammenhang zwischen Markenorientierung und Markterfolg. Auch die erklärte Varianz von knapp 40% des Markterfolges durch die Markenorientierung verdeutlicht die Relevanz der Markenorientierung der Museen für den Markterfolg. Schließlich zeigt der positive und stark signifikante Strukturkoeffizient zwischen Markenorientierung und Kulturerfolg, dass eine starke Marke auch diese Ziele positiv beeinflusst und ein Markenkonzept daher nicht im Widerspruch zum Kulturerfolg steht.

3.2.3. Stand der Markenorientierung in der deutschen Museumslandschaft

Um die Ergebnisse anschaulicher darzustellen, wurden die Indikatoren der einzelnen Ebene der Markenorientierung jeweils zu einem Index verrechnet. Dabei fungierten die für den Gesamtdatensatz ermittelten Gewichte als Gewichtungsfaktoren. Formal wurde folgende Indexbildung, die zu Werten zwischen 0 und 100% führt, verwendet (ähnlich HADWICH 2003: 201):

$$\text{Index} = \frac{\sum_{i=1}^{n} w_i x_i - \sum_{i=1}^{n} w_i}{h - g \sum_{i=1}^{n} w_i} \times 100$$

mit :

w_i = Gewichtung des Indikators i

x_i = Ausprägung des Indikators i

h = höchster Skalenwert

g = geringster Skalenwert

n = Zahl der Indikatoren

Weiterhin wurden alle Museen auf der Basis des Markterfolges in zwei Gruppen (erfolgreiche und erfolglose Museen) eingeteilt. Zum Vergleich der vier Ebenen der MO zwischen erfolgreichen und erfolglosen Museen wurde ein t-Test durchgeführt. Abbildung 4 zeigt die Ergebnisse im Überblick.

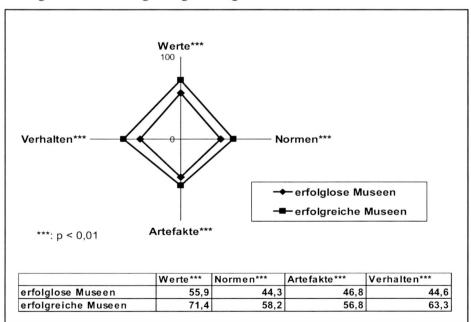

	Werte***	Normen***	Artefakte***	Verhalten***
erfolglose Museen	55,9	44,3	46,8	44,6
erfolgreiche Museen	71,4	58,2	56,8	63,3

Abb. 4: Markenorientierung differenziert nach dem Markterfolg

Zunächst zeigt sich, dass insgesamt das Niveau der Markenorientierung bei Museen bislang relativ gering ausgeprägt ist. Auch die Gruppe der erfolgreichen Museen erreicht bei der Dimension ‚Werte' nur Ausprägungen von knapp über 70%. In den drei anderen Dimensionen wird nur eine Ausprägung von rund 50% erreicht.

Diese bislang relativ schwache Markenorientierung wird auch bei der Analyse von einzelnen Entscheidungsbereichen sichtbar. Abbildung 5 verdeutlicht zunächst die Intensität der informatorischen Unterstützung der Markenführung im Museumsbereich.

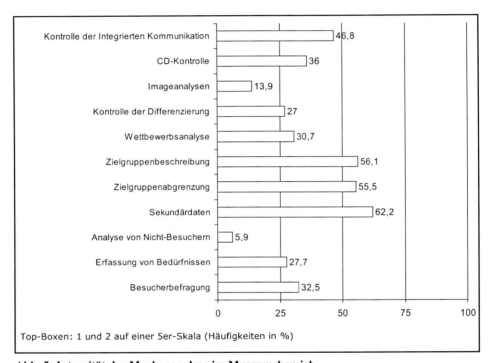

Abb. 5: Intensität der Markenanalyse im Museumsbereich

Die Ergebnisse belegen, dass nur knapp ein Drittel der befragten Museen regelmäßig Besucherbefragungen durchführt. Zudem verfügt nach eigenen Angaben nur jedes zweite Museum über eine Zielgruppenabgrenzung und -beschreibung. Nur jedes zehnte Museum führt Imageanalysen durch.

Eine ähnlich schwache Ausprägung der MO wird auch in der tatsächlichen Umsetzung in Maßnahmen der Marke deutlich (vgl. Abbildung 6). Zwar zeigt sich im Bereich der Kommunikation durchaus eine gewisse Intensität in der Verwendung der Instrumente. Immerhin rund 2/3 der befragten Museen berücksichtigen mit der formalen, der inhaltlichen und der zeitlichen Integration die

Grundprinzipien der Markenkommunikation. Jedoch werden in der Umsetzung der Positionierung in konkrete Services und Leistungen deutliche Defizite sichtbar. So geben nur rund 40% der Museen an, dass sie die Ausstellungskonzepte an der Markenpositionierung ausrichten. Noch geringer fällt die Intensität der Markenführung bei der Integration der Mitarbeiter aus. Dieses ist umso problematischer, da Museumsmarken, als eine spezielle Form der Dienstleistungsmarke, insbesondere durch die persönliche Kommunikation zwischen Besucher und Personal geprägt werden.

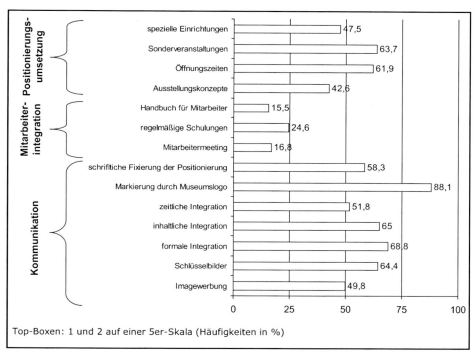

Abb. 6: Intensität der Markenumsetzung im Museumsbereich

Der Vergleich zwischen erfolgreichen und erfolglosen Museen (vgl. Abbildung 4) verdeutlicht weiterhin auf einem stark signifikanten Niveau, dass erfolgreiche Museen bei allen Dimensionen der Markenorientierung eine deutlich höhere Ausprägung aufweisen. Besonders stark sind die Unterschiede zwischen erfolgreichen und weniger erfolgreichen Museen bei den markenorientierten Verhaltensweisen (Differenz 18,4%) ausgeprägt.

4. Fazit

Die aktuell schwierige Situation im Kultur- und speziell im Museumsbereich erfordert ein Umdenken im Management. Immer häufiger wird eine Professionalisierung im Sinne eines konsequenten Managements gefordert. Ein Baustein einer solchen stärkeren Nutzung von Managementansätzen aus dem kommerziellen Bereich stellt die Markenführung dar. Bislang liegen zu diesem Bereich mit Ausnahme von einigen wenigen Erfahrungsberichten und konzeptionellen Entwürfen keine fundierten Erkenntnisse vor.

Vor diesem Hintergrund untersuchte der vorliegende Beitrag auf der Grundlage des Konzeptes der Markenorientierung zum einen die Intensität der Markenführung und zum anderen den Zusammenhang zwischen der Intensität der Markenführung und dem Erfolg im Museumsbereich.

Die Ergebnisse einer schriftlichen Befragung von 284 Museen im deutschsprachigen Raum bestätigten zunächst den grundsätzlichen Aufbau der Markenorientierung in vier Ebenen (Werte, Normen, Artefakte, Verhaltensweisen). Darüber hinaus belegt die Studie erstmalig für den Museumsbereich, dass die Intensität der Markenführung einen positiven Einfluss sowohl auf den Kultur- als auch auf den Markterfolg ausübt. Schließlich verdeutlichen die deskriptiven Ergebnisse, dass bislang die Intensität der Markenorientierung in der Museumsbranche relativ gering ausfällt.

Für das Management von Museen lassen sich schlagwortartig u. a. folgende Empfehlungen aus der Studie ableiten:

- konsequente Markenführung im Museumsbereich lohnt sich sowohl in Bezug auf die Erreichung von kulturellen als auch marktlichen Zielen,
- die Museumsmarke muss intern verankert werden,
- Markenorientierung, als interne Verankerung, setzt sich aus den Dimensionen Werte, Artefakte, Normen und Verhalten zusammen,
- die vier Dimensionen der Markenorientierung können als Analyseinstrument zur Identifikation der Stärken und Schwächen der internen Verankerung dienen,
- das vorgeschlagene Modell der Markenorientierung liefert auch einen Bezugsrahmen zur Implementierung. Zunächst ist eine Marke als Wert zu implementieren. Anschließend müssen die die Marke unterstützenden Regeln und Institutionen entwickelt und implementiert werden. Darauf aufbauend lassen sich zur internen Durchsetzung Artefakte gezielt gestalten. Schließlich erfolgt eine Umsetzung der Markenführung in konkrete Verhaltensweisen auf der Informations- und Aktionsseite.

Literatur

BEKMEIER-FEUERHAHN, Sigrid/TROMMERSHAUSEN, Anke (2006): Kulturbranding. Lassen sich Kulturinstitutionen zu Marken aufbauen? – In: Strebinger, Andreas/Mayerhofer, Wolfgang/Kurz, Helmut (Hgg.), *Werbe- und Markenforschung. Meilensteine – State of the Art – Perspektiven*. Wiesbaden: Gabler, 213-244.

BRUHN, Manfred (²2004): Markenführung für Nonprofit-Organisationen. – In: Ders. (Hg.), *Handbuch Markenführung* 3, Wiesbaden: Gabler, 2297-2330.

DIAMANTOPOULOS, Adamantios/WINKLHOFER, Heidi M. (2001): Index Construction with Formative Indicators. An Alternative to Scale Development. – In: *Journal of Marketing Research* 38/2, 269-277.

EVANSCHITZKY, Heiner (2003): *Erfolg von Dienstleistungsnetzwerken. Ein Netzwerkmarketingansatz*. Wiesbaden: DVU.

EWING, Mike T./NAPOLI, Juli (2005): Developing and validating a multidimensional nonprofit brand orientation scale. – In: *Journal of Business Research* 58/6, 841-853.

HADWICH, Karsten (2003): *Beziehungsqualität im Relationship Marketing*. Wiesbaden: Gabler.

HANKINSON, Philippa (2001a): Brand orientation in the charity sector. A framework for discussion and research. – In: *International Journal of Nonprofit and Voluntary Sector Marketing* 6/3, 231-242.

HANKINSON, Philippa (2001b): Brand orientation in the Top 500 fundraising charities in the UK. – In: *Journal of Product & Brand Management* 10/6, 346-360.

HANKINSON, Philippa (2002): The impact of brand orientation on managerial practice: A quantitative study of the UK's top 500 fundraising managers. – In: *International Journal of Nonprofit and Voluntary Sector Marketing* 7/1, 30-44.

HEINRICHS, Werner (1993): *Einführung in das Kulturmanagement*. Darmstadt: WBG.

HELLMANN, Kai-Uwe (2005): Soziokultur als Marke? – In: Ders./Pichler, Rüdiger (Hgg.), *Ausweitung der Markenzone*. Wiesbaden: VS Verlag für Sozialwissenschaften, 224-244.

HELM, Sabrina (2005): Entwicklung eines formativen Messmodells für das Konstrukt Unternehmensreputation. – In: Bliemel, Friedhelm/Eggert, Andreas/Fassott, Georg/Henseler, Jörg (Hgg.), *Handbuch PLS-Pfadmodellierung*. Stuttgart: Schäffer-Poeschel, 241-254.

HOMBURG, Christian/PFLESSER, Christian (2000): A Multiple-Layer Model of Market-Oriented Organizational Culture: Measurement Issues and Performance Outcomes. – In: *Journal of Marketing Research* 37/4, 449-462.

JENSEN, Lars (2004): Auferstehen ohne Ableben. Reich, beliebt, berühmt: Das Museum of Modern Art hatte alles. Dann beschloss sein Direktor, es neu zu erfinden. Für die Kunst. – In: *brand eins* 6/8, 118-123.

JÖRESKOG, Karl G./WOLD, Herman (1982): The ML and PLS Technique for Modelling with Latent Variables. Historical and Comparative Aspects. – In: Dies. (Hgg.), *Systems under Indirect Observation*, Amsterdam et al.: North-Holland, 263-270.

KAUFMANN, Michael (2006): Die Marke ist das, woran Du glaubst: Das Beispiel der Philharmonie Essen. – In: Höhne, Steffen/Ziegler, Ralph Philipp (Hgg.), *Kulturbranding? Konzepte und Perspektiven der Markenbildung im Kulturbereich*. Leipzig: Leipziger Universitätsverlag, 9-20.

KOCH, Anne (2002): *Museumsmarketing. Ziele – Strategien – Maßnahmen*. Bielefeld. Transcript.

KRAFFT, Mirko/GÖTZ, Oliver/LIEHR-GOBBERS, Kerstin (2005): Die Validierung von Strukturgleichungsmodellen mit Hilfe des Partial-Least-Squares (PLS-)-Ansatzes. – In: Bliemel, Friedhelm/Eggert, Andreas/Fassott, Georg/ Henseler, Jörg (Hgg.), *Handbuch PLS-Pfadmodellierung*. Stuttgart: Schäffer-Poeschel, 71-86.

KRENS, Thomas (2000): Developing the Museum for the 21th Century. – In: Peter Noever (Hg.), *Visionary Clients for New Architecture*. München, London, New York: Prestel, 45-74.

MÜLLER-HAGEDORN, Lothar (1993): *Kulturmanagement – Kulturmarketing*. Hagen: FernUniversität-Gesamthochschule.

PANZER, Gerhard (2006): Kulturmarken und Stadtimage am Beispiel der documenta. – In: Höhne, Steffen/Ziegler, Ralph Philipp (Hgg.), *Kulturbranding? Konzepte und Perspektiven der Markenbildung im Kulturbereich*. Leipzig: Leipziger Universitätsverlag, 203-223.

RINGLE, Christian M./WENDE, Sven/WILL, Alexander (2006): *SmartPLS 2.0(M3)*. Hamburg: Universität Hamburg.

ROSSITER, John R. (2002): The C-OAR-SE Procedure for Scale Development in Marketing. – In: *International Journal of Research in Marketing* 19/4, 305-335.

SANDBERG, Berit (2004): Nonprofit Branding. – In: Witt, Dieter/Purtschert, Robert/Schauer, Reinbert (Hgg.), *Funktionen und Leistungen von Nonprofit-Organisationen*. Wiesbaden: DUV, 227-243.

SCHEIN, Edgar H. (2003): *Organisationskultur*. Bergisch-Gladbach: Ehp.

SCHMIDT, Holger J. (2001): *Markenmanagement bei erklärungsbedürftigen Produkten*. Wiesbaden: DUV.

SCHRAMM, Mathias/SPILLER, Achim/STAACK, Thorsten (2004): *Brand Orientation in der Ernährungsindustrie. Erfolgsdeterminanten der Markenführung am Beispiel genossenschaftlicher Hersteller*. Wiesbaden: DUV.

SCHWERDTFEGER, Dettloff (2004): *Markenpolitik für Theater*. Köln: Förderges. Produkt-Marketing.

SEEMANN, Birgit-Katharine (2000): Marktchancen für Museen. – In: Wiese, Rolf (Hg.), *Marktchancen für Museen*. Ehestorf: Freilichtmuseum am Kiekeberg, 65-90.

SELLIN, Norbert/KEEVES, John. P. (1994): Path Analysis with Latent Variables. – In: Husen, Torstein/Postlethwaite, Neville T. (Hgg.), *The International Encyclopaedia of Education*. Oxford: Pergamon, 4352-4359.

STAUDENMAYER, Ruth (2002): Branding oder Markenbildung von Museen: Beobachtung eines Megatrends. – In: Dreyer, Mathias/Wiese, Rolf (Hgg.), *Mit gestärkter Identität zum Erfolg. Corporate Identity für Museen*. Ehestorf: Freilichtmuseum am Kiekeberg, 253-272.

URDE, Mats (1999): Brand Orientation. A Mindset for Building Brand into Strategic Resources. – In: *Journal of Marketing Management* 15/1-3, 117-133.

WALLACE, Margot A. (2006): *Museum Branding*. Lanham, New York, Toronto, Oxford: AltaMira Press.

WIEDMANN, Klaus-Peter/SCHMIDT, Holger (1999): *Erfolgsfaktoren des Markenmanagement. Hintergrund und Ergebnisse einer empirischen Studie*. Hannover: Universität, Lehrstuhl für ABWL und Marketing II.

WITT, Carsten (2000): *Ziele und Betriebsformen von Museen*. Ehestorf: Freilichtmuseum am Kiekeberg.

Internetquellen

www.kreativhilfe.de/flash.hmtl (letzter Abruf am 27.5.2007)

www.mqw.at/media-files/mq_cd_richtlinien.pdf (letzter Abruf am 27.5.2007)

www.webmuseen.de (letzter Abruf am 27.5.2007)

Museum als Marke – Identitätsverlust oder Erfolgsstrategie?

Sigrid Bekmeier-Feuerhahn

Abstract
Lassen sich Einrichtungen des Kulturbereiches wie Museen, die nicht-materielle, ideelle Güter auf der Non-Profit-Ebene anbieten, mit dem betriebswirtschaftlichen Konstrukt ‚Marke' verknüpfen? Die Reduktion öffentlicher Mittel und der zunehmende Konkurrenzdruck aus der Freizeitindustrie führen zu der Überlegung, ob nicht gerade auch Institute, die einen öffentlichen Bildungsauftrag erfüllen, gut daran tun, das Instrumentarium erfolgreicher Unternehmensführung zu adaptieren, sich mit einer unverwechselbaren Identität zu positionieren und damit auch im Kulturbereich die betriebswirtschaftliche Erfahrung belegen, dass starke Marken erfolgreicher sind als schwache. Der folgende Beitrag fragt, ob und wie weit Museen dies bereits erkannt haben und mehr oder weniger systematisch praktizieren. Er liefert empirisch erhobene Daten, auf welche Weise und unter welchen Erfolgsbedingungen Museen mit Marketingkonzepten arbeiten, interpretiert die Ergebnisse und zieht Folgerungen daraus, die kultur- und gesellschaftspolitisch relevant sein dürften.

1. Strukturwandel der Museen

Museen machten in ihrer langen Geschichte seit dem griechischen Altertum verschiedene Wandlungen durch. Vom Musentempel zu einer exklusiven Kunst- und Raritätenkammer führt ihr Weg hin zu dem heutigen sehr ausdifferenzierten, öffentlich zugänglichen Museumswesen (REICHER 1988: 10ff.). Seit dem Ende des 20. Jahrhunderts befinden sich deutsche Museen jedoch in einem grundlegenden Strukturwandel (KALLINICH 2002: 4f.). Die Kommunen und Länder zogen sich aus der öffentlichen Förderung zurück. Es galt und gilt jetzt, andere Geldquellen zu erschließen. So bildeten sich neue Finanzierungsstrukturen heraus – und damit auch neue Organisationsstrukturen.

Diese Wandlungen können durchaus als Transformation im Sinne eines Entwicklungsschubes gesehen werden, Umwandlung durch Druck. Es gibt noch einen anderen „Transformationsdruck" als den finanziell erzeugten, nämlich die wachsende Konkurrenz der alternativen Angebote auf dem Freizeitmarkt: Musicals, Science-Center, Erlebnisparks u. a. (SCHULZE 2000: 507). Beides, der Entzug öffentlicher Mittel wie der Konkurrenzdruck nötigen die Museen, sich stärker als bisher auf das zu besinnen, was als Profil, Eigenart, Unverwechselbarkeit verstanden wird. Auch das Museum sieht sich vor der Herausforderung, eine eigene Identität herauszubilden, sich von anderen zu unterscheiden und sich auf dem Kultur-Markt zu positionieren.

Unter dem Transformationsdruck entwickelt sich die Profilierung und Distinktion so, dass sie die Merkmale von Markenbildung annimmt. Es ist zu vermuten, dass besonders bei den international führenden Museen der Transformationsdruck und die Notwendigkeit der Kreation einer Identität bereits jetzt dazu geführt haben, dass professionelle Marketing- und Managementmethoden auch in Museen erfolgreich eingesetzt werden. Beispiele wie die vielzitierte Franchisepolitik der Guggenheim-Foundation und die geplante Eröffnung eines „Louvre Abu-Dhabi" im Jahre 2012 sprechen dafür. Beleg für eine Markenbildung im Museumsbereich ist „Tate" in Großbritannien mit ihren Zweigstellen. Das Vertrauen in dieses „Großmuseum" ist das Vertrauen in „Tate" im Sinne der „Marke Tate" (CALDWELL 2000). Daraus ergibt sich eine Konsequenz, nämlich, wie wichtig es ist, die Markenposition eines Museums zu stärken und die Bekanntheit eines Museumsnamens systematisch zu fördern.

2. Marke als strategische Option für Museen

Im kommerziellen Bereich ist die Bedeutung der Markenführung seit langem erkannt und realisiert. Doch den Kulturinstitutionen liegt ein Denken in den Kategorien von Markenbildung und deren Management derzeit noch eher fern (SCHWARZ 1993, zit. nach KLEIN 2005: 95; KRAMER 2001: 671). Das ist auch verständlich. Kunst hatte in der Vergangenheit weniger ökonomische Zwänge zu bewältigen, da ihre Daseinsberechtigung in der Regel durch Politik und Gesellschaft legitimiert war. Insofern liegt es für die Veranstalter, die Verwalter, die Führungskräfte von und in Kulturinstitutionen – zur Zeit noch nicht nahe, sich mit betriebswirtschaftlichen Aspekten zu befassen und auseinander zu setzen und Bereiche wie Kultur und Ökonomie zu verschränken (GILMORE/RENTSCHLER 2002: 746f.). Dass wirtschaftswissenschaftliche Begrifflichkeiten bei ihrer Verwendung im Zusammenhang mit Kulturinstitutionen so oft in Anführungszeichen gesetzt werden, ist im wahrsten Sinne des Wortes zeichenhaft für die von Kulturschaffenden empfundene Fremdheit und Unvereinbarkeit von Ökonomie und Kultur, genauer: von Kultur und Management, Marketing, Erfolgsstrategien, Markenbildung in den „heiligen Hallen" von Geschichte, Naturkunde und allen voran in denen von Kunst. Hier besteht dringender Bedarf an Überzeugungsarbeit. Das letztendliche Lernziel lautet: Je qualifizierter die Markenführung auch in Kulturbereichen, umso besser kann die betreffende Institution, wie etwa das Museum, seine institutionellen Ziele, allen voran den Bildungsauftrag, erfüllen. Wirtschaftliche Methoden wie Markenbildung korrumpieren nicht die ideellen Werte, sondern verhelfen dazu, dass mehr Teilnehmer diese kommunizieren, zumal, wenn die Organisation, hier das Museum, durch Markenstärke seine Qualitätsmerkmale und Attraktivität erhöht.

Wie bereits erwähnt, bestehen derzeit für Museen besondere Engpässe im Bereich der finanziellen Unterstützung von staatlicher Seite (WAGNER 2005: 12), konkurrierende Freizeitangebote bei begrenztem Zeitbudget des Kulturpublikums (EHLING 2005: 93ff.) und ein verändertes Kulturverständnis, das nach Opaschowski (2005: 213) als Integrationskultur bezeichnet wird, eine Durchmischungskultur, in der Reflexion und Emotion, Bildung und Unterhaltung gleicherweise inbegriffen sind. Die veränderten Rahmenbedingungen in der Museumslandschaft müssen von den Entscheidungsträgern der Museen in ihre Arbeit integriert und notwendige Reformen angeschoben werden (PROKOP 2003: 34). Vorrangig werden Museen noch als Nonprofit-Organisationen betrachtet, was auch in den programmatischen Grundsätzen des internationalen Museumsrates deutlich wird. Dort ist ein Museum definiert als eine

gemeinnützige, ständige, der Öffentlichkeit zugängliche Einrichtung im Dienste der Gesellschaft und ihrer Entwicklung, die zu Studien-, Bildungs- und Unterhaltungszwecken materielle Zeugnisse von Menschen und ihrer Umwelt beschafft, bewahrt, erforscht, bekannt macht und ausstellt. (ICOM 2003: 18)

In dieser Definition zeigen sich die fünf Arbeitsfelder Sammeln, Bewahren, Forschen, Vermitteln, Ausstellen. Jedoch – für diese qualifiziert zu sein, reicht heutzutage nicht mehr aus, um ein Museum unter den veränderten Rahmenbedingungen von Finanz- und Konkurrenzdruck langfristig zu erhalten und zum Erfolg zu führen.

Kulturanbieter und besonders Museen werden zunehmend als Dienstleistungsanbieter betrachtet. So fordert Heinze (2005: 89), dass sich Museen „nicht nur als Kulturobjektaussteller, sondern insbesondere auch als Dienstleistungsanbieter für Kulturbesucher" begreifen. Eine ähnliche Sichtweise ist auch bei Kramer (1996), Zimmer (1996: 10f.), Terlutter (2000), Bekmeier-Feuerhahn/ Trommershausen (2006: 222) zu finden. Denn das, was Kulturinstitutionen anbieten – bzw. angesichts der geforderten Rahmenbedingungen aufgefordert sind anzubieten – entspricht exakt dem, was Dienstleistungen nach Fassnacht (2004: 2167) auszeichnet:

- Intangibilität: Dienstleistungen sind im Gegensatz zu Sachgütern nicht greifbar, das Gut der Produktion ist intangibel und daher immateriell und somit auch immer einer subjektiven Bewertung unterlegen.

- Uno-Actu-Prinzip: Prozess der Produktion (Leistungserstellung) und der Konsumtion (Leistungsverwertung) verlaufen zeitgleich, daher wird auch vom Prozess der Prosumtion gesprochen (HOLCH 1995: 28).

- Integration des externen Faktors: Sowohl der Konsument aktiv als auch ein Gegenstand passiv können bei der Erstellung und Nutzung der Dienstleistung mitwirken.

Zu klären ist, ob und wie sich diese konstituierenden Kennzeichen der Dienstleistung auf den Kulturbetrieb „Museum" übertragen lassen. Intangibilität: Das Angebot von Museen fokussiert nicht auf den Verkauf bestimmter Sachleistungen. Das zentrale Dienstleistungsversprechen von Museen zielt auf ungreifbare, immaterielle Leistungen wie geistiger Gewinn, Zuwachs an sozialer Kompetenz und Lebensqualität und – gerade in letzter Zeit besonders beachtet – Erlebniswirkung. So gehört nach einer repräsentativen Studie des Zentrums für Kulturforschung derzeit Entspannung und Unterhaltung zu den primären Motiven des Museumsbesuches (KEUCHEL 2005: 123). Uno-Actu-Prinzip:

Der Besuch eines Museums ist im Gegensatz zum Kauf eines Kulturgutes vergänglich und durch seine Nichtlagerfähigkeit gekennzeichnet (KLEIN 2005: 27). Zwar können Gegenstände wie z. B. Kataloge, Prospekte oder Artikel aus dem Museumsshop erworben werden; die eigentliche Aktivität jedoch, nämlich die Betrachtung der Werke bzw. Exponate und deren Wirkung auf den Besucher, ist nicht unmittelbar zu konservieren und kann bei Unzufriedenheit des Rezipienten auch von ihm nicht umgetauscht oder zurückgegeben werden. Zudem gehört zum Museum das Merkmal Standortgebundenheit, denn in der Regel ist das Museum oder die Ausstellung nicht beliebig transportierbar, so dass der Rezipient Zeit und Mühe für den Museumsbesuch aufwenden muss. Integration des externen Faktors: Die Kombination interner und externer Faktoren bei der Leistungserstellung bewirkt, dass die „Kundschaft" unmittelbar am Prozess der Leistungserstellung beteiligt ist, d. h. sie nimmt aktiv sowohl an der Produktion als auch an der Konsumtion der Dienstleistung teil.

Alle drei Aspekte (Intangibilität, Uno-Actu-Prinzip und Integration des externen Faktors) haben zur Folge, dass ein Museumsbesuch mit besonders hohen Qualitäts- und Erfolgsrisiken behaftet ist. Um sie zu reduzieren, können Nachfrager von Kulturangeboten wie Museumsbesucher nicht auf relevante Sucheigenschaften zur Leistungsbewertung zurückgreifen, also Beurteilungsinformationen, die man durch Wahrnehmung im Vorfeld aufnehmen kann (KAAS 1990: 440f.). Das heißt: Sie können die Qualität, den persönlichen Nutzen oder die Preiswürdigkeit der angebotenen Kulturleistung allenfalls im Laufe der Nutzung wahrnehmen und bewerten (Erfahrungseigenschaft) oder überhaupt nicht adäquat bewerten (Vertrauenseigenschaft). Die originären Aufgaben von Museen: Bewahren, Erforschen und professionelles Ausstellen von Exponaten sind in hohem Maße mit Vertrauenseigenschaften verbunden. Diese sind für den Besucher auch nach dem Besuch nicht oder nur teilweise zu identifizieren oder gar zu bewerten.

Museen mit Markencharakter, deren Name für Qualität bürgt, wirken hier als Vertrauensanker und helfen, das Risiko aus der Qualitätsunsicherheit beim Besucher zu reduzieren, der das Museum im Vertrauen besucht, dass ihm gute Exponate geboten werden und er dadurch einen Zuwachs an Information, Bildung, innerer Befriedigung, Unterhaltung, sinnvoll verwendeter Freizeit erhält. Marken sind in diesem Sinne eine Art Qualitätsversprechen, das dem Rezipienten hilft, Vertrauen zu entwickeln und ihm zudem größere Such- und Informationskosten erspart (KÖHLER 2004: 2773). Dies wird angesichts der Vermehrung des Freizeitangebotes und der damit verbundenen komplexen Auswahlsituation zunehmend wichtiger. Wie Siegert (2005: 92) insgesamt für den Nonprofit-Bereich konstatiert, bedienen Rezipienten sich einfacher Selektionsheuristiken und Schlüsselinformationen. Insofern dient Markierung, da sie die Angebote profiliert, einer Präferenzbildung beim Besucher, indem sie ihm Orientierung in der Masse der kulturellen Angebote bietet (KIRCHBERG 2004: 314). Das lässt bereits erkennen, dass ein Museum mit Markenprofil mehr ist als der Name des

Ortes, wo der Interessent die gewünschten Kulturgüter vorfindet, die physische Kennzeichnung der Herkunft eines Produktes oder einer Leistung (MELLEROWICZ 1963). Übergeordnetes Ziel der Markenführung ist einmal die Vermittlung und Gewährung von Qualitätskonstanz und zum anderen Hilfestellung bei der Auswahlentscheidung zwischen wahrgenommenen Alternativen. So wird ähnlich wie in den Bereichen der Marktwirtschaft (MEFFERT et al. 2002: 6; ESCH/MÖLL 2005: 65) auch im Kultursektor die Museumsmarke verstanden als ein in der Psyche des Besuchers verankertes, unverwechselbares Vorstellungsbild, das mit dem Namen des Museums abgerufen wird und zugleich auch dessen Leistungsprofil gegenwärtig setzt (BEKMEIER-FEUERHAHN/TROMMERSHAUSEN 2006: 224).

Von daher liegt es nahe, dass auch Organisationen im Kulturbereich sich mit Markenbildung befassen. Anfänge sind gemacht: Hellmann (2005a: 225) datiert den Einzug der aktiven Markenbildung in die Kulturszene auf Anfang der 1990er Jahre und betrachtet diese Entwicklung als konsequente Weiterentwicklung der Marketingorientierung, die bereits seit den 1980er Jahren auch im Kulturbereich zu verzeichnen ist.

Das Nutzenpotenzial der Marke kann allerdings nur durch professionelles Markenmanagement im Sinne einer strategischen Markenführung zur Geltung kommen. „Strategische Markenführung ist ein Begriff, der ... als kontinuierliche und systematische Pflege von eingeführten Marken verstanden werden soll" (HAEDRICH/TOMCZAK 1996: 27). Auch der Vorstand des Deutschen Museumsbundes und der Vorstand von ICOM-Deutschland kommen zu dem Schluss, dass die Grundfunktionen Sammeln, Bewahren, Forschen, Vermitteln und Ausstellen durch weitere Qualifikationen ergänzt werden müssen, als da sind: „Dauerhafte institutionelle und finanzielle Basis, Leitbild und Museumskonzept, Museumsmanagement sowie qualifiziertes Personal" (DEUTSCHER MUSEUMSBUND/ICOM DEUTSCHLAND 2006: 4). Das setzt strategisches Handeln, ein schriftlich fixiertes Markenkonzept (CHERNATONY/SEGAL-HORN 2003: 1110) und ein innengerichtetes Markenmanagement voraus (KERNSTOCK/ BREXENDORF 2004: 253).

Bruhn (2004: 2326) kritisiert für den ganzen Bereich der Non-Profit-Organisationen eine im Gegenteil sehr eingeschränkte Markenführung, bei der „der Name der Organisation bzw. der Leistungen noch allzu häufig als Bezeichnung angesehen werden, ohne dessen Potenzial als Marke zu erkennen oder auszubauen". Auch Prokop (2003: 171) kommt im Rahmen einer inhaltsanalytischen Untersuchung visueller Erscheinungsbilder von Museen zu dem Ergebnis, dass nahezu 90% der befragten Museen bislang keine ausreichenden Maßnahmen ergriffen haben, die eine systematische und bewusste Gestaltung schon des äußeren Erscheinungsbildes der Organisation im Sinne einer Markierung erkennen lassen. Was Prokops Ausführungen vor allem zeigen: Die Diskussion und Analyse der Bedeutung der strategischen Markenführung in Museen bewegen sich überwiegend auf dem programmatischen oder konzeptionellen Niveau und

lassen empirisch fundierte Erkenntnisse vermissen. Die Ursachen hierfür sind zu einem großen Teil in dem Mangel an geeigneten methodischen Analyse- und strategischen Steuerungsinstrumenten zu suchen.
Hier setzt die vorliegende Studie an, deren Ziel es ist, den Entwicklungsprozess der internen Markenbildung darzustellen und den Erfolg zu messen. Folgende Fragen werden untersucht:

- In wie weit ist in deutschen Museen eine strategisch orientierte interne Markenführung (internes Branding) festzustellen?
- In wie weit beeinflusst eine strategisch orientierte interne Markenbildung den Erfolg von Museen?

Die Hypothese lautet: Museen mit einer strategischen Markenbildung sind erfolgreicher als Museen mit einer weniger strategischen Markenbildung (JOHN/ GÜNTER 2007; WALLACE 2006). Die Hypothesenbildung orientierte sich an den derzeit im Vordergrund stehenden Erkenntnissen zur Markenführung (KELLER 1998; ESCH 2004; COURT et al. 1999; GANAL 2006).

3. Konzeptualisierung eines Messmodells für die Markenführung in Museen
Um die Qualität der Markenführung im Museumssektor zu messen, werden Erkenntnisse des Qualitätsmanagements herangezogen. Die existierenden Ansätze basieren überwiegend auf den Prinzipien des *Total Quality Management* (TQM). Zentraler Gedanke dieses Ansatzes ist, den Nutzen eines Produktes bzw. einer Dienstleistung oder eines Prozesses festzulegen, zu gestalten und ständig zu verbessern sowie weitgehende Fehlerfreiheit zu gewährleisten (JURAN 1991: 13ff.; SEGHEZZI 1994: 7; KREUZBERG 2000: 15). Eine vor allem in Europa viel beachtete Variante des TQM ist das Modell der *European Foundation For Quality Management* (EFQM) (2003a). Das Modell erhebt den Anspruch, auf alle Organisationen anwendbar zu sein, unabhängig von Branche, Organisationsform, Größe oder soziokulturellem Kontext – zumindest in Europa (EFQM 2003b: 5). Ziel des EFQM ist es, anhand empirisch messbarer Kriterien zu untersuchen, was eine Organisation tut und welche Ergebnisse eine Organisation mit diesen Leistungen erreicht. Insofern gibt es das Konstrukt eines Befähiger-Feldes und eines Ergebnis-Feldes. Für die weiteren Betrachtungen hier ist das Befähiger-Feld relevant, das im Folgenden näher erläutert werden soll.
Im EFQM werden „Befähiger" kategorial verstanden als eine Gruppe von Wirkfaktoren, die in einer Organisation den Prozess der Wertschöpfung initiieren und fördern und den Prozess selber zielgerecht auf Ergebnisse hin steuert. Zu diesen befähigenden Faktoren gehören die identitätsstiftenden, konzeptualisierenden Fähigkeiten von Führungskräften, das zu entfaltende Potenzial von Mitarbeitern, klare Konzepte und Strategien, externe Partnerschaft(spflege) sowie Ressourcen-Bereitstellung. Im Befähiger-Feld befinden sich verschiedene Kategorien, die umfassend das Potenzial und das Qualitätsbündel im Sinne von Leistungsvoraussetzungen und Fähigkeiten auf der Seite der Veranstalter und

Führenden beschreiben. Die zugrunde liegende These lautet, dass die Befähiger durch Führung, durch Mitarbeiterorientierung, durch interne Politik und Strategie, durch externe Partnerschaften und organisationseigenen und erworbenen Ressourcen sowohl den strukturellen als auch den humanen Input für Organisationen liefern, der über die innerbetrieblichen Prozesse in Ergebnisse umgestaltet und transformiert wird. Es handelt sich somit um jene Mittel und Tätigkeiten, die eine Organisation aktiv beeinflussen und steuern können (EFQM 2003).

Die im EFQM-Ansatz vorgeschlagene Systematik der Befähiger-Faktoren scheint ein übertragungsfähiges Grundgerüst für den Kulturbereich zu bieten, um den Entwicklungsstand der Markenführung in den einzelnen Organisationen objektiv und systematisch zu untersuchen.

EFQM-Faktoren	Konzeptualisierung
Führung	Entwickeln die Führungskräfte eine Markenidentität und vermitteln deren Umsetzung?
Mitarbeiter	Wird das Potential der Mitarbeiter zugunsten einer Markenbildung entfaltet?
Politik und Strategie	Existiert eine klar erkennbare Markenstrategie im Sinne von Leitlinien, welche relevante Interessengruppen berücksichtigt?
Partnerschaften/ Ressourceen	Werden externe Partnerschaften gepflegt und Ressourcen bereitgestellt, um den Markenaufbau zu fördern?
Prozesse	Werden Prozesse initiiert und gelenkt, um einen Markenaufbau zu erzielen?

Abb. 1: Dimension der Befähiger von Markenführung in Museen

Die von der EFQM-Forschung entwickelte Fragebatterie wurde adaptiv in einer ersten Stufe so ausgewertet, dass eine Gruppe von fünf „Befähiger-Faktoren" für eine Markenbildung im jeweiligen Museum entstand und es für jeden einzelnen Faktor einen Pool von mindestens vier Items zu seiner Messung gab. In einer zweiten Stufe unterzogen 20 Experten aus dem Museumsbereich die verschiedenen Items einem Pre-Test, um die inhaltliche Relevanz, Verständlichkeit und Redundanzfreiheit der Messindikatoren sicherzustellen. Das führte zur Elimination zahlreicher Items. Im Ergebnis ließen sich jedoch mindestens zwei Items zur Messung der fünf adaptierten Befähiger-Faktoren identifizieren. Die vollständigen Itemlisten für jede Messung finden sich in Abb. 2.

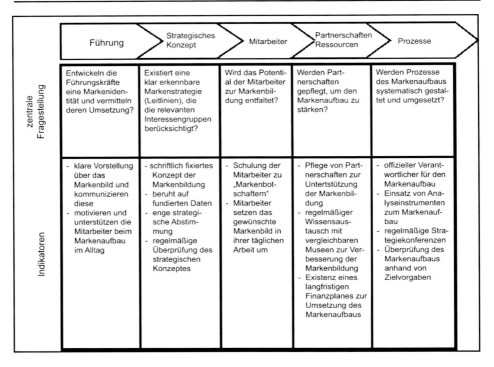

Abb. 2: Zusammenstellung der Items zur Messung der innengerichteten Markenführung

4. Konzeptualisierung eines Messmodells für den Museumserfolg

Auch in der wirtschaftswissenschaftlichen Literatur ist es kaum möglich, eine einheitliche betriebswirtschaftliche Erfolgsdefinition zu finden. So ermittelte z. B. Daschmann (1994: 74-76) bei einer Untersuchung von 75 Studien der Erfolgsfaktorenforschung nicht weniger als 56 verschiedene Messgrößen für den Erfolg. Es zeigt sich also durchaus ein breites Spektrum an Erfolgsgrößen. Diese orientieren sich in der wirtschaftswissenschaftlichen Forschung stark an ökonomischen Größen wie Rentabilität, Gewinn, Umsatz oder Marktanteil.

Jedoch ist auch in der wirtschaftswissenschaftlichen Forschung zunehmend die Integration von außerökonomischen Zielgrößen im Bereich der Erfolgsfaktoren-Forschung festzustellen. Nichtökonomische, intangible Größen wie Kundenzufriedenheit, Kundenbindung, gesellschaftliche Reputation gewinnen immer mehr an Bedeutung, es kommt zur Bestimmung von entsprechenden Leistungskennzahlen (KÖPLER 2004: 136). Um einer solchen Bewertungskomplexität gerecht werden zu können, setzen die Wirtschaftswissenschaften immer häufiger die sozialwissenschaftlich orientierte Methodik der Evaluation ein. Etwas „evaluieren" bedeutet nach seiner Wortherkunft aus dem Lateinischen „valere" „wert sein". Allgemein anerkannt ist die Definition für Evaluation von Mertens (1998: 219): „Evaluation is the systematic investigation of the merit or worth of an object (program) for the purpose of reducing uncertainty in decision making". Als besonders geeignete Methodik für den Non-Profit-Bereich stellt Stockmann (2006: 17) die Evaluation heraus. Er bewertet als hauptsächlichen Vorteil die Flexibilität von Evaluationen. So richten sich Bewertungen bei Evaluationen nicht nach vorgegebenen und festgelegten Parametern, sondern es werden Messkriterien entwickelt, die den situativen Bedingungen des Evaluationsgegenstandes und seinen Zielsetzungen angepasst werden können. Im Museumssektor ist es der kulturpolitische Auftrag der Häuser, der als deren Besonderheit zu berücksichtigen ist. Dies betrifft hauptsächlich die folgenden Aspekte:

- Die Inhalte von Zielsetzungen,
- Formulierung von Leistungen,
- Konsequenzen aus der Besucherorientierung und
- Berücksichtigung unterschiedlicher Interessengruppen.

Der entscheidende Aspekt bei Museen als Kulturinstitutionen ist vor allem jener der Zielsetzungsinhalte. Trotz der lauter gewordenen Forderung nach Wirtschaftlichkeit auch innerhalb von Kulturinstitutionen wird eine reine Gewinnorientierung bei ihnen vor dem Hintergrund ihrer kulturpolitischen Zielsetzungen nicht prägend sein können. Im Blick auf die originären Arbeitsfelder der Museen, Sammeln, Bewahren, Forschen, Vermitteln, Ausstellen wird deutlich, dass das Hauptziel von Museen in der Erfüllung nichtmaterieller Missionen besteht. So stellt sich das MuseumsQuartier in Wien unter dem Leitsatz „Barock trifft Cyberspace" als „zukunftsweisendes, innerstädtisches Kulturviertel mit enormer Signalwirkung" vor und formuliert als seine Besonderheit die Verbindungsleistung. Das MuseumsQuartier „vereinigt barocke Gebäude und neue Architektur, kulturelle Einrichtungen aller Größenordnungen, verschiedene Kunstsparten und Naherholungseinrichtungen zu einem spektakulären Ganzen" (http://www.mqw.at/kontakt.html). Das Bayerische Nationalmuseum fokussiert unter dem Leitmotiv „Geschichte genießen, Kunst erleben" vor allem auf vermittlungspolitische Aspekte wie Bildung, Unterhaltung, Förderung der Denkfähigkeit (http://www.bayerisches-nationalmuseum.de/Win/b.htm).
Kulturinstitutionen wie Museen bieten „Leistungen" an, die an so etwas wie „Produkten" (Exponaten) festgemacht, aber gleichwohl in ihrem Nutzen für den „Besucher" schwer evaluierbar sind (MEYER/BLÜMELHUBER 2004: 1637). Eine Galerie etwa zeigt Kunstwerke von beträchtlichem Geldwert, aber ihre Präsentation entzieht sich der ökonomischen Frage nach dem Preis-Leistungs-Verhältnis, da es sich hier um ideelle, nicht-materielle Objekte handelt, deren Qualitätsmerkmale nicht standardisierbar und nicht empirisch zu erheben sind. Produkt heißt hier: die Güte der dargebotenen Gegenstände liegt in ihrem vor allem ideellen Wert, in ihrer inspirierenden Aussagekraft, ihrer die geistige Auseinandersetzung initiierenden Zielrichtung. „Produkte" im Kulturbereich sind äußerst dynamisch. Kulturgüter wie Exponate etwa beharren zwar an dem Ort,

wo sie ausgestellt sind, fordern dort aber auf psychisch-emotional-geistig-spirituellen Ebenen zur „Mitnahme" von Werten heraus, die immateriell erst im Subjekt-Objekt-Verhältnis entstehen, in der Kommunikation des Betrachters mit dem Ausgestellten.

Eine weitere Besonderheit von Museen liegt in der Besucherorientierung. Der Besucher oder Teilnehmer hat in allen dienstleistungsorientierten Einrichtungen mit Bildungszielen eine wichtige und einflussreiche Position. Er sollte auch daher in der Arbeit des Museums zukünftig ganz bewusst stärker eingebunden werden. Jedoch wird eine absolut vorrangige Ausrichtung der Organisation auf Kundenbedürfnisse, wie sie für den Profitbereich proklamiert wird, nicht unmittelbar auf Museen zu übertragen sein, weil dies mit dem Charakter und der Zielsetzung von Kultur- und Non-Profit-Organisationen so nicht übereinstimmt. Zwar können auch hier Besucher im weitesten Sinne als Kunden verstanden werden, die wegen ihrer Möglichkeit des Besuches oder Nichtbesuches einen bedeutenden Einfluss auf die Existenz eines Museums ausüben und daher in ihren Wünschen zu berücksichtigen sind. Jedoch würde das Museum dabei seine spezifischen Aufgaben, Ziele und Ideale aufgeben, wenn es sich alleine von Besucherbedürfnissen bestimme ließe. Ähnlich argumentiert Colbert (1999: 17ff.). Er entwirft ein Marketingmodell für Kulturunternehmen, in dem die Komponenten des klassischen Modells zwar dieselben bleiben, aber in ihrer Anordnung transformiert werden, nämlich Produkt vor Markt. Anders als beim profitorientierten Wirtschaftsunternehmen, wo die Nachfrage das Angebot, also die Gestaltung des Produktes bestimmt, die Leistung der Konkurrenten in den Blick genommen und die eigenen Ressourcen berücksichtigt werden müssen, steht im Kulturinstitut das Produkt fest und alle anderen Aktivitäten werden optimiert aufgrund der Prämisse grundsätzlicher Unveränderlichkeit des Produktes. Die Berücksichtigung der Nachfragerwünsche hat hier einen ganz anderen Stellenwert. Sie betreffen nicht die Gestaltung des Produktes, sondern lediglich die Rahmenbedingungen, unter denen das Produkt sich dem Nachfrager (Besucher) präsentiert oder dargeboten wird.

Ein gewisses Problem bedeutet die Vielzahl von Interessengruppen (Stakeholdern), sie zu definieren und ihnen gerecht zu werden. Museen agieren häufig im Rahmen nicht-schlüssiger Tauschbeziehungen, in denen neben den Leistungsempfängern wie z. B. Besuchern, Reiseveranstaltern und Schulen auch die institutionengebundenen Interessengruppen (Fördervereine, Freundeskreise, Behörden) zu berücksichtigen sind (TERLUTTER 2000: 13). Besonders leistungsstarke Stakeholder sind die externen Spender, Unterstützer und Sponsoren. Durch die Reduktion der staatlichen Finanzierung sind Museen genötigt, zu sparen und gleichzeitig neue Einnahmequellen zu generieren. Nach Kotler/ Andreasen (1996: 81 ff.) rangieren vor Museumsshops, Museumscafés und anderen Einnahmequellen die Spenden finanzkräftiger Förderer an erster Stelle. Terlutter (2000: 13) bezeichnet Förderer auch als primäre Anspruchsgruppe. Schuck-Wersig/Wersig (1999: 38 ff.) bewerten bei amerikanischen Museen die

Einwerbung von Sponsoren und Förderern als entscheidenden Erfolgsfaktor. Zu beachten ist, dass Stakeholder sowohl einer als auch mehreren Anspruchsgruppen angehören können und diese Gruppen nicht grundsätzlich voneinander getrennt werden können (BEKMEIER-FEUERHAHN/TROMMERSHAUSEN 2006: 221). So ergibt sich für Museen ein komplexes Beziehungsgeflecht, das es zu managen gilt. Hier kann der Markencharakter des Museums bei den unterschiedlichen Stakeholdern Vertrauen in die Qualität der Museumsarbeit schaffen (ERNST 2003: 46).
Auch wenn der Dienstleistungsgedanke fortschreitend Einzug in deutsche Museen hält, wird deren kulturpolitischer Auftrag nicht verdrängt noch die Profitorientierung in den Vordergrund gestellt. Es ist und bleibt so, dass der Erfolg von Museen sich nicht primär an betriebswirtschaftlichen Einzelgrößen, die an Shareholdervalue orientiert sind, wie Umsatz, Gewinn oder Rentabilität fest machen lässt. Stattdessen soll im Sinne von Kirsch (1996: 232) bei Museen eine überlebens- und fortbestandsorientierte Erfolgsbetrachtung stattfinden. Unter dieser Perspektive werden alle Bedürfnislagen für das Überleben bzw. Bestehen einer Organisation eine Empfänglichkeit im Hinblick für alle Bedürfnislagen berücksichtigt, die zur Sicherung des Fortbestands der Organisation relevant sind. Es geraten somit all jene Interessenlagen in das Blickfeld der Organisation, hinter denen vermeintliche Forderungen von (Key-)Stakeholder stehen. Denn die Handlungsfähigkeit eines Museums hängt wesentlich von der funktionalen Angemessenheit der Handlungen in Bezug auf die Stakeholder und deren Erfolgsdefinition ab. Deshalb soll im Folgenden als Bezugsrahmen zur Analyse der Wirkung einer professionellen internen Markenführung der Erfüllungsgrad der Ansprüche unterschiedlicher Anspruchsgruppen herangezogen werden. In Anlehnung an Köpler (2004: 138) und Klein (2005: 246-252) lassen sich für Museen vier grundlegende Messdimensionen für Erfolg identifizieren:

1. Marketingorientierte Zielsetzungen, die sich am Grad der Beeinflussung von Zielgruppen messen lassen. Dazu zählen etwa der Bekanntheitsgrad und das Image eines Museums, die Steigerung der Besucheranzahl sowie eine lebhafte Resonanz beim Publikum und den relevanten Medien (KLEIN 2005: 248).

2. Ökonomische Erfolge, wenn wirtschaftliche Ressourcen im globalen Umfang gestärkt werden, z. B. wenn die Kunst einen Beitrag als Image- und Wirtschaftsfaktor leistet und damit zum Standortfaktor avanciert. Aber auch, wenn ganz konkret einzelne Häuser wirtschaftliche Förderung erzielen können, etwa erfolgreiches Einwerben von privaten Finanzmitteln, demonstriert dies ökonomischen Erfolg. So führen KOTLER/KOTLER (1998: 87) als Folge wirtschaftlich erfolgreicher Häuser vor allem die erfolgreiche Akquise privatwirtschaftlicher Zuschüsse an, wie Spenden-, Förderer- und Sponsorenmittel.

3. Ideelle Erfolge, wenn die künstlerischen Leistungen in den Vordergrund gestellt und somit als Leistung betrachtet werden. Als Erfolgsfaktoren werden genannt die Anerkennung des Museums bzw. der künstlerischen Konzeption in

der Fachwelt, die Positionierung des Museums als Reflexionsgeber und Impulsgeber in der *scientific community* sowie das Ausmaß des Interesses von Künstlern, in den Museen mitwirken zu können (SCHAULE-LOHE 1995: 11; KLEIN 2005: 246-248).

4. Kulturpolitische Erfolge, mit denen das Museum sich auszeichnet, indem es einen Beitrag zur kulturellen „Daseinsvorsorge" leistet, das heißt, die Präsenz von Kultur in der Gesellschaft sicherstellt; wenn sozial- und bildungspolitische Zielsetzungen erreicht werden: Und als übergreifender Aspekt von Erfolg zeigt sich das Ausmaß, in dem Kunst und Kultur überhaupt in einer Gesellschaft als notwendig für ihr Gedeihen betrachtet und entsprechend öffentlich gefördert werden (HEINRICHS 1993: 9; BRAUN et al. 1996: 60).

Die Realisation dieser verschiedenen Erfolgsdimensionen beim jeweiligen Museum soll im Folgenden als markanter Nutzen gewertet werden, der sich aus der Markenführung ergibt. Um diese komplexen Zielsysteme zu erfassen, hat sich, wie bereits erwähnt, der Grundgedanke der Evaluation bewährt. Es geht darum, so Stockmann (2006: 17), unterschiedliche Wirkungen bei unterschiedlichen Anspruchsgruppen zu erfassen und zu versuchen, selbst nicht intendierte Wirkungen zu berücksichtigen. Die Operationalisierung der relevanten Erfolgsindikatoren erfolgte in enger Anlehnung an die in der Literatur diskutierten Erfolgsdimensionen für den Museumssektor (oben). Die folgende Abbildung 3 zeigt die Zusammenstellung der jeweiligen Items, die im Vorfeld wiederum hinsichtlich der Relevanz, Verständlichkeit und Redundanzfreiheit überprüft wurden. Den vier Erfolgsgrößen wurden mindestens zwei zentrale Items zugeordnet.

Abb. 3: Zusammenstellung der Items der Erfolgsmessung

Die Datenerhebung erfolgte in telefonischer Befragung durch eine Vergleichsmessung (Benchmarking) per Selbsteinschätzung: Die Befragten sollten angeben, in wie weit ihr Museum bei den jeweiligen Erfolgsindikatoren besser oder schlechter als ein vergleichbares Museum sei. Es wurde also der relative Erfolg der jeweiligen Institutionen erfasst.

Die Verwendung einer solchen Vergleichsmethode weist gegenüber dem in der Praxis häufig diskutierten Vorschlag, Erfolg als Grad des Ausmaßes der Zielerreichung zu ermitteln, den Vorteil des geringeren subjektiven Bewertungsspielraumes auf. Denn der Grad der Zielerreichung ist weitgehend abhängig von organisationsindividuellen Festlegungen. Im Extremfall kann bei einer Betrachtung des Zielerreichungsgrades jedes Museum erfolgreich sein, es muss nur seine Ziele niedrig genug ansetzen.

In der folgenden empirischen Analyse ist zunächst zu prüfen, wie der Entwicklungsstand der Markenführung intern in deutschen Museen ausgeprägt ist. Dann soll überprüft werden, ob und wie weit ein Einfluss der Markenführung auf die für die Untersuchung identifizierten Erfolgsdimensionen festzustellen ist.

5. Empirische Studie und Ergebnisse
5.1. Erhebung der Daten

Um den Entwicklungsstand der internen Markenführung in Museen zu ermitteln, wurden Experten telefonisch befragt, die über die notwendige Sachkenntnis verfügen, um Prozesse der Markenführung und deren Erfolgsdeterminanten in Museen beurteilen zu können (Führungskräfte im Bereich Museumsleitung und Öffentlichkeitsarbeit/Marketing). Zur Auswahl der Museen, die beteiligt werden sollten, dienten zwei Datenquellen. Zunächst wurden aus der Adressliste des Instituts für Museumskunde die Museen ausgewählt, die mehr als 100.000 Besucher pro Jahr verzeichnen (159 Museen), und zwar Museen verschiedenster Art: Kultur- und kunstgeschichtliche ebenso wie naturwissenschaftlich-technische, Heimat-, Schloss- und Burgmuseen. Zur Verbreiterung der Datenbasis wurde die Liste um Kunstmuseen mit mehr als 50.000 Besuchern pro Jahr (41 Museen) ergänzt. Insgesamt konnten 143 Interviews geführt werden. Das entspricht bei 200 angesprochenen Museen einer Rücklaufquote von 72%. Um die Heterogenität der Stichprobe zu begrenzen, wurden alle Museen, die einem unmittelbaren wirtschaftlichen Produktionsbetrieb angeschlossen waren (z. B. museale Ausstellungsräume, in denen Hersteller den zeitlichen Wandel ihrer Produkte präsentieren) von der Auswertung ausgeschlossen. Zudem wurde auf eine hinreichende Ausfüllqualität geachtet, d. h., nur Interviews, bei der mehr als die Hälfte der Fragen vollständig beantwortet waren, wurden für die Analyse zugelassen. Insgesamt ließen sich am Ende 118 Interviews für die Auswertung verwenden. Zur Messung der in dieser Studie interessierenden Variablen wurden Ratingskalen mit Items, die zur Abbildung der Markenführung und zum Museumserfolg generiert wurden, benutzt, auf denen die Befragten jeweils den Grad ihrer Zustimmung oder Ablehnung vermerken konnten. Dazu waren fünf Zustimmungsstufen vorgegeben mit den Eckpunkten 1= „trifft gar nicht zu" und 5 = trifft voll und ganz zu". Je größer die Zustimmung zu den einzelnen Fragen ausfiel, umso höher ist der Entwicklungsstand der Markenbildung eingestuft respektive desto erfolgreicher werden die Museen bewertet. Die folgende Abbildung zeigt einen Überblick der befragten Häuser je Museumstyp.

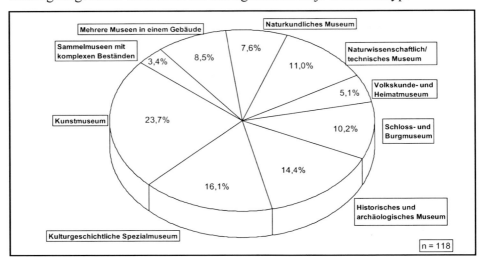

Abb. 4: Verteilung der Museumstypen in der Stichprobe

Den größten Anteil der befragten Museen machen die Kunstmuseen mit fast 24% aus, gefolgt von den kulturgeschichtlichen Spezialmuseen mit rund 16% und den historischen und archäologischen Museen mit rund 14%. Gut 10% sind Schloss- und Burgmuseen und 11% naturwissenschaftlich/technische Museen. Das restliche Drittel sind Fälle, wo mehrere Museen sich in einem Gebäude befinden; naturkundliche Museen, Volkskunde- und Heimatmuseen sowie Sammlungsmuseen mit komplexen Beständen.

5.2. Auswertung der Daten

Der erste Teil der Untersuchung vermittelt zunächst deskriptiv einen Überblick über die Angaben der befragten Experten zum Entwicklungsstand der Markenführung in ihren Häusern sowie über ihre Einschätzungen zu deren Erfolg. Ob und inwieweit die einzelnen Mess-Items der Markenführung bzw. der Erfolgsbewertung sich zu übergreifenden Dimensionen verdichten lassen, untersucht die sich jeweils anschließende Faktorenanalyse. Im Anschluss daran wird im zweiten Teil untersucht, ob ein signifikanter Zusammenhang zwischen strategischer Markenführung und Museumserfolg zu erkennen ist. Die Überprüfung der Beziehung zwischen den einzelnen Messdimensionen der Markenführung und dem Erfolg der Häuser erfolgt auf Basis einer Regressionsanalyse. Die Regressionsanalyse erlaubt eine Aussage über die Stärke des Zusammenhangs zwischen zwei Variablen.

5.2.1. Entwicklungsstand der Markenführung

Eingeleitet wurde dieser Fragenblock mit der Frage nach der museumsspezifischen Relevanz der Markenbildung. Die Befragten sollten mittels einer fünfstufigen Ratingskala angeben, inwieweit sich ihr Haus Gedanken über eine Markenbildung macht.

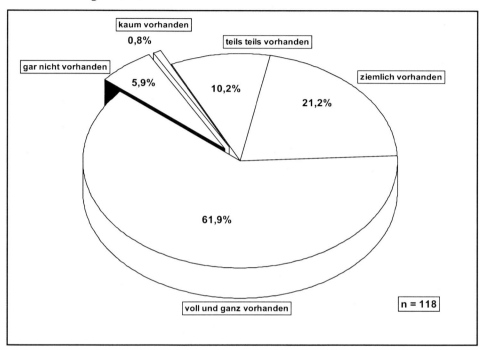

Abb. 5: Gedanken über Markenbildung

Die Relevanz des Themas scheint in der Praxis ebenso bewusst zu sein: Es sind bereits 83% der befragten Museen, die sich eher intensive Gedanken über Markenbildung machen, und nur 6% machen sich darüber gar keine Gedanken.

Um zu erheben, wie der Entwicklungsstand der Markenführung in Museen sich konkret darstellt, wurden die Befragten gebeten, anhand von Items, die für die Befähiger, nämlich Führung, Mitarbeiter, Partnerschaften/Ressourcen und Prozesse entwickelt wurden, eine Bewertung der internen Mittel und Tätigkeiten des Markenmanagements vorzunehmen. Die Erhebung der einzelnen Zustimmungen erfolgte mithilfe der erwähnten fünfstufigen Rating-Skalen. Je größer die Zustimmung zu den einzelnen Fragen ausfiel, umso höher war der Entwicklungsstand der Markenbildung einzustufen. Das heißt, die Befragten mussten mindestens „ziemlich vorhanden" („trifft eher zu") bzw. „ganz vorhanden" („trifft voll und ganz zu") angeben, damit von einem positiven Entwicklungsstand ausgegangen werden kann. Die folgende Abbildung bringt jeweils die zwei Abstufungen farblich ins Bild, die Zustimmungen oder Ablehnungen der Aussage ausdrücken.

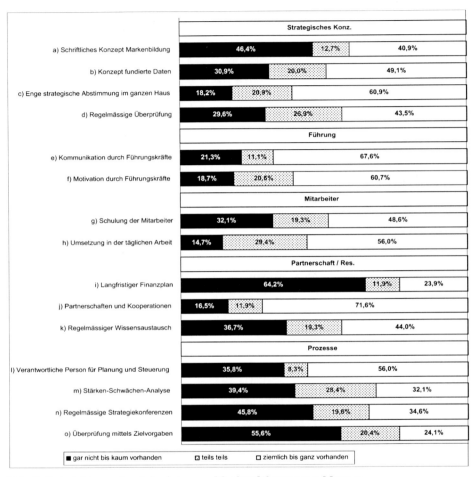

Abb. 6: Entwicklungsstand der internen Markenführung von Museen

Beim Qualitätsfaktor „Führung" gaben durchschnittlich 64% ((67,6% + 60,7%)/2) des befragten Museumspersonals an, dass die Vorgesetzten durch ihr eigenes Verhalten oder durch Schulungen die Mitarbeiter bei Aufbau oder der Entwicklung einer eindeutigen Markierung unterstützen. Von allen untersuchten Faktoren ist damit das Qualitätsmerkmal „Führung" am stärksten ausgeprägt. Für den Faktor „Strategisches Konzept" stellten durchschnittlich nur 49% der Befragten fest, dass es bei ihnen Maßnahmen einer strategischen Markenentwicklung gäbe. Ein ähnliches Bild zeigte sich sowohl für den Faktor „Mitarbeiter" wie auch „Partnerschaften/Ressourcen": gut die Hälfte (52%) der Befragten stimmte zu, dass die „Mitarbeiter" bei der Markenentwicklung einbezogen werden, durchschnittlich 46% bejahten die Umsetzung von „Partnerschaften/Ressourcen". Bemerkenswert ist hierbei die mehrheitliche Zustimmung (72%) zu dem speziellen Item „Kooperation": Das Museum sei zur Unterstützung der Markenbildung stets bestrebt, Partnerschaften und Kooperationen mit anderen Museen/Künstlern oder Wirtschaft zu pflegen oder zu erschließen. Das spricht dafür, dass viele Museen das große Potenzial von Kooperationen bereits erkannt haben.

Die geringsten Bemühungen mit durchschnittlich nur 37% wurden für den Faktor „Prozesse" angegeben. Besonders geringe Beachtung finden die strategisch orientierten Analyse-Instrumente wie systematische Erfolgskontrolle oder Stärken-Schwächen-Analyse. Die Ergebnisse bestätigen offenbar die von Schwarz (1993) geäußerte Vermutung, dass aktives, zukunftsorientiertes Markenmanagement für Museen eher untypisch ist.

Betrachtet man die Ergebnisse zur internen Markenführung insgesamt, so lassen nur knapp die Hälfte (49%) der befragten Museen eine deutliche markenpolitische Orientierung bei den Befähigern der Markenführung erkennen. Diese Ergebnisse scheinen im Widerspruch zu der Aussage am Anfang zu stehen, nach der rund 83% der befragten Museen der Markenbildung große Bedeutung beimessen. Dies mag darin begründet sein, dass in der Museumslandschaft Markenbildung vielfach mit der Entwicklung einer Corporate-Identity-Strategie gleichgesetzt wird. Die Entwicklung einer Corporate Identity Strategie bietet durchaus einen ersten Ausgangspunkt für den Aufbau einer Marke. Jedoch geht eine erfolgreiche Markenführung wesentlich über die Gestaltung eines wahrnehmungsidentischen Außenauftritts hinaus. Meffert/Burmann/Koers (2002) sprechen von einer organisationalen Dimension der Identitätsorientierung und meinen damit die Durchsetzung der Marke nach innen. Dies schließt eine Integration der Mitarbeiter in den Brandingprozess wie auch vorausschauende markenorientierte Steuerung und Handlung ein. Zweifellos belegen die vorliegenden Daten, dass für Museen Handlungsbedarf in Sachen „Markenführung" besteht.

Bevor die Daten sinnvoll verrechnet werden können, muss die Vielzahl der Items auf wenige wichtige Erklärungsfaktoren reduziert bzw. müssen einige Variablen zu übergeordneten Faktoren verdichtet werden. Nur so können implizite Gewichtungen vermieden und die erklärungsrelevanten Items ausgewählt werden. Abbildung 7 zeigt die Ergebnisse der Verdichtung. Danach lassen sich drei voneinander unabhängige „Befähiger-Dimensionen" identifizieren, die jeweils ein eindeutig interpretierbares Muster ergeben:[1]

---

[1] Zur Interpretation der Faktoren werden nur Items mit Faktorladung größer 0,5 herangezogen, die zudem eindeutig auf diesen Faktor laden, d. h. Faktorladung ist mindestens doppelt so hoch wie auf den anderen Faktoren (BACKHAUS et al. 2003: 331).

Items-Stichworte	Dimensionen		
	Faktor 1 Interne Markenvermittlung	Faktor 2 Systematische Markensteuerung	Faktor 3 Markenpartner- schaften
c) Strategische Abstimmungen im ganzen Haus	,804	,173	,146
e) Kommunikation durch Führungskräfte	,744	,115	,425
h) Umsetzung in der täglichen Arbeit	,725	,106	,285
d) Regelmäßige Überprüfung	,632	,512	,052
g) Schulung der Mitarbeiter	,611	,267	,306
b) Konzeptfundierte Daten	,606	,511	-,082
m) Stärken-Schwächen-Analyse	-,018	,758	,155
o) Zielvorgaben	,262	,682	,174
l) Verantwortliche Person	,127	,652	,071
a) Schriftliches Konzept	,491	,576	-,187
n) Strategiekonferenzen	,199	,569	,356
i) Finanzplan	,258	,508	,169
j) Wissensaustausch	-,016	,360	,808
k) Partnerschaften	,277	,028	,636
f) Motivation durch Führungskräfte	,464	,106	,598
Eigenwert	6,1	1,53	1,26
Varianzerklärungsanteil	40,01	10,2	8,5

Abb. 7: Faktorenanalytische Verdichtung der Items der Markenführung

Faktor 1 in Abb. 6 kategorisiert als „Interne Markenvermittlung" hat einen Varianzerklärungsanteil von 40%. Er wird nahezu gleichermaßen durch die Items der drei operationalisierten Befähiger-Dimensionen „Führung", „Personal" und auch „Strategie" geladen. Darin spricht sich einerseits die Relevanz dieser untersuchten Befähiger-Dimensionen aus und darin zeigt sich andererseits, dass im Hinblick auf die Markenführung eine enge Verwandtschaft der drei Größen besteht. Inhaltlich bündelt Faktor 1 die Items, die sich auf die Energien von Führung und Mitarbeiterbeteiligung zur Vermittlung und Stärkung der Markenidentifikation richtet. Faktor 2, systematische Markensteuerung, bündelt Items, die im Originalwort lauten wie: „Zur Erkundung des strategischen Markenaufbaus werden Instrumente, wie die Stärken-Schwächen-Analyse, Standort-Analyse, Mitarbeiterbefragung usw. eingesetzt"; „Die Überprüfung der Markenführung erfolgt anhand von Zielvorgaben und wird schriftlich dokumentiert"; „Es gibt eine offiziell verantwortliche Position für die strategische Planung und Steuerung des Markenaufbaus". Es handelt sich somit um Aussagen, die sich auf organisational verankerte und informationsbasierte Steuerungsprozesse der Markenführung beziehen. Der Faktor 2 mit 10% Erklärungsanteil wird in Abb. 6 folglich „Systematische Markensteuerung" genannt. Auf Faktor 3 laden gemäß der Konzeptualisierung die Items, die sich auf die Bedeutung externer Partnerschaften bzw. Kooperationen sowie externen Wissensaustausch zur Unterstützung der Markenführung beziehen. Sie machen 9% Erklärungsanteil aus. Entsprechend erhält der Faktor die Bezeichnung: „Marken-Partnerschaften". Insofern bestätigt die Faktorenanalyse in weiten Teilen die Dimensionen, welche entwickelt wurden, um die Qualität der Markenführung in Museen zu messen.

5.2.2. Erfolg von Museen

Der Erfolg der betrachteten Museen wurde im Hinblick auf zielgruppenspezifische, ökonomische, ideelle und kulturpolitische Erfolge untersucht. Zu jeder dieser Erfolgsdimensionen bekamen die befragten Museumsmitarbeiter Items vorgelegt. Sie sollten angeben, ob sie ihr Haus eher besser oder eher schlechter als eine vergleichbare Institution einschätzen. Wiederum stand eine fünfpolige Ratingskala zur Verfügung. Die folgende Abbildung zeigt die Ergebnisse.

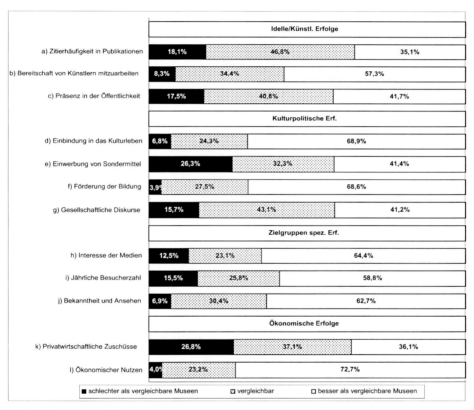

Abb. 8: Museumserfolge

Durchschnittlich 62% der befragten Personengruppen schätzten sich in der Zieldimension „Zielgruppenspezifische Erfolge" besser ein als eine vergleichbare Institution. Gut die Hälfte (55% und 54%) sahen sich in den Bereichen „Kulturpolitische Erfolge" und „Ökonomische Erfolge" besser als eine vergleichbare Institution. In weniger als der Hälfte der befragen Häuser (45%) schätzen sich die

Befragten im Hinblick auf das Erreichen „Ideeller, künstlerischer Ziele" erfolgreicher als vergleichbare Häuser ein.

Wie die Abbildung 8 zeigt, findet bei den jeweiligen Items, anhand derer die vier Erfolgsdimensionen betrachtet wurden, eine recht unterschiedliche Einschätzung durch die Befragten statt. Offensichtlich spiegeln die formulierten Indikatoren nicht vollständig und nicht einheitlich die jeweils anvisierte Messdimension wider. Deswegen sollen auch die Items zur Erfolgsmessung faktorenanalytisch verdichtet werden, um die relevanten Dimensionen und deren Erklärungsvariablen zu identifizieren. Die Ergebnisse der Faktorenanalyse zeigt die folgende Abbildung.

Items-Stichworte	Dimension		
	Faktor 1 Zielgruppenspezifische Erfolge	Faktor 2 Ideelle, künstlerische Erfolge	Faktor 3 Kulturpolitische Erfolge
Anzahl Besucher	**,842**	,143	,251
Bekanntheit u. Ansehen	**,803**	,054	,290
Ökonomischer Nutzen	,663	,472	-,210
Bereitschaft von Künstlern mitzuarbeiten	,118	**,732**	-,016
Einbindung in Kulturleben	,372	,677	,167
Präsenz in der Öffentlichkeit	,054	**,616**	,253
Privatwirtschaftliche Zuschüsse	,059	,562	,298
Förderung der Bildung	,139	,057	**,714**
Gesellschaftliche Diskurse	,036	,248	**,635**
Interesse der Medien	,401	,172	,602
Eigenwert	3,59	1,14	1,09
Varianzerklärungsanteil	21,3	20,3	16,5

Abb. 9: Faktorenanalytische Verdichtung der Items für die Erfolgsmessung

Die drei Erfolgsdimensionen der Faktoren 1-3 zeigen eindeutige Faktorladungen (vgl. Abb. 6). Als bedeutsamste Erfolgsdimension mit 21% Varianzerklärungsanteil zeigt sich der Faktor „Zielgruppenspezifische Erfolge". Der Faktor wird besonders geprägt durch die Items „Anzahl der jährlichen Besucher" sowie „die Bekanntheit und das Ansehens des Museums". Faktor 2 lädt eindeutig auf die Items „Bereitschaft von Künstlern, Kuratoren etc. in unserem Museum zu arbeiten und auszustellen" sowie „die persönliche Präsenz von unseren Museumsvertretern in der fachlichen Öffentlichkeit (Vorträge, Diskussionsforen, Vernissagen etc.)". Entsprechend erhält der Faktor den Titel „Ideeller, künstlerischer Erfolg" (Varianzerklärungsanteil 20%). An dritter Stelle rangiert Faktor 3 „Kulturpolitischer Erfolg" (Varianzerklärungsanteil 17%). Er besteht aus den beiden Items „Förderung der Bildung" und „Anregung und Unterstützung gesellschaftlicher Diskurse". Nicht eindeutig zugeordnet werden konnten die beiden Items, welche konzeptionell auf die Dimension „Ökonomischen Erfolg" zielten. Sie mussten neben anderen Items wegen des geringen Maßes der Stichprobeneignung (< 0,5) oder zu geringer oder nicht eindeutiger Faktorladungen entfernt werden.

5.2.3. Einfluss der Markenführung auf den Museumserfolg

Haben die identifizierten Dimensionen der Befähiger von Markenführung wie interne Markenvermittlung, systematische Markenführung, Marken-Partnerschaften einen Einfluss auf die identifizierten Erfolgsdimensionen von Museen? Zur Prüfung des Zusammenhangs werden schrittweise Regressionsanalysen gerechnet, bei denen die faktorenanalytisch verdichteten Dimensionen der Befähiger von Markenführung als unabhängige Variablen zur Erklärung der ebenfalls faktorenanalytisch verdichteten Dimensionen des Museumserfolges herangezogen werden.[2] Abbildung 10 stellt die Ergebnisse vor. Angegeben sind die standardisierten Regressionskoeffizienten,[3] in der Klammer stehen die Signifikanzwerte.[4]

Abhängige Variable	Unabhängige Variablen			Multiple Korrelation (R)
	Interne Markenvermittlung	Systematische Markenführung	Marken-Partnerschaften	
Zielgruppenspezifische Erfolge	,32 (,00)	,01 (,99)	,13 (,28)	,39
Ideelle, künstlerische Erfolge	,23 (,04)	,11 (,30)	,22 (,04)	,44
Kulturpolitische Erfolge	,17 (,15)	,16 (,14)	,01 (,97)	,29

Abb. 10: Einfluss der Markenführung auf die Museumsziele

Die „Interne Markenvermittlung" übt den deutlich stärksten Effekt auf „Zielgruppenspezifische Erfolge" und die „Ideellen, künstlerischen Erfolge" aus. Aber auch die Marken-Partnerschaften beeinflussen ersichtlich die „Ideellen, künstlerischen Erfolge". Für diese Teilbereiche kann der vermutete Einfluss der Markenführung auf den Museumserfolg bestätigt werden. Von „Systematischer Markenführung" geht kein nennenswerter Einfluss aus, was evtl. in ihrem durchgängig geringen Entwicklungsstand begründet sein mag (vgl. Ergebnisse der deskriptiven Analyse). Alle ermittelten Regressionskoeffizienten weisen also in eine positive Richtung. Die empirischen Resultate enthalten nicht nur keinerlei Hinweise darauf, dass die museumsspezifischen Zielsetzungen durch Marketingstrategien beeinträchtigt werden, sondern bestätigen im Gegenteil die Hypothese, dass sich eine entwickelte Markenführung effektiv auf wesentliche Erfolgsdimensionen in der empirischen Analyse positiv ausgewirkt haben. Es geht im Kulturbereich die Angst um, Kulturinstitutionen könnten durch den Einfluss der Betriebswirtschaft kommerzialisiert werden zu Lasten der kulturpolitischen Zielsetzungen insgesamt und der künstlerischen Ansprüche im Besonderen. Die hier vorgelegten empirischen Daten und ihre Relationen lassen diese Befürchtung in den

---

[2] Für die Regressionsanalyse werden aus den faktorenanalytisch ermittelten relevanten Teil-Items Skalenwerte gebildet, siehe die vorangegangen Faktorenanalysen.

[3] Der standardisierte Regressionskoeffizient Beta gibt die Steigung der Regressionsgerade an, also die Veränderung der standardisierten abhängigen Variable bei Veränderung einer Einheit der (standardisierten) unabhängigen Variable.

[4] Signifikanzwert $\leq 0{,}05$ besagt, dass zwischen betrachtetem Faktor der Markenführung und jeweiliger Dimension des Museumserfolges ein signifikanter Zusammenhang in der Grundgesamtheit vermutet werden kann.

meisten Bereichen als unbegründet erscheinen. Damit sie in allen Bereichen abschließend widerlegt werden kann, sind weitere Untersuchungen notwendig.

6. Markenführung als Option für Museen – Fazit und Impuls
Im Vorfeld der Studie wurden zwei Arbeitsphasen festgelegt. Das Ziel der ersten war es, zu erheben, in welchen Museen – wenn überhaupt – bereits mit Marketinginstrumenten gearbeitet wurde, und wieviel Markenbewusstsein sich im Einzelnen entwickelt hatte, so dass von Markenführung gesprochen werden konnte. In der anschließenden zweiten Phase ging es dann darum, den Einfluss festzustellen, den eine bewusste Markenführung auf die speziellen Ziele nimmt, denen Kulturinstitutionen wie Museen verpflichtet sind. Die Erkenntnisse der Studie lassen sich wie folgt zusammenfassen:

1. Auf's Ganze gesehen befindet sich in den deutschen Museen eine systematisch gesteuerte Markenprofilierung durch interne Markenführung noch am Anfang. Hier gibt es einen großen Bedarf an Professionalisierung. Es zeigt sich eine auffallende Diskrepanz zwischen dem internen Wissen, welche Bedeutung Markenbildung für Museen hat und realer Umsetzung in der Praxis. Mehr als zwei Drittel aller Befragten gaben an, dass Markenbildungskonzepte in ihrem Hause eine Rolle spielten. Die Ergebnisse der empirischen Studie belegen jedoch, dass die Zahl der Museen, in denen Markenbildung tatsächlich professionell geplant und gesteuert wird, wesentlich geringer ist (durchschnittlich 49%).

2. Es konnte nachgewiesen werden, dass dort, wo Prozesse der systematischen Markenführung stattfanden, die museumsspezifischen Erfolgsdimensionen von der Markenführung positiv beeinflusst wurden. Nicht nur, was die marketingnahen Zielgruppen und ihre Erweiterung betrifft, sondern durchaus auch für die ideellen und künstlerischen Dimensionen ist ein positiver Zusammenhang zwischen Markenführung und Erfolg empirisch zu belegen. Hier wird deutlich, dass systematische Markenführung im Kulturbereich keineswegs bedeuten muss, die Kultur „zu Markte zu tragen" zu Lasten der künstlerischen Qualität und bildungspolitischen Authentizität, wie manche Kritiker befürchten (KOLB 2000: 66). Die empirischen Daten und ihre Korrelationen belegen, dass eine systematische Markenführung nicht nur keinerlei negative Auswirkungen auf die Erfüllung des bildungspolitischen Auftrages und des kunsttheoretischen Diskurses zeitigt, sondern Markenführung es den Museen im Gegenteil erleichtert, ihren ideellen Zielsetzungen treu zu bleiben.

3. Auch im Hinblick auf die praktische Museumsarbeit enthalten die Ergebnisse interessante Implikationen. In der Regressionsanalyse zeigt sich, dass der Faktor „Interne Markenvermittlung" einen besonders starken Einfluss auf die beiden übergeordneten Museumsziele „Ziel-

gruppenspezifischer Erfolg" und „Ideeller, künstlerischer Erfolg ausübt. Doch obwohl dieser Befähiger der Markenführung diese herausragende Stellung im Hinblick auf die Museumsziele hat, wird er in vielen Häusern noch vernachlässigt. Nur gut die Hälfte der befragten Personen bejahten die Mess-Items der „Internen Markenvermittlung" (58%). Übertragen auf das praktische Markenmanagement heißt dies, dass für viele Museen ein Behavorial Branding, wodurch besonders die Mitarbeiter in den Brandingprozess integriert werden, zu empfehlen ist. Ziel sollte es sein, bei den Mitarbeitern ein markenbezogenes Wissen aufzubauen und ein Verständnis der Markeninhalte zu ermöglichen, so dass jedem Mitarbeiter bewusst sein sollte, wofür die Marke steht. Denn die Markenidentität wird erst durch den Mitarbeiter zum Leben erweckt, er erfüllt das Markenversprechen und in diesem Sinne auch, dass der Erfolg des Museums im Außen Gestalt annehmen kann.

Die Kontroversen für und wider die Nutzung von Marketingkonzepten im Kulturbereich werden nun schon lange geführt. Trotzdem liegen bislang noch keine empirischen Befunde dazu vor, ob im Kulturbereich nicht bereits Marketingkonzepte verwendet werden und welche Wirkungen ihnen auf Markenbildungsprozesse in Museen zuzuschreiben sind. So können die Ergebnisse der vorliegenden Studie als erster Beitrag gelten, diese Forschungslücke allmählich zu schließen.

Literatur

BACKHAUS, Klaus et al. ([10]2003): *Multivariate Analysemethoden – Eine anwendungsorientierte Einführung.* Berlin: Springer.

BEKMEIER-FEUERHAHN, Sigrid/TROMMERSHAUSEN, Anke (2006): Kulturbranding. Lassen sich Kultureinrichtungen zu Marken aufbauen? – In: Strebinger, Andreas/Mayerhofer, Wolfgang/Kurz, Helmut (Hgg.), *Werbe- und Marken-forschung. Meilensteine – State of the Art – Perspektiven.* Wiesbaden: Gabler, 213-244.

BRAUN, Günther E. et al. (1996): *Kultur-Sponsoring für die kommunale Kulturarbeit. Grundlagen, Praxisbeispiele, Handlungsempfehlungen für Kulturmanagement und -verwaltung.* Köln: Kohlhammer.

BRUHN, Manfred (2004): Markenführung für Nonprofit-Organisationen. – In: Ders. (Hg.), *Handbuch Markenführung.* Bd. 3/2. Wiesbaden: Gabler, 2297-2330.

CALDWELL, Niall (2000): The Emergence of Museum Brands. – In: *International Journal of Arts Management* 2, Nr. 3 Spring, 28-34.

CHERNATONY, Leslie de/SEGAL-HORN, Susan (2003): The criteria for successful services brands. – In: *European Journal of Marketing* 37, Nr. 7/8, 1095-1118.

COLBERT, François (1999): *Kultur- und Kunstmarketing. Ein Arbeitsbuch.* Wien: Springer.

DASCHMANN, Hans-Achim (1993): *Erfolgsfaktoren mittelständischer Unternehmen.* Diss. München: Universität München.

DEUTSCHER MUSEUMSBUND/ICOM DEUTSCHLAND (Hgg.) (2006): *Standards für Museen.* Berlin/Kassel: Deutscher Museumsbund.

EFQM (2003a): *Die Grundkonzepte der Excellence. European Foundation for Quality Management.* Frankfurt/M.: Deutsche Gesellschaft für Qualität.

EFQM (2003b): *Excellence bestimmen. Eine Fragebogen-Methode. European Foundation for Quality Management.* Brüssel: European Foundation for Quality Management.

EHLING, Manfred (2005): Zeit für Freizeit und kulturelle Aktivitäten. Ergebnisse aus Zeitbudgeterhebungen. – In: Institut für Kulturpolitik der Kulturpolitischen Gesellschaft (Hgg.), *Jahrbuch für Kulturpolitik.* Bd. 5: Kulturpublikum. Essen: Klartext, 87-96.

ESCH, Franz-Rudolf (2004): Markenidentitäten wirksam umsetzen. Corporate Brand Management. – In: Ders. et al. (Hgg.), *Marken als Anker strategischer Führung von Unternehmen.* Wiesbaden: Gabler, 251-271.

ESCH, Franz-Rudolf/MÖLL, Thorsten (^{4}2005): Kognitionspsychologische und neuroökonomische Zugänge zum Phänomen Marke. – In: Esch, Franz-Rudolf (Hg.), *Moderne Markenführung. Grundlagen, Innovative Ansätze, Praktische Umsetzungen.* Wiesbaden: Gabler, 61-82.

FASSNACHT, Martin (^{2}2004): Markenführung für Dienstleistungen. – In: Bruhn, Manfred (Hg.), *Handbuch Markenführung.* Bd. 3. Wiesbaden: Gabler, 2161-2181.

GANAL, Michael (2006): Wertsteigerung durch erfolgreiches Markenmanagement in der BMW Group. – In: Schweickart, Nikolaus/Töpfer, Armin (Hgg.), *Wertorientiertes Management.* Berlin: Springer, 489-508.

GILMORE, Audrey/RENTSCHLER, Ruth (2002): Changes in museum management: A custodial or marketing emphasis. – In: *The Journal of Management Development* 21/10, 745-760.

HAEDRICH, Günther/TOMCZAK, Torsten (^{2}1996): *Strategische Markenführung – Planung und Realisierung von Marketingstrategien für eingeführte Produkte.* Bern et al.: Haupt.

HEINRICHS, Werner (1993): *Einführung in das Kulturmanagement*. Darmstadt: Wissenschaftliche Buchgesellschaft.

HEINZE, Thomas (2005): *Kultursponsoring, Museumsmarketing, Kulturtourismus. Ein Leitfaden für Kulturmanager*. Wiesbaden: VS Verlag für Sozialwissenschaften.

HELLMANN, Kai-Uwe (2005): Ausweitung der Markenzone: Zur Einführung. – In: Ders./Pichler, Rüdiger (Hgg.), *Ausweitung der Markenzone. Interdisziplinäre Zugänge zur Erforschung des Markenwesens*. Wiesbaden: VS Verlag für Sozialwissenschaften, 7-18.

HOLCH, Julian (1995): Dienstleistungsorientiertes Kulturmarketing. – In: Benkert, Wolfgang/Lenders, Britta/Vermeulen, Peter (Hgg.), *Kulturmarketing. Den Dialog zwischen Kultur und Öffentlichkeit gestalten*. Stuttgart, Berlin et al.: Raabe, 27-56.

ICOM (2003): *Ethische Richtlinien für Museen*. Berlin et al.: ICOM.

JOHN, Hartmut/GÜNTER, Bernd (2007): *Das Museum als Marke. Branding als strategisches Managementinstrument für Museen*. Bielefeld: transcript.

JURAN, Joseph M. (1991): *Handbuch der Qualitätsplanung*. Landsberg/Lech: Verlag Moderne Industrie.

KAAS, Klaus Peter (1990): Marketing als Bewältigung von Informations- und Unsicherheitsproblemen im Markt. – In: *Die Betriebswirtschaft* 50/4. Stuttgart: Schäffer-Pöschel, 539-548.

KALLINICH, Joachim (2003): Keine Atempause – Geschichte wird gemacht: Museen in der Erlebnis- und Mediengesellschaft – In: Der Präsident der Humboldt-Universität zu Berlin (Hg.), *Öffentliche Vorlesungen* 122. Berlin: Humboldt-Universität.

KELLER, Kevin Lane (1998): *Strategic Brand Management. Building, Measuring and Managing Brand Equity*. Upper Saddle River/NJ.: Pearson Prentice Hall.

KERNSTOCK, Joachim/BREXENDORF, Tim Oliver (2004): Corporate Brand Management gegenüber Mitarbeitern gestalten. – In: Esch, Franz-Rudolf/Tomczak, Torsten/Kernstock, Joachim/Langner, Tobias (Hgg.), *Corporate Brand Management. Marken als Anker strategischer Führung von Unternehmen*. Wiesbaden: Gabler, 251-271.

KEUCHEL, Susanne (2005): Das Kulturpublikum zwischen Kontinuität und Wandel–Empirische Perspektiven. – In: Institut für Kulturpolitik der Kulturpolitischen Gesellschaft (Hg.), *Jahrbuch für Kulturpolitik*. Bd. 5: Kulturpublikum. Essen: Klartext, 111-126.

KIRCHBERG, Volker (2004): Lebensstil und Rationalität als Erklärung des Museumsbesuches. – In: Kecskes, Robert et al. (Hgg.), *Angewandte Soziologie*. Wiesbaden: VS Verlag für Sozialwissenschaften, 309-328.

KIRSCH, Werner (^{2}1996): Wegweiser zur Konstruktion einer evolutionären Theorie der strategischen Führung. Kapitel eines Theorieprojekts. – In: *Münchner Schriften zur angewandten Führungslehre*. München: Kirsch Herrsching.

KLEIN, Armin (^{2}2005): *Kultur-Marketing. Das Marketingkonzept für Kulturbetriebe*. München: dtv.

KOLB, Bonita M. (2000): *Marketing Cultural Organisations. New Strategies for Attracting Audiences to Classical Music, Dance, Museums, Theatre and Opera*. Dublin: Oak Tree Press.

KÖPLER, Bernd-Holger (2004): *Marketing für Kunstausstellungen. Grundlagen, Erfolgsfaktoren, Handlungsempfehlungen*. Wiesbaden: Deutscher Universitätsverlag.

KOTLER, Philip/ANDREASEN, Alan (^{6}1996): *Strategic Marketing for Nonprofit Organisations*. Upper Saddle River, NJ: Pearson Prentice Hall.

KOTLER, Neil/KOTLER, Philip (1998): *Museum strategy and marketing. Designing Missions, Building Audiences, Generating Revenue and Resources*. San Francisco: Jossey-Bass.

KÖHLER, Richard (^{2}2004): Entwicklungstendenzen des Markenwesens aus Sicht der Wissenschaft. – In: Bruhn, Manfred (Hg.), *Handbuch Markenführung*. Wiesbaden: Gabler, 2765-2798.

KRAMER, Dieter (1996): Wozu eigentlich Museen? Museen als Institutionen kultureller Öffentlichkeit. – In: Zimmer, Annette (Hg.), *Das Museum als Nonprofit-Organisation. Management und Marketing*. Frankfurt/M., New York: Campus Verlag, 23-38.

KRAMER, Dieter (2001): Museumswesen. – In: Brednich, Rolf W. (Hg.), *Grundriß der Volkskunde. Einführung in die Forschungsfelder der Europäischen Ethnologie*. Berlin: Reimer, 661-683.

KREUTZBERG, Joachim (2000): *Qualitätsmanagement auf dem Prüfstand. Analyse des Qualitätsmanagements von Informationssystemen*. Diss. Zürich: Universität Zürich.

MEFFERT, Heribert/BURMANN, Christoph/KOERS, Martin (2002): Stellenwert und Gegenstand des Markenmanagement. – In: Dies. (Hgg.), *Markenmanagement. Grundfragen der identitätsorientierten Markenführung. Mit Best Practice-Fallstudien*. Wiesbaden: Gabler, 3-17.

MELLEROWICZ, Konrad (²1963): *Markenartikel. Die ökonomischen Gesetze ihrer Preisbildung und Preisbindung*. München et al.: Beck.

MERTENS, Donna M. (1998): *Research methods in education and psychology. Integrating diversity with quantitative and qualitative approaches*. Thousand Oaks et al.: Sage.

MEYER, Anton/BLÜMELHUBER, Christian (²2004): Markenprofilierung durch Services. – In: Bruhn, Manfred (Hg.), *Handbuch Markenführung*. Bd. 2. Wiesbaden: Gabler, 1631-1646.

OPASCHOWSKI, Horst W. (2005): Die kulturelle Spaltung der Gesellschaft. – In: Institut für Kulturpolitik der kulturpolitischen Gesellschaft (Hg.), *Jahrbuch für Kulturpolitik*. Bd. 5: Kulturpublikum. Essen: Klartext, 211-215.

PROKOP, Josephine (2003): *Museen – Kulturschöpfer und ihre Markenidentität*. Diss. Wuppertal: Universität Wuppertal.

REICHER, Walter A. (1988): *Funktionen des Managements in Kunstmuseen*. Diss. Wirtschaftsuniversität Wien: VWGÖ.

SCHAULE-LOHE, Susanne (1995): Müssen Museen ihren Blickwinkel erweitern? – In: Bendixen, Peter (Hg.), *Handbuch-Kulturmanagement. Die Kunst, Kultur zu ermöglichen*. Stuttgart: Raabe, 1-25.

SCHUCK-WERSIG, Petra/WERSIG, Gernot (1999): *Museumsmarketing in den USA. Neue Tendenzen und Erscheinungsformen*. Opladen: Leske + Budrich.

SCHWARZ, Peter (1993): Stichwort: Nonprofit-Management. – In: *Gablers Wirtschaftslexikon*. Wiesbaden: Gabler, 2410-2420.

SEGHEZZI, Hans Dieter (1994): *Qualitätsmanagement. Ansatz eines St. Galler Konzepts. Integriertes Qualitätsmanagement*. Stuttgart: Schäffer-Poeschel.

SIEGERT, Gabriele (2005): Medienmarken als Link zwischen Qualität und Profit. – In: Hellmann, Kai-Uwe/Pichler, Rüdiger (Hgg.), *Ausweitung der Markenzone. Interdisziplinäre Zugänge zur Erforschung des Markenwesens*. Wiesbaden: VS, 81-99.

STOCKMANN, Reinhard (2006): *Evaluation und Qualitätsentwicklung. Eine Grundlage für wirkungsorientiertes Qualitätsmanagement*. Münster et al.: Waxmann.

TERLUTTER, Ralf (2000): *Lebensstilorientiertes Kulturmarketing*. Wiesbaden: Deutscher Universitätsverlag.

WALLACE, Margot A. (2006): *Museum Branding. How to Create and Maintain Image, Loyalty, and Support*. Oxon: Altamira Press.

ZIMMER, Annette (1996): Museen zwischen Markt und Staat. – In: Ders. (Hg.), *Das Museum als Nonprofit-Organisation*. Frankfurt/M. et al.: Campus Verlag, 9-22.

Internetquellen

www.mqw.at/kontakt.htm

www.bayerisches-nationalmuseum.de/Win/b.htm

Zur Typologisierung des Bildenden Künstlers als Marke

Sebastian Steinert

1. Einleitendes

Die Gründe für die Entscheidung, sich professionell einer selbstständigen Künstlertätigkeit zu verschreiben, sind vielfältig. Sicherlich spielen neben pekuniären Interessen auch der attribuierte soziale Status des Künstlers eine eminente Rolle, gilt er doch, wie Ruppert treffend konstatiert, als „die Personifizierung des ‚schöpferischen Menschen', der kreativen Individualität und der exponierten Subjektivität", wobei

> kaum ein Beruf mehr von Mythen umwoben und mit einem vergleichbar hohen Prestige ausgestattet [ist]. (RUPPERT 1998: 11)

Stellt man sich jedoch der harten Realität, ist der Traum von Ruhm und Geld schnell ausgeträumt, denn nur knapp 1% der Bildenden Künstler gehört zu den Großverdienern wie zum Beispiel Pablo Picasso, dessen Werk *Junge mit Pfeife* mit einem posthum erzielten Verkaufswert von 104 Mio. U.S. Dollar lange als das teuerste Gemälde weltweit galt, bis es dann durch Gustav Klimts *Adele Bloch-Bauer* und schließlich jüngst von Jackson Pollocks *No. 5*, letzteres mit einem Verkaufspreis von 140 Mio. U.S. Dollar, abgelöst wurde (vgl. www.manager-magazin.de, 3. November 2006). Das Gros der Bildenden Künstler, nämlich weit über 80% von ihnen, kann hingegen von der Kunst nur kläglich existieren und weist ein jährliches Einkommen von etwa 15.000 Euro auf (vgl. Haak und Schmidt zitiert in: WEINHOLD 2005: 20). Diese alarmierende Zahl illustriert auf's Deutlichste, dass der gegenwärtige Kunstmarkt hart umkämpft ist und dass es nur wenigen vorbehalten scheint, mittels ihrer Kunst finanziell zu überleben. Der immer wieder viel zitierte ‚information overload' macht auch vor dem Kunstbereich nicht halt, so dass angesichts des visuellen Reizüberflusses das Generieren von Aufmerksamkeit zu einer probaten Leitwährung für all diejenigen wird, die im Betriebssystem Kunst erfolgreich agieren wollen.[1] Neben skandalträchtigen Kunstaktionen scheint die Entwicklung einer eigenen Marke und damit einhergehend das Selbstverständnis des Künstlers als sein eigener Kunst-Unternehmer mit die gewinnbringendste Strategie im Kampf um die Ressource ‚Aufmerksamkeit' zu sein. Dass sich Künstler selbst vermarkten müssen, um erfolgreich zu sein, ist allerdings nicht ein erst mit der Postmoderne einsetzendes Phänomen, wie es beispielsweise Weinhold den Leser glauben lässt, wenn sie meines Erachtens etwas zu plakativ von einem „Rollenwandel des Künstlers" auf dem heutigen Kunstmarkt spricht und damit den Künstler als Ereignisproduzent, Konsument und Star meint (WEINHOLD 2005: 139).

---

[1] Darunter werden alle Agenten und Faktoren subsumiert, die an der Produktion, Distribution und Rezeption von Kunst beteiligt sind wie unter anderem Museen, Galerien, KünstlerInnen, SammlerInnen, Kunstmarkt (WULFFEN 1994).

So kennt die Kunstgeschichte spätestens seit der Nobilitierung der Bildenden Künste im Zeitalter der Renaissance von einer ars mechanica zu einer ars liberalis eine Unmenge an Beispielen, in denen sich eine Vielzahl von Künstlern finden lassen, die neue Wege auch bezüglich ihrer Selbstvermarktung beschritten haben: Man denke in diesem Zusammenhang beispielsweise bereits an die Bemühungen Albrecht Dürers auf dem Gebiet der Druckgraphik, die retrospektiv als erfolgreicher Versuch interpretiert werden können, diesem Medium aufgrund seiner immanenten Vervielfältigungsmöglichkeiten zu seiner Bedeutung als „moderne Bilderware" unter kommerziellen Vorzeichen verholfen zu haben (REBEL 2000: 30). Was allerdings neu ist, sind die Begrifflichkeiten, mit denen sich heutzutage die Vermarktungsstrategien verbalisieren und in einem globaleren Kontext betrachten lassen: So ist das ‚moderne' Marketing mit seiner spezifisch marktgerichteten Denkweise und seinen Fachtermini eine verhältnismäßig junge Disziplin, die durch die Entwicklung der vier P's (Product, Place, Price und Promotion) durch McCarthy Ende der 1960er Jahre erst konstituiert wurde genauso wie durch das Konstrukt der Marke, welches als solches seit 1894 durch das erste reichsweit geltende „Gesetz zum Schutz der Warenbezeichnung" existiert (HELLMANN 2003: 11). Diese Operationalisierungsmöglichkeiten erlauben es nun, allgemein verbindlichere Aussagen zu formulieren und den Künstlern Leitkonzepte an die Hand zu geben, mit deren Hilfe sie strategischer in ihrem Umfeld agieren können, damit sich im günstigsten Fall künstlerischer Erfolg einstellen kann. Wie also lässt sich der Künstler als Marke aufbauen und was ist überhaupt darunter zu verstehen?

2. Der Bildende Künstler als Marke
Wenn man von der Marke spricht, scheint dies zunächst irreführend zu sein. Denn es ist Vorsicht geboten, verbergen sich hinter dieser Begrifflichkeit doch verschiedenartige Vorstellungen und Definitionen, je nachdem welches Markenverständnis zugrunde liegt (MEFFERT/BURMANN/KOERS 2005: 20ff.). Bei dem Konzept, das häufig bei der Beschreibung des Menschen und seiner Leistungen als Marke von Autoren wie Herbst ins Feld geführt wird, handelt es sich um die identitätsorientierte Markenführung, und das unter anderem deswegen, weil dieser Ansatz konzeptuell auf einer Parallele zwischen der Marke und der Persönlichkeit von Menschen basiert, wird die Marke hierbei doch ähnlich wie die Persönlichkeit eines Menschen mittels spezifischer Charakteristika beschrieben, welche diese von anderen differenzieren (HERBST 2003; 2005: 99-118). Ziel der identitätsorientierten Markenführung ist es, eine autonome Markenidentität zu generieren, welche sich in einer widerspruchsfreien, geschlossenen Ganzheit von Leistungsmerkmalen artikuliert, um eine bestimmte Marke dann von anderen langfristig zu unterscheiden. Die Marke lässt sich in diesem Zusammenhang als ein Nutzenbündel verstehen, dem spezifische Charakteristika zur Bedürfnisbefriedigung immanent sind, oder wie es in einschlägiger Literatur zur identitätsorientierten Markenführung heißt:

Eine Marke ist

ein Nutzenbündel mit spezifischen Merkmalen, die dafür sorgen, dass sich dieses Nutzenbündel gegenüber anderen Nutzenbündeln, welche dieselben Basisbedürfnisse erfüllen, aus Sicht relevanter Zielgruppen nachhaltig differenziert. (BURMANN/BLINDA/NITSCHKE 2003: 3)

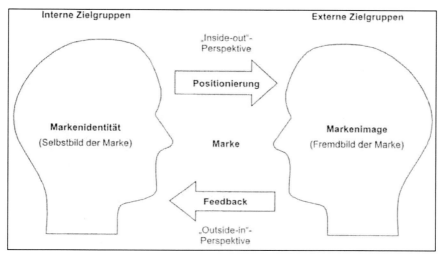

Abb. 1: Grundidee des identitätsorientierten Markenmanagements (nach MEFFERT et al. 2005: 53)

Dabei konstituiert sich die Marke über eine längere Periode und ist direktes Ergebnis der Interdependenzen von marktorientierten Handlungen des Herstellers der Marke und der Rezeption dieser Handlungen durch den Konsumenten, welche schließlich das Fremdbild der Marke, das heißt das Markenimage, bedingt. Ohne detaillierter auf die einzelnen Parameter an dieser Stelle einzugehen (MEFFERT/BURMANN/KOERS 2005), lässt sich resümierend konstatieren, dass bei der identitätsorientierten Markenführung die Interdependenz von Markenimage, also der externen Sichtweise, und der Identität der Marke, also der internen Sichtweise, im Zentrum der Betrachtung steht, und dies mit der Intention geschieht, alle markenbezogenen Aktivitäten über die Funktions- und Unternehmensgrenzen hinweg greifend zu verbinden. Gerade diese intern sowie extern orientierte Wechselseitigkeit zeichnet den Ansatz vor anderen aus und ist bei der Diskussion um den Bildenden Künstler als Marke besonders zweckdienlich. Wenn nun im Folgenden der Bildende Künstler als Marke thematisiert werden soll, gilt es grundsätzlich zu klären, was unter dieser Sichtweise zu verstehen ist: Um sich als Marke erfolgreich zu positionieren, muss der Künstler als Protagonist ein einzigartiges, durch ihn markiertes Produkt kreieren, welches als bereits ausgewiesenes Nutzenbündel polyseme Funktionen für den Konsumenten konnotiert, und er muss sich spezifischer Strategien der Selbstvermarktung bedienen, mittels derer er sich bei den für ihn relevanten Öffentlichkeiten nachhaltig etablieren kann. Aufgrund dieser durch den Künstler vorgenommenen Positionierung kommt seine Individualität als zentraler Bestandteil mit ins Spiel, lässt sich doch gerade das Kunstwerk aufgrund seiner Singularität als gelebte und erlebte Materialisierungsform von seinem Produzenten gar nicht trennen. Aus diesem Grund ist es ersichtlich, warum gerade ein einzigartiges Image für den Künstler, welches unter anderem durch sein visuelles Erscheinungsbild, seine Kommunikation und seine Verhalten bedingt wird, so wichtig ist. Denn das personengebundene Image färbt auf die Kunstwerke ab und umgekehrt. Die Möglichkeiten, ein einzigartiges Produkt und ein einzigartiges Image zu entwickeln, können unter Zuhilfenahme des Marketing-Managementprozesses transparent gemacht werden. In diesem Zusammenhang soll zunächst auf das Konzept der Corporate Identity (CI) eingegangen und anschließend die operative Phase des Marketing-Managementprozesses, der Marketing-Mix, näher betrachtet werden.

2.1. Gestaltung des Künstler-Images anhand des Corporate Identity-Managementprozesses

Die bereits als prekär ausgewiesene Situation auf dem Kunstmarkt wird zudem durch den Umstand verschärft, dass ein Großteil der Käufer nicht nur allein nach Kunst nachfragt, sondern auch daran interessiert ist, wer ein bestimmtes Werk produziert hat und anbietet. Für den erfolgreich agierenden Künstler-Unternehmer ist es daher besonders essentiell, für sich ein unverwechselbares Image zu kreieren, das sich durch das Corporate-Identity-Management gestaltet, weshalb die CI für den Bildenden Künstler ein überlebensnotwendiges Professionalitätskriterium wird (WEINHOLD 2005: 190). Ursprünglich als die Art und Weise der Selbstdarstellung eines Unternehmens verstanden, gilt es im Zusammenhang mit dem Aufbau des Images eines Menschen als das zentrale Instrumentarium, da es Antworten auf die Fragen: „Wer bin ich? Was kann ich? Was will ich? Wer bin ich in den Augen anderer? Wer will ich in den Augen anderer sein?" (HERBST 2003: 20) liefert.[2] Die Beantwortung dieser Fragen ist notwendig,

---

2 Bei einer Bewertung von Herbsts Ansatz des Identitätsmanagements (HERBST 2003; 2005: 114) fällt auf, dass sein Konzept im Theoretischen besonders nachvollziehbar gestaltet ist. Er orientiert stark an der identitätsorientierten Markenführung, was ihm gut und argumentativ einleuchtend gelingt, und er bietet darüber hinaus mit seinem Modell einen in der Praxis relevanten Ansatz, der sich im Allgemeinen anwenden lässt. Gleichzeitig sind seine generalisierenden Aussagen aber auch der Schwachpunkt in seiner Argumentation. Denn die auf den Menschen als Marke jeweils notwendige individuelle Perspektive scheint in seinen Ausführungen negiert zu werden. So stellt er beispielsweise zu wenig heraus, dass für unterschiedliche Personenkreise auch unterschiedliche Voraussetzungen existieren, die bei der Imagegenese, insbesondere bei der praktischen Umsetzung, mitberücksichtigt werden müssen, während er in diesem Zusammenhang die konkrete Realisierung des Imageaufbaus mit Hilfe des Marketing-Mixes vollkommen missachtet. Dies ist aber insofern notwendig, als die einzelnen Politiken des Marketing-Mixes neben den bereits oben genannten Steuerungsinstrumenten seit dem funktionsorientierten Ansatz Mitte der 1960er Jahre zum festen Aufgabenspektrum von Markenführung dazugehören (MEFFERT/BURMANN/KOERS 2005: 25). Und auch bei näherem Hinsehen erscheint es als logisch zwingend, dass sich zum Beispiel ein Bildender Künstler auf dem Kunstmarkt in der praktischen Entwicklung seiner Persönlichkeit als Marke mit anderen Aporien und Herausforderungen konfrontiert sieht wie beispielsweise ein Politiker auf dem öffentlichen Meinungsmarkt oder ein Hochleistungssportler im Sportbereich. Um die Imageentwicklung einzelner Personen aus verschiedenen Berufsgruppen ad-

damit so die Bezugsgruppen den Künstler-Unternehmer besser von der Konkurrenz unterscheiden und ihm unvermittelt spezifische Eigenschaften zuordnen können. Wie kann der Bildende Künstler also eine für sich adäquate CI kreieren? Dem Image-Management liegt, wie dem gesamten Marketing-Management-Prozess auch, ein Leitbild zugrunde, so dass sich der Künstler-Unternehmer in einem ersten Schritt über seinen spezifischen Unternehmenszweck klar werden muss. Diese Eigenanalyse sollte in einem aussagekräftigen Motto verbalisiert werden, wie es beispielsweise die mexikanische Künstlerin Frida Kahlo unternahm, wenn sie von ihrer Malerei behauptete: „Meine Malerei enthält alle meine Schmerzen... Sie hat bei mir zu Ende geführt, was das Leben unvollendet ließ." (HERRERA 1998: 130), und gleichzeitig damit andeutete, dass das Movens ihrer künstlerischen Produktivität ihr persönliches, durch zahlreiche Krankheiten verursachte Leiden darstellt, welches sie schließlich durch ihre malerische Tätigkeit zu kompensieren versuchte. Die Formulierung eines Mission Statements gibt somit dem Künstler-Unternehmer die Möglichkeit, über sich selbst zu reflektieren, und er kann in diesem Zuge darüber Aufschluss gewinnen, was das Besondere im Sinne eines Alleinstellungsmerkmals bezüglich seiner eigenen Künstlerpersönlichkeit und seiner Kunst darstellen soll. Des Weiteren leistet es ihm eine Orientierungshilfe, mit welchem inhaltlichen Fokus die Einzelaspekte der CI, das Corporate Design, die Corporate Communication wie auch das Corporate Behaviour, auszurichten sind. Bezogen auf den Bildenden Künstler bedeutet das Corporate Design sein äußeres Erscheinungsbild als Künstler-Unternehmer: Das Logo im Sinne der Markierung sowie konkrete Markenzeichen als äußere Attribute seiner Persönlichkeit lassen sich unter anderem darunter subsumieren. Im Falle des Logos, mit dem das geschaffene Produkt als individuell zum Künstler zugehörig markiert wird, ist es in der Regel gängige Praxis, den eigenen Künstlernamen als Wortmarke zu verwenden, wobei es sich bei Künstlernamen nicht zwangsläufig um den genuinen Geburtsnamen handeln muss, wie es zum Beispiel die surrealistische Photographin Claude Cahun vor Augen führt, die ursprünglich Lucy Schwob hieß und sich dieses Pseudonym gab, weil es in Einklang mit ihrer Intention als Künstlerin stand, stereotype Geschlechterzuschreibungen zu subvertieren, ist doch Claude in der französischen Sprache als männlicher sowie weiblicher Name gleichermaßen gebräuchlich. Wichtig bei der Wahl des Künstlernamens ist, dass bereits durch ihn eine Einzigartigkeit kommuniziert wird und er sich gut einprägen lässt. Dem sollte der Künstler Rechnung tragen, wie zum Beispiel Picasso dies tat, der zunächst zahlreiche Namen und Unterschriften erprobte, um dann zur finalen Markierung „Picasso" zu gelangen, die er erstmals in einem Selbstbildnis von 1901 mit dem lakonischen Titel *Yo* anwendete, was als ein Akt vollkommen autonomer und emanzipierter Autorenschaft interpretiert werden kann. Auf die Frage, warum er schließlich den Namen seiner Mutter angenommen habe, antwortete er scharfsinnig:

äquater theoretisierbar zu machen, gilt es auch, diese Differenzen zu explizieren.

Schon meine Freunde in Barcelona haben mich so genannt. Picasso klingt fremdartiger, klangvoller als Ruiz. Wahrscheinlich habe ich ihn aus diesem Grund gewählt. Wissen Sie, was mir an diesem Namen gefallen hat? Das Doppel-s, das im Spanischen eigentlich ungewöhnlich ist. Der Name Picasso ist italienischen Ursprungs und der Name, den man trägt, hat eine Bedeutung. (Picasso zitiert in: GLOZER 1988: 12)

Mit dieser etymologisch-morphologischen Sezierung des eigenen Namens antizipiert Picasso auf intuitive Weise das, was später vom Markenmanagement postuliert wird. So verweist Esch im Zusammenhang mit der Entwicklung wirksamer Markennamen u. a. darauf, dass es wichtig ist, assoziationsreiche Markennamen auszuwählen (ESCH 2005: 188): Ein A oder O in Worten evoziert beispielsweise beim Rezipienten Gedanken an große Objekte. Begriffe mit harten Konsonanten stehen eher für Assoziationen wie Männlichkeit, Überlegenheit und Dynamik – Eigenschaften, die das Publikum auch im Allgemeinen mit Picasso und seinem künstlerischen Produkt verbindet. Neben diesen praktizierten Strategien gibt es noch weitere bei der Wahl eines geeigneten Künstlernamens, wie zum Beispiel die Amerikanisierung des Namens (Markus Roskowitz – Mark Rothko) oder auch die Verkürzung eines Namens (Catherine Marie-Agnés Fal de Saint Phalle – Niki de Saint Phalle) und viele mehr (vgl. auch WEINHOLD 2005: 192f).

Das Erscheinungsbild eines Künstlers bestimmt sich aber nicht nur durch die Wahl eines markanten Namens allein, sondern kann auch maßgeblich durch charakteristische optische Markenzeichen mitgestaltet werden. Auffallende äußere Markenzeichen bieten dem Künstler, wie der individuell gewählte Name, den Vorteil, dass sein Auftreten den externen Bezugsgruppen besser im Gedächtnis verhaftet bleibt und er größere Aufmerksamkeit generiert. Meines Erachtens lassen sich vier wesentliche Taktiken ausweisen, mit denen Künstler auf ihr äußeres Erscheinungsbild nachhaltig Einfluss ausüben können: 1. die Wahl spezifischer Accessoires wie beispielsweise bei Frida Kahlo u. a. die auffälligen präkolumbischen Ringe und ihr (Haar-)Schmuck, womit die Künstlerin ihre mexikanische Gesinnung zum Ausdruck bringen wollte; 2. das Wiederverwenden besonderer Kleidungstücke wie zum Beispiel bei Joseph Beuys der charakteristische Hut; 3. eine exzentrische Gestaltung bzw. Betonung körperlicher Attribute wie im Falle Warhols seine Struwwelpeterfrisur und schließlich 4. der uniformierte Auftritt als Künstlerpaar wie es beispielsweise Eva & Adele unternehmen, die aufwendig geschminkt und aufeinander abgestimmt angezogen stets nur zusammen in der Öffentlichkeit agieren.

Als weiteres wichtiges Instrument im Zusammenhang mit der Image-Genese steht die Corporate Communication. Hier geht es um die Wahl von für den Künstler-Unternehmer geeigneten Kommunikationskanälen sowie Kommunikationsinstrumenten: Werbung, Öffentlichkeitsarbeit und verkaufsfördernde Maßnahmen sind dazu die am häufigsten zum Einsatz kommenden Hilfsmittel. Da hier eine Überschneidung zur Kommunikationspolitik im Marketing-Mix vorliegt, werden sie im nächsten Unterpunkt näher vorgestellt. Es kann jedoch bereits vorweggenommen werden, dass die intendierten Botschaften stets regel-

mäßig, einheitlich, einfach und geschlossen auf den verschiedenen Kanälen zu kommunizieren sind und mit dem Leitbild konform sein müssen.
Der letzte Punkt, der im Zusammenhang mit der Corporate Identity an dieser Stelle zu thematisieren ist, bezieht sich auf das Verhalten der Künstler-Unternehmenspersönlichkeit, d. h. auf das Corporate Behaviour. Denn es ist wichtig für den Künstler, möchte er seine Position am Markt etablieren, dass er sein unternehmerisches Handeln von Beginn an reflektiert. Dabei gestaltet sich sein Verhalten intern als auch extern, beispielsweise im Umgang mit den eigenen Mitarbeitern sowie den Künstlerkollegen bzw. im Handeln gegenüber Marktpartnern wie zum Beispiel Käufern, Galeristen und Museen. Aber auch in seinen persönlichen sozialen oder politischen Einstellungen und Handlungsweisen kann sich das Corporate Behaviour artikulieren. Besonders anfänglich ist es notwendig, dass der Künstler-Unternehmer ein schlüssiges und ‚widerspruchsfreies' Verhalten an den Tag legt, denn langfristiger Erfolg lässt sich nur etablieren, wenn zunächst Vertrauen zwischen dem Künstler und den für ihn relevanten Teilöffentlichkeiten wie zum Beispiel Galeristen besteht. Vertrauen bildet demnach die Basis für eine dauerhafte Ausgestaltung der Beziehungen zu den Bezugsgruppen. Dabei existiert es nicht a priori, sondern muss erst aufgebaut werden.
Zusammenfassend lässt sich sagen, dass die einzelnen CI-Elemente aufeinander abgestimmt werden müssen, denn das Ganze ist mehr als die Summe seiner Teile. Erst dann kann der Künstler-Unternehmer ein für sich einzigartiges Image etablieren, welches die immer wieder postulierten Image-Funktionen wie Identifizierung, Differenzierung und Profilierung der eigenen Persönlichkeit und Leistung erfüllt, wie Herbst angibt, wenn er schreibt, dass die Imagepolitik die Aufgabe besitzt, „dem Meinungsgegenstand [dem Menschen] Persönlichkeit zu verleihen und ihn in den Vorstellungen der Zielgruppen bedarfsgerecht zu profilieren" (HERBST 2003: 82). Ein einzigartiges Image aufzubauen reicht allerdings noch nicht aus, wenn sich der Künstler als Marke etablieren möchte. Denn es gilt auch, sein eigenes Image und das damit eng verbundene künstlerische Produkt strategisch zu vermarkten. Diese Funktion wird vom Marketing-Managementprozess und dabei insbesondere vom Marketing-Mix erfüllt.

2.2. Konkrete Umsetzung der Selbstvermarktung mittels Marketing-Mix

Autoren wie Klein explizieren den Marketing-Managementprozess in konkreter Referenz zum kulturellen Bereich, wenn auch weniger auf Menschen, sondern vielmehr auf Institutionen angewandt (KLEIN 2005: 87ff). Dabei handelt es sich um einen theoretischen Entwurf mit allgemeiner Gültigkeit. Er ist daher gut für den Einzelfall modifizierbar. In Anlehnung an Klein, aber auch in gleichzeitiger Abgrenzung dazu, lässt sich der Bildende Künstler ebenfalls darunter subsumieren und wird somit als ‚Konstrukt' beschreibbar. Vorteilhaft ist eine Orientierung am Marketing-Managementprozess im weiteren Verlauf auch insofern, als er im Sinne des strategischen Managements eine die gesamte Unternehmung umfassende und einbeziehende Sichtweise bedeutet. Dies hat die Konsequenz, dass der Künstler-Unternehmer und seine Leistungen nicht losgelöst, sondern eingebunden in ein für den Künstler individuell charakteristisches Umfeld begriffen und interpretiert werden können. In Anlehnung an den Tagungsbeitrag soll im Folgenden hier nur auf die Produkt- und Kommunikationspolitik des Marketing-Mixes eingegangen werden, also auf jene Teilinstrumente der operativen Phase des Marketing-Managementprozesses, mit denen der Künstler-Unternehmer Einfluss auf den Markt ausüben und sich selbst vermarkten kann. Die Fokussierung auf die Produkt- und Kommunikationspolitik wird des Weiteren dadurch legitimiert, dass der Erfolg des Aufbaus und der Vermarktung einer Marke durch zwei wesentliche Komponenten determiniert wird: 1. durch den Beitrag des Branding, also der Markierung, selbst, d. h. durch ein konkret mit Markennamen und Markenzeichen ausgewiesenes Produkt (Produktpolitik), sowie 2. durch den Beitrag der Kommunikation, mit dessen Hilfe es Einzug in die diskursive Praxis erhält (Kommunikationspolitik) (vgl. den Exkurs zum „magischen Branding-Dreieck" bei ESCH 2005: 181).

2.2.1. Produktpolitik des Bildenden Künstlers

Kunstwerke im Zusammenhang mit der Produktpolitik profan als Produkte zu qualifizieren und ihnen somit einen Warenstatus einzubeschreiben geschieht hier nicht mit der Intention, die Kunst zu entmystifizieren und ihr jenen Mehrwert abzusprechen, der sich ohnehin semantisch nicht in einer Definition dessen, was Kunst eigentlich ausmacht, erschöpft. Vielmehr soll mit dieser Blickrichtung ein Perspektivwechsel eingeleitet werden, den Kunsthistoriker allzu oft nur eingeschränkt vorzunehmen bereit sind: die Kunst nicht nur als ein sakrosanktes Gut zu sehen, sondern sie zudem als Ware zu begreifen, welche vom Künstler auch aus einer Verkaufsabsicht heraus geschaffen wird. Die Betriebswirtschaftslehre argumentiert in diesem Kontext ziemlich nüchtern, wenn sie behauptet, dass alles, was einen Wunsch oder ein Bedürfnis erfüllt und sich vermarkten lässt, ein Produkt ist:

Ein Produkt ist, was einem Markt angeboten werden kann, um es zu betrachten und zu beachten, zu erwerben, zu gebrauchen oder zu verbrauchen und somit einen Wunsch oder ein Bedürfnis zu erfüllen. (KOTLER 2001: 716)

Dass Kunstwerke ebenfalls spezifische Bedürfnisse für den Konsumenten befriedigen, wenn man sie in Anlehnung an die identitätsorientierte Markenführung als mehrdimensionales Nutzenbündel begreift, darüber sollte sich der Künstler-Unternehmer im Vorfeld seines Schaffens im Klaren sein. So lassen sich die Bedürfnisse und Motive, welche die Konsumenten schließlich motivieren, nach Kunst nachzufragen, zunächst grob in ökonomische und nicht-ökonomische Motive differenzieren (WEINHOLD 2005: 87ff). Den ökonomischen Motiven liegen dabei primär Investitions- und Spekulationsabsichten zugrunde, welche in Kunstwerken vor allem lukrative Geldanlagemöglichkeiten sehen. Die nicht-ökonomischen Bedürfnisse hingegen sind hauptsächlich psychologisch und soziologisch determiniert. In ihrem Zusammenhang sind unter anderem Geltungs- und Prestigebedürfnisse genauso zu nennen wie das Anschlussmotiv, also der Wunsch des Kunden, durch den Kauf eines Kunstwerks einer bestimmten gesellschaftlichen Gruppe zugeordnet zu werden und in den Augen anderer an sozialer Identität zu gewinnen. Möchte der Künstler daher ein in der Rezeption der Bezugsgruppen erfolgreiches Produkt erstellen, muss er sich diese und weitere mögliche Nutzenfunktionen von Kunst vor Augen führen und versuchen, ein Produkt anzubieten, das möglichst viele Bedürfnisse gleichzeitig befriedigt. Im Kontext mit dem Aufbau zu einer Marke lässt sich daher formulieren, dass gerade einzigartige, d. h. von einem spezifischen Künstler als unverwechselbar markierte Produkte am wahrscheinlichsten geeignet sind, dieses Markenversprechen einzulösen. So lässt sich das Kunstwerk als Marke im Sinne der postulierten Einzigartigkeit beispielsweise dadurch realisieren, dass der Künstler etwas noch nie Dagewesenes schafft. Dies kann sich in einem höchst individuellen Stil artikulieren genauso wie in einer neuartigen, charakteristisch immer wiederkehrenden Thematik, Farb- oder auch Formatwahl. Dabei sind der Phantasie keine Grenzen gesetzt: Man denke nur an die Driptechnik der Action-Paintings von Jackson Pollock, die monochrom blauen Gemälde Yves Kleins oder die eigenwillige Formatwahl der shaped canvases von Frank Stella. Zusammengefasst können folgende Fragen dem Künstler paradigmatisch Leitlinien an die Hand geben, ein unverwechselbares Produkt zu kreieren, u. a.:

- Was soll angeboten werden (Malerei, Skulptur, Installationen, Performances, Graphik etc.)?
- Was ist das Einzigartige an der Kunst im Sinne eines Alleinstellungsmerkmals und was unterscheidet das Angebot von der Konkurrenz?
- Für welche Bezugsgruppen ist das Angebot relevant und inwiefern passt es zu ihnen?
- Welche Kundenbedürfnisse vermag das Werk zu befriedigen?

2.2.2. Kommunikationspolitik des Bildenden Künstlers
Bezieht sich die Produktpolitik im Wesentlichen auf die marktadäquate Gestaltung der vom Künstler angebotenen Leistungen, ist es primäre Aufgabe der Kommunikationspolitik, zielgerichtet Informationen zum Zweck der Meinungs- und Verhaltenssteuerung zu lancieren. Denn ein Produkt kann noch so singulär sein, erst die Kommunikation darüber macht es wirklich einzigartig. In engem Zusammenhang mit der Kommunikationsstrategieplanung des Künstler-Unternehmers steht der Begriff des ‚Networking', welcher die Idee der Vernetzung impliziert und auf das Schaffen eines für sich geeigneten Umfelds rekurriert, um die eigene Karriere zu fördern. Für den Künstler-Unternehmer bedeutet dies, die Bekanntschaft mit für ihn wichtigen Schlüsselpersonen aus dem Betriebssystem Kunst zu suchen, die über ein hohes Beeinflussungs- und

Multiplikationspotential verfügen wie zum Beispiel Galeristen, Kunstkritiker oder Kunsthistoriker. Aber auch Künstlerkollegen mit wichtigen Beziehungen und Nachfrager wie bekannte Sammler gehören dazu. Networking basiert dabei in der Regel auf dem Prinzip der ‚Mund-zu-Mund-Propaganda', wobei, ist der Prozess einmal initiiert, er sich nahezu von selbst aufrechterhält. Schwierig ist es allerdings, jene für sich notwendigen ‚opinion leaders' zunächst zu gewinnen, sollte der Künstler-Unternehmer zuvor nicht über hinreichende Kontakte in die Kunstszene verfügen. Eine Strategie, dies leichter zu realisieren, kann darin bestehen, aktiv am Kunstleben teilzunehmen und regelmäßig möglichst jene Orte zu frequentieren, an denen viele Schlüsselpersonen auftreten. Dies können u. a. Vernissage-Veranstaltungen in Galerien oder Ausstellungseröffnungen in Museen oder Kunstvereinen sein genauso wie die Mitgliedschaft im musealen Freundeskreis. Der Künstler muss lernen, seine Kontakte durch ein professionelles Beziehungsmanagement zu gestalten, wozu ein „Datenbankaufbau, das Sammeln von Informationen über die Kontaktperson, das Verwalten von Gesprächsnotizen [und] auch das Erfassen von Vorgängen" zählt (WEINHOLD 2005: 229). Denn der Künstler-Unternehmer muss sich darüber im Klaren sein, dass erfolgreiches Networking kein zufälliges Resultat ist, sondern auf gezieltem und systematisch geplantem Vorgehen basiert. Sind ‚opinion leaders' gewonnen, gilt es anschließend, mit ihrer Hilfe die breitere Masse zu erreichen. Die für den Marketing-Mix klassischen Kommunikationsinstrumente sind vor allem Werbung, Öffentlichkeitsarbeit und verkaufsfördernde Maßnahmen, welche der Künstler unter der Berücksichtigung seiner eigenen Zielsetzung strategisch zum Einsatz bringen kann. Mögliche Werbe- beziehungsweise PR-Mittel können für ihn u. a. Künstlermappen, Kataloge, Künstlerfilme und -fotografien, selbst gestaltete Plakate oder auch Visitenkarten sein, des Weiteren Künstlergespräche und Selbstzeugnisse beispielsweise in Form von durch den Künstler kommunizierten Statements zu seiner Person und zu seinem Werk. Im Gegensatz zur Werbung und PR, deren Einsatz oftmals auf mittel- beziehungsweise langfristigen Erfolg abzielt und deren primäres Ziel es ist, den Konsumenten zu informieren, werden unter Verkaufsförderung all jene Aktionen subsumiert, die vor allem kurzfristig und unmittelbar die Motivation zum Kauf eines Produktes am so genannten ‚point of sale' anregen sollen. Im Falle des Künstler-Unternehmens sind dies zum Beispiel Besuchstage für das interessierte Publikum im Atelier des Künstlers oder auch von ihm selbst kuratierte Verkaufsausstellungen seiner Werke.[3] Der Kreativität sind dabei keine Grenzen gesetzt, wobei es oftmals nicht möglich ist, die einzelnen oben genannten Kommunikationsinstrumente klar voneinander abzugrenzen: Denn eine eigens kuratierte Ausstellung informiert ja beispielsweise immer gleichzeitig über den Künstler als Person

---

3 Kreative Anregungen für eigens von Künstlern kuratierte Ausstellungen lassen sich in der Kunstgeschichte zuhauf finden: Man denke beispielsweise an die durch Courbet 1855 kuratierte Werkpräsentation *Le Réalisme*, durch die der Künstler das ‚moderne' Ausstellungswesen begründete, oder an die spektakulären Werkschauen der Surrealisten. Zum modernen Ausstellungswesen vgl. BONNET (2004: 48ff.).

und sein Œuvre, genauso wie sie einen Akt von Öffentlichkeitsarbeit darstellt, gerade wenn der Künstler sie in seinem eigenen Atelier ausführt und dem Publikum somit Zutritt zur Stätte seines kreativen Schaffens gewährt.
Folgende Fragen können dem Künstler-Unternehmer als Anregung dienen, um möglichst effektiv und strategisch für sich und seine Kunst Kommunikation zu betreiben, u. a.:

- Wer sind die wichtigsten Zielgruppen?
- Welche Botschaften sind an die wichtigsten Zielgruppen zu kommunizieren und was soll durch die Kommunikation konkret erreicht werden?
- Mit welchen Instrumenten und auf welche Weise lassen sich die Zielgruppen am besten erreichen?
- Wie wirken die gewählten Kommunikationsinstrumente, und verläuft ihr Einsatz erfolgreich?

Als Meister der Kommunikation soll abschließend zur besseren Illustration Pablo Picasso angeführt werden, der es besonders verstand, sein Image als Künstler zu kommunizieren. Seine bekannte Äußerung „J'ai voulu être peintre et je suis devenu Picasso" (Picasso zitiert in DORLÉAC/MICHAËL 2002: 229) verweist in ihrer Qualität als sprachlicher Akt auf die grundlegende Bedeutung von Kommunikation, die gerade Picasso als Künstler für sich selbst zu nutzen wusste und mittels derer er erst zu dem wurde, was er nach eigenem Bekunden schließlich war: nicht *irgendein* Maler, sondern *der* Inbegriff des modernen Malers.[4] Diese Tatsache hat Picasso sehr früh internalisiert, wenn er bereits zu Beginn seiner Karriere zu sagen pflegte, dass später niemand das Bild sehen würde, sondern die Legende, die das Bild geschaffen habe (vgl. Picasso zitiert in STEIN 2003: 60). So nimmt es nicht Wunder, dass seine zahlreichen Äußerungen über sich selbst als Künstler zusammengenommen ausreichend Material für eine eigenständige Zitatsammlung geboten haben (PARMELIN 1967) und dass auch die Fülle an Literatur, mittels derer über ihn bereits zu Lebzeiten gesprochen wurde, unüberschaubar groß ist. Dass dermaßen viel über ihn kommuniziert wurde, muss in einem nicht zu unterschätzenden Maß auch auf seine eigenen Geschicke zurückgeführt werden, unterhielt Picasso doch freundschaftliche Beziehungen vor allem mit Literaten und Kritikern, die selbst wiederum bedeutende Protagonisten innerhalb ihres künstlerisches Feldes waren

---

4 Picassos Werk aus kulturmanagerialer Perspektive zu beleuchten ist bisher noch nicht in adäquater Weise erfolgt, wobei die Arbeit von Bernd Kreutz (2003) eine Ausnahme darstellt. Jedoch muss zu dieser Publikation kritisch angemerkt werden, dass es sich um eine wissenschaftlich nicht allzu seriöse Studie handelt, weil der Autor unscharf arbeitet. So unterlässt es Kreutz insgesamt, seine wesentlichen Arbeitsbegriffe wie jenen der ‚Marke' zu definieren, und ihre Übertragbarkeit auf Picasso wird gar nicht erst problematisiert, sondern a priori postuliert. Des Weiteren belegt Kreutz seine Äußerungen nicht mittels weiter verweisender Literaturangaben.

oder es zukünftig werden sollten wie Gertrude Stein, Max Jacob, André Salmon oder auch Guillaume Appollinaire. Er verstand es vorzüglich, für seine Belange Networking zu betreiben, um seine öffentliche Akzeptanz als Künstler positiv zu steuern. Neben der Strategie des effektiven Networkings bediente er sich aber auch auf meisterhafte Weise eines Mediums, welches bereits viele Künstler seit seiner Entwicklung als geeignetes Mittel der Imagegestaltung zu nutzen wussten, nämlich der Fotografie. Dass er im Zusammenhang mit seiner Kommunikationsplanung gerade diesem Medium und darin insbesondere dem Genre des Selbstporträts soviel Aufmerksamkeit schenkte, ist schon durch die der Fotografie immanenten Qualitäten erklärbar, gilt sie doch als Medium der Moderne par excellence (BENJAMIN 1996). Oder anders formuliert: Mit dem Rekurs auf das fotografische Selbstporträt vermochte Picasso seinen Status als Inbegriff des modernen Künstlers, der sich wiederum des modernen Mediums schlechthin bediente, besonders nachhaltig zu festigen, verhalf ihm schließlich die Fotografie aufgrund der technischen Möglichkeit, sie nahezu unendlich reproduzieren zu können, zu enormer Publizität. Fotografieren ließ er sich dabei nur von den bekanntesten Fotografen seiner Zeit wie Robert Cappa, Brassaï oder Man Ray, und es durften nur jene Abbildungen von ihm publiziert werden, welche er zuvor zur Veröffentlichung frei gegeben hatte. Möchte man schließlich das kommunikative Potential einer Fotografie erschließen, ist es sinnvoll, in Anlehnung an den erweiterten Zeichenbegriff der Semiotik Fotografien als Texte zu verstehen, welche ebenfalls einen genuinen Diskurs entfalten, der mittels spezifischer Hilfsmittel sich erschließen und verhandeln lässt (CLARKE 1997). So besitzen Fotografien aufgrund ihres attribuierten Textcharakters wie Sprache eine denotative und eine konnotative Ebene (CLARKE 1997: 30f.). Auf der denotativen Ebene zeigt das Gros der fotografischen Selbstporträts die Person Picassos mal als Ganzkörper- mal als Halbkörperporträt in unterschiedlichen Kameraeinstellungen und Interieurs abgelichtet. Auf konnotativer Ebene lässt sich hingegen ein den Fotos zugrunde liegender Subtext entschlüsseln, durch den sich Picasso in unterschiedlichen Rollen und in Anlehnung an den Geniebegriff inszeniert (zum Geniebegriff vgl. Ortland in BARCK 2001: 661-708). So rekurriert der Geniebegriff im weitesten Sinne auf das innovative Potential des Künstlers, welches sich in einer geheimnisvollen Erfindungsgabe, einem absolut autonomen Schöpfergeist und einer die Grenzen überschreitenden Einbildungskraft beziehungsweise Beigeisterungsfähigkeit artikuliert, wobei oft die Demarkationslinie zum Wahnsinn und anderen pathologischen Charakterzügen wie der Melancholie tangiert wird. Auch wird der Genius in einen engen Zusammenhang mit Zeugungskraft und Fruchtbarkeit gebracht, wobei auffällt, dass es im Verlauf des Geniediskurses nur Männer waren, denen dieser Status zugesprochen wurde. Viele dieser Facetten werden nun von Picasso in seinen Selbstporträts ebenfalls verhandelt. So existieren beispielsweise Fotografien, die einen melancholischen Picasso in Denkermanier zeigen wie zum Beispiel jene, auf der er seinen Kopf auf seinen linken Zeige- und Mittelfinger stützt, während sein Blick sinnierend in die Ferne schweift. Ferner gibt es Abbildungen, welche auf die männliche Potenz und die unbändige Schöpferkraft des Künstlers anspielen, indem Picasso beispielsweise in sehr selbstbewusster Haltung mit vor der Brust verschränkten Armen und nacktem Oberkörper vor der Kamera posiert. Oder es lassen sich Selbstporträts anführen, die einen verspielten und zum Schabernack aufgelegten Künstler präsentieren, der sich auch gerne mal mit dem Rezipienten auf ein ironisches ‚Katz-und-Maus-Spiel' einlässt, weil er erkannt hat, dass im Infantilen der wahre Schlüssel zur Kreativität liegt, wenn er sagt:

Was man für frühreife Genialität hält, ist die Genialität der Kindheit. [...] Man braucht viel Zeit, um jung zu werden. (Picasso zitiert in KEEL 1988: 113)

Abschließend sei auf ein Werk verwiesen, welches aus der Reihe der bisher erwähnten Fotos meines Erachtens heraus fällt, da man es als ein ‚Selbstbildnis ohne Selbst' qualifizieren kann und es im Zusammenhang mit der Kommunikationspolitik die Diskussion um einen zusätzlichen Aspekt, nämlich den des so genannten ‚Brand Icons', erweitert. Zu sehen ist eine Atelierszene, wobei es sich zunächst um ein typisches und nicht näher personalisiertes Künstleratelier handelt.

Abb. 2: André Villers, Atelier von Pablo Picasso (Fotografie nach DORLÉAC/MICHAËL 2002: 171)

Im Hintergrund befinden sich Malereiutensilien wie Leinwände oder Staffeleien und teilweise begonnene und teilweise abgeschlossene Kunstwerke. Im Mittel- und Vordergrund wird die Szenerie durch einen ins Zentrum gerückten Stuhl, auf dem sich eine Farbdose, eine Palette und mehrere Pinsel befinden, sowie weitere auf den Boden gestellte Farbdosen und benutzte Farblappen komplettiert. Auf den ersten Blick scheinen die Gegenstände nicht vorsätzlich platziert, sondern wie nach einem langen Arbeitstag irgendwo zufällig abgelegt worden zu sein. Was jedoch diesen Eindruck des Willkürlichen schließlich trügt, ist ein Motiv an der Wand, das an einer Art Holzgerüst im Hintergrund aufgehängt wurde und daher die gesamte Ateliersszene überragt. Es zeigt einen Stierkopf, welcher aufgrund seiner charakteristischen, in Picassomanier gemalten Einzigartigkeit direkt auf den Künstler verweist und die Szenerie als Picassos Atelier ausweist, was durch den Titel der Fotografie *Atelier de Pablo Picasso* bestätigt wird. Obwohl der Künstler nicht selbst als Person in der Fotografie anwesend ist, erhält er durch den raffiniert in Szene gesetzten Schädel eine indirekte Präsenz, gilt doch der Stier als ein in der Kunst Picassos immer wiederkehrendes Motiv, mit dem sich der Künstler zum einen identifizierte und zum anderen seinen spanischen Wurzeln Tribut zollte. In diesem Sinne fungiert der Stierkopf als ein ‚Brand Icon', das heißt als eine Art visuelles Schlüsselbild, welches für die Profilierung der Marke *Picasso* eine bedeutende Rolle spielt. Denn im Rahmen der Markenkommunikation wird es für die Nachfrager zu einem Ankerpunkt mit hoher Wiedererkennungskraft aufgebaut und stellt für sie schließlich die direkt erlebbare, visuelle Repräsentation der Marke dar (MEFFERT/BURMANN/KOERS 2005: 93ff).

3. Schlussbetrachtung und Ausblick

Der für diesen Aufsatz gewählte Titel *Zur Typologisierung des Bildenden Künstlers als Marke – ein kulturmanagerialer Beitrag* verweist auf meine diesem Beitrag anfänglich zugrunde gelegte Intention, nicht nur das Künstlersubjekt unter einer bisher negierten Fragestellung zu diskutieren, sondern auch den allgemeinen kunsthistorischen Diskurs durch einen originären kulturmanagerialen Beitrag zu erweitern. Denn gerade wenn es um die Theoretisierung des Bildenden Künstlers geht, scheinen Ansätze aus Nachbardisziplinen von der konventionellen Kunstgeschichte eher missachtet zu werden. Dies ist als eine grobe Vernachlässigung zu bewerten, birgt doch gerade die hier angewandte kulturmanageriale Sichtweise hinreichend Potential in sich, ein zur Zeit in der Kunstgeschichte aktuell diskutiertes Thema mit weiteren Aspekten zu beleuchten, nämlich die Frage, wer oder was eigentlich einen Künstler ausmacht (HELLMOLD/KAMPMANN u. a. 2003). So konstatiert beispielsweise Bonnet, dass die Auseinandersetzung mit dem Phänotypus des Künstlers bisher in der kunsthistorischen Forschung weitestgehend unberücksichtigt geblieben ist, und fordert daher zu Recht eine Aufarbeitung jener Leerstelle, mit der Begründung, dass bei einer besseren Kenntnis über die Künstlerrolle als psychologisches und soziales Konstrukt sich moderne und zeitgenössische Kunst in einer weiteren

Dimension neu erschließen ließe (BONNET 2004: 98ff). Aber nicht nur für die kunsthistorische Theoriebildung stellt die Frage nach dem Künstlersubjekt eine Bereicherung dar. Auch für das Kulturmanagement als verhältnismäßig junge „reflexive Collagendisziplin" (SIEBENHAAR 2002: 11), welche sich aus der Praxis zu behaupten und aus ihr heraus zu generieren hat, bedeutet sie auf einer meta-wissenschaftlichen Ebene einen Vorteil. Dennoch scheint es meiner Ansicht nach dem Kulturmanagement vor allem an einer eigenen Methodik zu fehlen, die zu entwickeln notwendig ist, möchte das Fach seinen von ihm postulierten Anspruch als universitäre Disziplin legitimiert wissen und sich zukünftig noch stärker im Hochschulbereich als Wissenschaft verankern. Ursprünglich in den 1980er Jahren als Studienfach an deutschen Universitäten als Antwort auf den damals verschärft einsetzenden Ökonomisierungsdruck und Professionalisierungsbedarf im Kulturbereich angeboten, ist die Attraktivität des Faches ungebrochen gestiegen, so dass bereits zwanzig Jahre später zur Jahrtausendwende insgesamt 83 Studiengänge und Qualifizierungsmaßnahmen auf diesem Gebiet registriert werden konnten (ebd.: 17). Dieser enorme Zuspruch von Seiten der Öffentlichkeit scheint ein hinreichender Grund dafür zu sein, warum die kulturmanageriale Disziplin noch mehr als bisher um eine akzentuiertere Konturierung ihrer eigenen Möglichkeiten, aber auch um Grenzen bemüht sein sollte. Und dass das Kulturmanagement andere Fachrichtungen und Diskurse wie zum Beispiel jenen um die Rolle des Künstlers inhaltlich unter Rekurs auf eine betriebswirtschaftliche Dimension nachhaltig stimulieren kann, ist bereits wissenschaftsimmanent begründbar, werden doch in seinem Kontext kulturwissenschaftliche – also auch kunstwissenschaftliche – Inhalte mit Verweis auf ökonomisch-betriebswirtschaftliche Fragestellungen interdisziplinär angegangen, welche von traditionellen Disziplinen wie der Kunstgeschichte bei der Betrachtung eher außen vor gelassen werden. Aus diesen Gründen schlage ich vor, das Fragespektrum im kunsthistorischen als auch kulturmanagerialen Diskurs um einen so genannten ‚kunstmanagerialen Ansatz' zu ergänzen, in dem die kunstwissenschaftliche Perspektive mit Ansätzen aus dem Kulturmanagement eine sinnvolle Symbiose eingeht. Mit der Betonung auf den Begriff kunstwissenschaftlich ist sogleich die Loslösung von der bisher tradierten Vorstellung des Faches Kunstgeschichte verbunden, welches zumindest im deutschsprachigen Diskurs noch immer verstärkt dem Historischen verhaftet geblieben ist und weniger das Postulat einer geforderten ‚New Art History' einzulösen imstande bereit war, d. h. die Forderung nach mehr Interdisziplinarität bzw. nach der Erneuerung des kunsthistorischen Methodeninventariums, um dadurch einen besseren Anschluss an andere Wissenschaftsdisziplinen zu gewährleisten.[5]

---

5 Die *New Art History* ist ein Sammelbegriff für alle Herangehensweisen innerhalb der Kunstgeschichte, die nicht mehr unter die ‚alte' Kunstgeschichte, verstanden als Material- oder Formanalyse beziehungsweise Ikonographie, zu subsumieren sind. Im englischen Sprachraum ist der Terminus erstmalig im Rahmen eines kunsthistorischen Symposiums am Middlesex Polytechnics 1982 verwendet worden. Zur Begriffsgeschichte sowie den begrifflichen Implikationen HALBERTSMA/ZIJLMANS (1995: 279-300). In Deutschland war es Hans

So mag es zum Beispiel nicht verwundern, dass in gängigen Einführungen ins Studium der Kunstgeschichte eine kunstmanageriale Perspektive, die sich explizit betriebswirtschaftlicher Methoden und Konstrukte bedient, um Arbeiten und Werke von Bildenden Künstlern zu erfassen, negiert wird (BAUMGARTNER 1998; BELTING/DILLY u. a. 2003). Natürlich bin ich mir auch darüber im Klaren, dass ein Teil der Aussagen zum Bildenden Künstler als Marke möglicherweise spekulativ anmutet und sie in ihrer Apodiktik relativiert werden müssen. Denn nicht nur stellt der Kunstmarkt, auf dem sich der Künstler-Unternehmer bewegt, mit seinen teilweise undurchschaubaren Dynamiken einen komplexen und mitunter schwierig greifbaren Untersuchungsgegenstand dar, sondern man würde auch den ‚Mehrwert' von Kunst, der sich oftmals nur schwer in Sprache adäquat abbilden lässt, vollkommen negieren, würde man dem Künstler in seinem kreativen Schaffen ausschließlich pekuniäre, strategische und erfolgsorientierte Interessen unterstellen. Jedoch sind die hier angestellten Überlegungen gleichzeitig auch notwendig, ist es doch das Ziel von Wissenschaft im Allgemeinen, den Diskurs durch mutige Thesen voranzubringen. In diesem Sinne versteht sich abschließend der hier vorliegende Beitrag als einführender Grundlagentext in eine aktuelle Thematik, die durch eine neu eröffnete Perspektive den wissenschaftlichen Diskurs um weitere Fragestellungen bereichern und auch gleichzeitig zu Gegenpositionen motivieren soll, welche den Diskussionen in und um das Fach Kulturmanagement schließlich zugute kommen können.

Literatur

BAUMGARTNER, Marcel (1998): *Einführung in das Studium der Kunstgeschichte*. Köln: König.

BENJAMIN, Walter (^{22}1996): *Das Kunstwerk im Zeitalter seiner technischen Reproduzierbarkeit*. Frankfurt/M.: Suhrkamp.

BELTING, Hans/DILLY, Heinrich/KEMP, Wolfgang/SAUERLÄNDER, Willibald/WARNKE, Martin (Hgg.) (^{6}2003), *Kunstgeschichte: Eine Einführung*. Berlin: Reimer.

BONNET, Anne-Marie (2004): *Kunst der Moderne. Kunst der Gegenwart: Herausforderung und Chance*. Köln: Deubner.

BURMANN, Christoph/BLINDA, Lars/NITSCHKE, Axel (2003): *Konzeptionelle Grundlagen des identitätsbasierten Markenmanagements, Arbeitspapier Nr. 1 des Lehrstuhls für innovatives Markenmanagement der Universität Bremen*. Bremen.

Belting, der in seiner Münchener Antrittsvorlesung die Frage nach einem möglichen Ende der Kunstgeschichte gestellt hat und auf die damals aktuellen wissenschaftstheoretischen Debatten reagierte.

CLARKE, Graham (1997): *The Photograph*. Oxford: Oxford University Press.

DORLÉAC, Laurence Bertrand/MICHAËL, Androula (Hgg.) (2002): *Picasso. L'objet du mythe*. Paris: Ecole Nationale Supérieure des Beaux-Arts.

ESCH, Franz-Rudolf (^{3}2005): *Strategie und Technik der Markenführung*. München: Vahlen.

GLOZER, Laszlo (1998): *Picasso. Meisterwerke der blauen Periode*. München: Schirmer/Mosel.

HALBERTSMA, Marlite/ZIJLMANS, Kitty (Hgg.) (1995): *Gesichtspunkte: Kunstgeschichte heute*. Berlin: Reimer.

HELLMANN, Kai-Uwe (2003): *Soziologie der Marke*. Frankfurt/M.: Suhrkamp.

HELLMOLD, Martin/KAMPMANN, Sabine/LINDER, Ralph/SYKORA, Katharina (Hgg.) (2003): *Was ist ein Künstler? Das Subjekt der modernen Kunst*. München: Fink.

HERBST, Dieter (Hg.) (2003): *Der Mensch als Marke: Konzepte – Beispiele – Experteninterviews*. Göttingen: Business Village GmbH.

HERBST, Dieter (2005): Der Mensch als Marke. – In: Hellmann, Kai-Uwe/Pichler, Rüdiger (Hgg.), *Ausweitung der Markenzone. Interdisziplinäre Zugänge zur Erforschung des Markenwesens*, Wiesbaden: VS, 99-118.

HERRERA, Hayden (1998): *Frida Kahlo. Ein leidenschaftliches Leben*. Frankfurt/M.: Fischer Taschenbuch.

KEEL, Daniel (Hg.) (1988): *Picasso über Kunst. Aus den Gesprächen zwischen Picasso und seinen Freunden*. Zürich: Diogenes.

KLEIN, Armin (^{2}2005): *Kulturmarketing. Das Marketingkonzept für Kulturbetriebe*. München: dtv.

KOTLER, Philip (^{10}2001): *Marketing-Management: Analyse, Planung und Verwirklichung*. Stuttgart: Schäffer-Poeschel.

KREUTZ, Bernd (2003): *Die Kunst der Marke*. Ostfildern-Ruit: Hatje Cantz.

MEFFERT, Heribert/BURMANN, Christoph/KOERS, Martin (Hgg.) (^{2}2005): *Markenmanagement. Identitätsorientierte Markenführung und praktische Umsetzung. Mit Best Practice-Fallstudien*. Wiesbaden: Gabler.

ORTLAND, Eberhard (2001): Genie. – In: *Lexikon der ästhetischen Grundbegriffe*. Bd. 2. Hrsg. von Karlheinz Barck. Stuttgart, Weimar: J. B. Metzler, 661-708.

PARMELIN, Hélène (1967): *Picasso sagt...* München: Desch.

REBEL, Ernst (2000): Grafik in der Renaissance. – In: *Kunsthistorische Arbeitsblätter* (Oktober). Köln: Deubner, 21-30.

RUPPERT, Wolfgang (1998): *Der moderne Künstler. Zur Sozial- und Kulturgeschichte der kreativen Individualität in der kulturellen Moderne im 19. und frühen 20. Jahrhundert.* Frankfurt/M.: Suhrkamp.

SIEBENHAAR, Klaus (Hg.) (2002): *Karriereziel Kulturmanagement. Studiengänge und Berufsbilder im Profil.* Nürnberg: Bildung und Wissen.

STEIN, Gertrude (2003): *Picasso. Sämtliche Texte 1909-1938.* Zürich, Hamburg: Arche.

WEINHOLD, Kathrein (2005): *Selbstmanagement im Kunstbetrieb. Handbuch für Kunstschaffende.* Bielefeld: Transcript.

WULFFEN, Thomas (Hg.) (1994): *Betriebssystem Kunst.* (= Kunstforum International, 125) Januar/Februar. Ruppichteroth.

Internetquellen

www.manager-magazin.de

Das *MoMA* ist der Star und die Hochkultur wird populär – neue Strategien der Besucherbindung im Kulturbetrieb

Birgit Mandel

Einführung
Warum stehen Hunderte von Menschen bis zu 11 Stunden Schlange, um eine Ausstellung mit Werken der klassischen Moderne zu sehen? Und das, obwohl sie Arbeiten der ausgestellten Künstler seit Jahren in fast jedem der zahlreichen Museen moderner Kunst in Deutschland ungestört hätten besichtigen können?
Das Beispiel *MoMA in Berlin* zeigt in besonders prägnanter Weise, dass Marken-Strategien auch im Kultursektor erfolgreich angewandt werden können, und es zeigt mehr noch, dass auch Kunst aus dem sogenannten Hochkultursektor von breiten Bevölkerungsgruppen, weit über die 5-8% der Stamm-Kulturnutzer hinaus, angenommen wird bei entsprechender Inszenierung und Kommunikation.
Die Ausstellung in der *Neuen Berliner Nationalgalerie* hatte insgesamt 1,2 Millionen Besucher in 7 Monaten (im Verhältnis zu 400 000 Besuchern, die die Neue Nationalgalerie sonst pro Jahr erreicht), davon 33% Berliner und 67% Touristen. Sie erwirtschaftete ein Plus von 6,5 Millionen Euro durch Eintrittsgelder sowie noch mal 600 000 Euro aus Verkäufen des *MoMa*-Shops.
Offensichtlich ist es auch für so genannte Hochkultur-Institutionen wie Museen möglich, mit Hilfe eines gut positionierten und breit kommunizierten Markenimages die Popularität und die Wirtschaftlichkeit von Kunst deutlich zu steigern. Zugleich werden jedoch von Kulturschaffenden Zweifel geäußert, ob man damit der Kunst gerecht wird oder sich nicht das Markenimage auf die Kunst selbst verschiebt und diese nur noch zur Folie wird, und es stellt sich vor allem die Frage, wie nachhaltig diese Popularität ist.

1. *MoMA* in Berlin – die Kommunikationsstrategie
Das MoMA ist der Star – unter diesem Slogan starteten die privaten Initiatoren, die Freunde der Berliner Nationalgalerie, eine Werbe- und PR-Strategie mit weltweitem Werbeeinsatz in enger Verzahnung mit der Tourismusindustrie, einer Plakat- und Flyerkampagne und einer intensiven Begleitung durch die Medien. Unterstützt wurden sie dabei von einer Kommunikations- und einer Werbeagentur. Wie gelang es ihnen, eine solch breite Öffentlichkeit zu mobilisieren?

1.1. Kampagnen-PR durch breitflächig verteilte Werbung und intensive Medienarbeit
Die Kampagne startete in Berlin mehrere Wochen vor Ausstellungseröffnung mit einer mehrstufigen Plakatkampagne (Phase 1: *Das Moma ist der Star*, Phase 2: *Der Star kommt! Das Moma in Berlin*, Phase 3: *Das Moma in Berlin – mit Motiven von Hopper, Klimt, Lichtenstein, Matisse, Modigliani, Rousseau, van*

Gogh), Berlin-weit an öffentlichen Plakatflächen gehängt, gesponsert durch die Stadtwerbungsfirma *Wall*.

Durch eine Kooperation mit der Bundesbahn wurden die Plakate und Flyer über Berlin hinaus bundesweit vertrieben, durch die touristischen Distributionsinstanzen wurde europaweit für die Ausstellung geworben.

Durch Medienpartnerschaften sowie durch eine intensive redaktionelle Zusammenarbeit mit den unterschiedlichsten Medien, weit über die traditionellen Feuilletons hinaus, erreichte die Kunde vom Ereignis *MoMA* bereits vor Eröffnung der Ausstellung eine breite Öffentlichkeit. Auch bei denjenigen, die sich eigentlich nicht für Kunst interessieren, wurde damit Aufmerksamkeit entwickelt und mit jedem neuen Hinweis und Artikel der Eindruck vertieft, dass es sich hierbei um ein besonderes Ereignis handele. Damit konnte offensichtlich bei vielen der Wusch geweckt werden, dabei zu sein, an etwas Außergewöhnlichem teilzuhaben und mitreden zu können. Die Macher hatten das Glück, dass sich ihre Kampagne sehr schnell durch den Erfolg zu verselbständigen begann. Weniger die Berichte über die Kunstwerke, als viel mehr die andauernden Medien-Meldungen über den Ansturm auf ein zunehmend knappes Gut lösten die alle Erwartungen übertreffenden Massen-Begehrlichkeiten aus und schürten den Eventcharakter weiter. Zunächst unbeabsichtigt griff hier die Marketing-Strategie der Verknappung. Das Schlangestehen selbst wurde zu einem wichtigen Teil des Gesamterlebnisses *MoMA* in Berlin. Die *MoMA*-Ausstellung mit ihren Besucherschlangen war in allen Medien und in aller Munde, täglich wurden neue Rekordzahlen über die Länge der Wartezeit mitgeteilt und die kleinen Ereignisse und Aktionen, die sich rund um diesen ‚Schlange-Stehen vor *MoMA* in Berlin-Event' täglich neu entwickelten.

Durchschnittlich erschienen in allen Berliner Tageszeitungen bis hin zu auflagenstarken Boulevardblättern wie der *BZ* jeweils um die 120 Artikel. Insgesamt gab es 3600 Berichte über die Ausstellung. In einer Befragung zum Ende der Ausstellung war 99% der Berliner *MoMA in Berlin* ein Begriff.

1.2. Stilisierung der Ausstellung zum Pop-Event

Bereits mit ihrem Titel wurde die Institution *MoMA* zum Star und die Ausstellung zum Pop-Event stilisiert. Ein Star ist nicht nur berühmt, sondern bei breiten Massen beliebt und von vielen Fans bewundert. Durch die Verbindung einer Hochkultur-Ausstellung mit einem Pop-Star-Image wurde von Anfang an darauf gesetzt, eine Klientel über die sogenannten Kernkulturnutzer hinaus anzusprechen.

1.3. Anknüpfung an das Marken-Image *MoMa*

Die Kampagne setzte mit ihrem einprägsamen Slogan weniger auf einzelne Kunstwerke, als viel mehr auf die Institution und Dachmarke *MoMA*. Das *New Yorker Museum of Modern Art* gilt als eines der zentralen Museen des 20. Jahrhunderts, das den Kanon der modernen Kunst maßgeblich mit bestimmt hat.

Durch die begehrten Souvenirs im Museumsshop ließ sich diese Botschaft von jedem einzelnen persönlich mit nach Hause tragen und damit die Marke weiter festigen. Was lässt sich aus diesem Beispiel für das Kultur-Branding im allgemeinen lernen? Um zu beurteilen, inwieweit sich Strategien des Konsum-Marketings tatsächlich auf kulturelle Produkte übertragen lassen, ist es aufschlussreich, sich noch einmal die Besonderheiten des Produktes Kultur bzw. Kunst zu vergegenwärtigen.

2. Besonderheiten der Rezeption kultureller Produktionen

2.1. Die Mehrdeutigkeit und Unberechenbarkeit künstlerischer Produktionen, die den Kauf bzw. ihre Nutzung mit Risiko behaften

Künstlerische Produktionen sind oftmals personale Dienstleistungen und als solche immateriell, vergänglich und nicht lagerfähig. Im Unterschied zu anderen Dienstleistungen, die in ihren Eigenschaften meist relativ genau bestimmbar sind, lassen sich Kulturleistungen im Vorfeld kaum berechnen. Das Ergebnis künstlerischer Prozesse kann vorab nur bedingt geplant und in seinen Wirkungen prognostiziert werden, künstlerische Produktionsprozesse zeichnen sich durch ihren offenen Ausgang aus. Doch selbst wenn Kunst bereits in materialisierter Form vorliegt, wie im Fall der Kunstwerke der *MoMA*-Ausstellung, wird sie subjektiv sehr unterschiedlich interpretiert, mehr noch, sie erfordert eine aktive Interpretationsleistung der Konsumenten bzw. Rezipienten, damit sich ihr Sinn erschließt. Der Wert von Kunst und Kultur ist oftmals nur intuitiv fassbar, und deshalb ist ihr Nutzen für potentielle Käufer nur schwer vorab nachzuweisen.

2.2. Das Produkt vollendet sich erst in der Rezeption durch den Besucher: Die Betrachter machen das Kunstwerk (Duchamp)

Die Rezeption von Kunst unterscheidet sich essentiell vom Kauf eines Konsumartikels. Kunst fordert zur emotionalen und intellektuellen Beteiligung der Rezipienten auf. Kunst realisiert sich in letzter Konsequenz erst durch das persönliche Engagement eines Betrachters.

2.3. Kunst versteht sich nicht von selbst

Oftmals ist Kunst nicht voraussetzungslos rezipierbar, sondern erfordert Vorwissen und die Kenntnis künstlerischer und kultureller Codes, das hat vor allem Pierre Bourdieu mit seinen kunstsoziologischen Studien hinreichend nachgewiesen (BOURDIEU 1970).

2.4. Die Rezeption von Kunst ist durch gesellschaftliche Normen geprägt

Für unterschiedliche Kunst- und Kulturformen haben sich unterschiedliche Rezeptionsmuster herausgebildet, die in der Regel nicht hinterfragt werden. So ist etwa die Rezeption sogenannter Hochkultur mit dem Muster der Kontemplation, des weihevollen Sich-Versenkens des Kenners in ein Werk verbunden, zeitgenössische Kunst vor allem mit intellektueller Anstrengung und kognitiven

Prozessen verbunden, populäre Kultur hingegen mit dem Rezeptionsmuster der Unterhaltung, des Erlebens und Spaß-Habens. Dies beeinflusst die Erwartung an Kunst und die Vorstellung von ihr (SCHULZE 2000).

3. Kulturnutzung in Deutschland, aktuelle Ergebnisse der Besucherforschung zur Bestimmung des Marktpotentials für Kulturveranstaltungen

Welche Erwartungen und Motive verknüpft die Bevölkerung in Deutschland mit der Nutzung kultureller Angebote? Wer gehört überhaupt zu den Nutzern?

Der Kulturmarkt ist ebenso wie andere Märkte ein hart umkämpfter, von zunehmender Konkurrenz geprägter Käufermarkt. Das Zentrum für Kulturforschung zählt ca. 50% der Bevölkerung zu den unterhaltungsorientierten Gelegenheitsnutzern, die potentiell für kulturelle Angebote zu gewinnen sind. Zur Zeit gehören jedoch nur ca. 8% der Bevölkerung zu den regelmäßigen Nutzern von sogenannter Hochkultur, diese haben alle mindestens Abitur, die meisten sind Akademiker.

Die Stammbesucher (und Abonnenten) von Kultureinrichtungen nehmen stark ab, der Anteil der unterhaltungsorientierten Gelegenheits- und Spontanbesucher steigt. Vor allem jüngere Menschen interessieren sich zunehmend weniger für die klassischen Hochkultur-Einrichtungen (ZENTRUM FÜR KULTURFORSCHUNG 2005).

Gleichzeitig erachtet die Mehrzahl der deutschen Bevölkerung (hoch-)kulturelle Angebote wie Theater und Museen als sehr wertvoll für die Gesellschaft. (KEUCHEL 2003; MANDEL 2005, 2006). Die Einstellungen zu Kunst und Kultur sind also erheblich besser als die tatsächliche Nutzung. Das weist darauf hin, dass das Marktpotential für (hoch-)kulturelle Angebote noch keineswegs ausgeschöpft ist.

3.1. Erwartungen und Motive für Kulturbesuche

Unabhängig vom Alter sind interdisziplinäre, Event-orientierte Veranstaltungsformen, bei denen Geselligkeit und Kommunikation wichtiger Bestandteil sind, am beliebtesten. „Lockere Veranstaltungen, wo es auch zu essen und zu trinken gibt" werden im letzten Kulturbarometer bei der Frage nach bevorzugten Veranstaltungsformen an erster Stelle genannt.

Befragt nach den Erwartungen an einen Kulturbesuch, wird an erster Stelle „gute Unterhaltung" genannt, an zweiter Stelle „Etwas live erleben" und an dritter Stelle „gute Atmosphäre" (Zentrum für Kulturforschung, 8. Kulturbarometer 2005).

Das wichtigste Motiv für den Besuch von (Hoch-)Kulturveranstaltungen ist, wie eine andere Bevölkerungsbefragung ergab, unabhängig von Geschlecht, Alter oder Bildungsniveau, der Wunsch nach sozialer Aktivität, nach gemeinsamen Unternehmungen mit Partner oder Freunden. Erst danach werden die Motive „sich weiterbilden, etwas lernen" und „neue Kunstformen kennen lernen und ästhetischer Genuss" genannt (MANDEL 2005).

Das Kulturprodukt hat also aus Sicht der Besucher verschiedene Nutzendimensionen, neben dem sogenannten Kernnutzen, dem ästhetischen und inhaltlichen Gewinn, umfasst es auch den symbolischen Nutzen (mit einem kulturellen Markenprodukt einen spezifischen Lebensstil demonstrieren) und vor allem den sozialen Nutzen (KLEIN 2003).
Im Vordergrund stehen bei der Mehrzahl der Besucher offensichtlich Bedürfnisse nach besonderen Erlebnissen und sozialem Zusammensein, wohingegen gerade öffentliche Kulturanbieter und Kulturpolitik vor allem von einem intrinsischen Interesse an spezifischen Kunstformen sowie vom Ziel der Bildung und Aufklärung ausgehen und dazu tendieren, soziale Bedürfnisse kaum zu berücksichtigen.

4. Erfolgreiche Strategien der Besucherbindung im Kultursektor
Welche Strategien des Marketings erweisen sich vor dem Hintergrund der Besonderheiten des künstlerischen Rezeptionsprozesses und den mit Kultur verknüpften Bedürfnissen als erfolgreich? Wie interessiert man Menschen für Kultur und wie bindet man sie an eine Kulturinstitution?

4.1. Markenstrategie
Eine Marke als emotionales, symbolisches Werteversprechen steht für Authentizität, Glaubwürdigkeit und Konsistenz. Sie trägt maßgeblich dazu bei, die Beziehung zwischen Nutzer und Produkt zu intensivieren und auf eine vertrauensvolle Basis zu stellen. Im Kulturbetrieb können Marken die Risiken der Kulturnutzung mindern. Eine Kulturmarke steht für Qualität, unabhängig vom jeweils aktuellen Angebot. Marken im Kultursektor basieren auf einer klaren, nach innen und außen gelebten und offensiv kommunizierten Corporate Identity eines Kulturbetriebs. Eines der nach wie vor prägnantesten Beispiele dafür aus dem öffentlichen Kulturbetrieb ist die Berliner Volksbühne.
Kein anderes öffentliches Theater hat sich zuvor so konsequent positioniert unter der Marke *Volksbühne Ost am Rosa-Luxemburg-Platz* mit klarer inhaltlicher Mission eines politischen Theaters, das sich einmischt in aktuelle Diskussionen, einer prägnanten Corporate Identity, der sämtliche Instrumentarien von der Preispolitik bis zur Kommunikationspolitik folgten. Die Volksbühne hat auf eine klar umrissene Zielgruppe gesetzt und ganz neue, inzwischen oft kopierte Formen von Theatermarketing entwickelt, mit Eintrittspreisen, die nicht höher als die einer Kinokarte sind, einer ganztägig geöffneten Szenekneipe, Give Aways wie Streichholzschachteln und Kondomen mit Titeln wie *Ost-West* und *Rein-Raus* sowie wild gehängte Plakate, die alle gewohnte Erwartungen an Theater unterlaufen haben, die provozierten, überforderten, herkömmliche Konventionen verweigerten.
Kein Theater hat in seinem Marketing so konsequent auf das Gesamt-Image des Hauses gesetzt und nicht auf die einzelnen Produktionen. Die Volksbühne ist Heimstätte für ein treues Stammpublikum, das aus Sympathie zur Mission des Theaters und dem Gefühl der Zugehörigkeit zum dadurch vermittelten Le-

bensgefühl kommt und nicht nur, weil es sich für eine spezifische Aufführung interessiert (MANDEL 2004).

In der Sprache der *Volksbühne* nennt man dies übrigens nicht Markenbildung, sondern Gesamtkunstwerk, statt von Zielgruppe spricht man von Szene, die Strategie wurde nicht von einer Agentur entwickelt, sondern gemeinsam mit allen künstlerisch Beteiligten des Theaters. Vermutlich ist die Marke gerade deswegen so stark, weil sie direkt aus der künstlerischen Mission heraus entwickelt wurde und sich aus der künstlerischen Arbeit heraus immer wieder erneuern kann.

Ein Markenimage kann eine wesentliche Basis für erfolgreiche Kunstpräsentation auf einem von großer Konkurrenz geprägten Kulturmarkt sein, ohne dass damit eine Standardisierung künstlerischer Produktionen einhergehen muss, so zeigt dieses Beispiel. Eine stabile Dachmarke lässt auch künstlerische Misserfolge verzeihen, und sie befördert die Identifikation der Besucher mit einer Einrichtung.

4.2. Verbundenheitsstrategie

Wie nicht zuletzt am Rückgang der Abonnentenzahlen öffentlicher Theater sichtbar wird, ist es immer schwieriger, Menschen dauerhaft an eine Kultureinrichtung zu binden. Mit dem Rückgang des traditionellen Bildungsbürgertums, für das der Hochkulturbesuch zum festen Bestandteil ihres Lebens gehörte, sorgen sich die traditionellen Kultureinrichtungen zunehmend um ihre Zukunft. Die kontinuierliche Auslastung etwa eines Theaters mit 500 bis 1000 Plätzen ist auf Dauer nur mit einem Stammpublikum zu leisten. Langfristige Beziehungen zu seinen Zielgruppen aufzubauen, die über die Bindung durch ein Marken-Image noch hinausgehen, dürfte also eine der entscheidenden Aufgaben im zukünftigen Kulturmarketing sein.

Einerseits sind Menschen immer weniger bereit, sich an eine Einrichtung „fesseln" zu lassen, andererseits boomen differenzierte, zielgruppenspezifische Formen der Mitgliedschaft in einer Kulturinstitution und Fördervereine. Solche Mitgliedschaften können den Kulturnutzern sowohl exklusive Vorteile liefern – so etwa den von vielen sehr geschätzten direkten Kontakt zu Künstlern – wie vor allem auch Zugehörigkeit zu einer besonderen Gruppe und ein Mit-Verantwortungsgefühl für den Erfolg einer kulturellen Einrichtung aufbauen. Statt um Gebundenheitsstrategien geht es also um Verbundenheitsstrategien (KLEIN 2003).

Wieviel Unterstützung solche Förder- und Freundeskreise einer Kultureinrichtung bieten können, zeigte das Beispiel der *Freunde der Neuen Berliner Nationalgalerie* besonders eindringlich, die in eigener Regie und finanzieller Verantwortung das Ereignis *MoMA in Berlin* durchführten.

4.3. Event-Strategie

Außergewöhnliche kulturelle Ereignisse finden in den Massenmedien und der breiten Öffentlichkeit sehr viel mehr Beachtung als das Alltagsgeschäft der Kulturanbieter. Events wurden beim *8. Kulturbarometer* unabhängig vom Alter als bevorzugte Kultur-Veranstaltungsform angegeben.

Events sind zeitlich begrenzte, außergewöhnliche Ereignisse, die sich durch einen gewissen Exklusivitätscharakter und einen aktivierenden, kommunikations- und gemeinschaftsstiftenden Rahmen auszeichnen.

Aus Marketingsicht werden sie eingesetzt, um ein Produkt oder eine Dienstleistung emotional aufzuladen. Die Eventteilnehmer sollen durch ein außergewöhnliches Erlebnis positiv auf einen (Kultur-)Betrieb eingestimmt werden. Kulturevents, so verstanden, wären also eine Strategie, um Menschen für Kultur zu öffnen.

Der Erfolg von Hochkulturveranstaltungen wie etwa der „Langen Museumsnächte" oder die Sommerkonzerte der *Berliner Philharmoniker* in der Waldbühne zeigt das Bedürfnis, Kunst in neuen Kontexten und unter neuen Rezeptionsbedingungen, die vor allem soziales und gemeinschaftliches Erleben betonen, zu erfahren. Klassische Musik in der großen Arena unter freiem Himmel, den Picknick-Korb dabei, es darf gegessen, getrunken, getanzt werden – das gewohnte Hochkultur-Rezeptionsmuster wird ausgetauscht durch ein Muster, das sonst nur mit populären Kulturformen verknüpft ist. Jeder Kontext gestaltet das Kunstwerk mit. Eine neue Umgebung stellt ein Werk in einen neuen Wirkungs- und Sinnzusammenhang und kann gerade ungeübten Kulturnutzern neue Anschlussmöglichkeiten und Bezüge zu ihrem Leben geben.

Durch strategische Kommunikation unter Einbezug der Massenmedien werden die Veranstaltungen bereits im Vorfeld als einzigartiges gesellschaftliches Ereignis vermittelt, das außergewöhnliche Erlebnisse verspricht und den Wunsch, „dabei zu sein", stimuliert. Vor Ort wird der Eventcharakter durch die Inszenierung anregender Rahmenbedingungen umgesetzt.

Eine event-orientierte Kultur-PR kann dazu beitragen, Schwellenängste abzubauen, indem sie ein anderes Image von Kultur in der breiten Öffentlichkeit vermittelt und andere Muster der Rezeption anbietet. Events, im besten Sinne des Eventmarketings professionell gestaltet und bewusst eingesetzt, um neue Aufmerksamkeit zu schaffen, können nachhaltige Wirkung erzielen in dem Bemühen, kulturfernere Gruppen für künstlerische Angebote zu motivieren.

Das MoMA in Berlin, in diesem Sinne als Event begriffen, könnte also auch die kulturpolitische Aufgabe erfüllen, Nutzer über diese einzelne Ausstellung hinaus für moderne Kunst zu begeistern und zu interessieren.

4.4. Vermittlungsstrategie

Die *MoMA*-Ausstellung erreichte ein breites Publikum, über die traditionellen Hochkulturnutzer hinaus. Ging es dabei nur um das Event und den Kult, dabei zu sein, den eigenen Status durch das Markenimage zu erhöhen? Ging die Kunst

eventuell sogar im Spektakel unter? Oder hat das Event *MoMA* dazu beigetragen, Menschen an Kunst heranzuführen?
Vermutlich wurden die Besucher von den ausgestellten Kunstwerken nicht enttäuscht, sondern sorgten selbst dafür, dass das Erlebnis glückt. Wer so viele Anstrengungen auf sich nimmt, muss und wird belohnt werden durch außergewöhnliche Empfindungen in der Aura des (massenhaft reproduzierten) Originals. Die (stunden-)lange Vorbereitung auf die Begegnung mit den Kunstwerken, das Gefühl zur Gruppe derjenigen zu gehören, die jetzt etwas Besonderes erleben, haben den Akt der Rezeption positiv vorbereitet. Dennoch erschließt sich auch diese Kunst nicht ohne eine gewisse Anstrengung des Rezipienten und vor allem nicht ohne Vorwissen. Inwieweit aus dem Event MoMa auch eine neue Erfahrung werden kann, die dann auch Folgebesuche in anderen Kunstausstellungen anregt, hängt gerade bei den kunstungeübten Besuchern von Verarbeitungsformen ab, von Gesprächen mit anderen und Vermittlungshilfen wie Führungen oder Kurz-Katalogen. In der *MoMA*-Ausstellung gab es dafür u. a. die „MoMAnizer", Kunstvermittler, die informell und individuell auf Besucherfragen eingingen und sowohl vor der Ausstellung wie in der Ausstellung zur Verfügung standen und die mit großer Nachfrage angenommen wurden.
Ein nachhaltiges Konzept von Kulturvermittlung würde aus meiner Sicht noch einen Schritt weiter gehen und das bis dahin entwickelte Interesse der vielen Erstbesucher im Sinne der Verbundenheitsstrategie nutzen, um eine langfristige Bindung zum Museum aufzubauen, etwa durch gezielte persönliche Ansprache und Einladung zu Folgeveranstaltungen.
Da mangelnde (Vor-)Bildung eines der größten Hindernisse für die Beteiligung am Kulturleben ist, wie die Besucherforschung zeigt, sind vielfältige Formen der Vermittlung zu entwickeln, die sehr gezielt bei den jeweiligen Voraussetzungen, Interessen und Wahrnehmungsweisen der anvisierten Zielgruppen anknüpfen.

5. Fazit

Kulturmarketing und Kulturbranding bedeuten keineswegs, inhaltliche Ansprüche an Kunst und Kunstrezeption aufzugeben und Kunst auf banale Massenbedürfnisse zuzuschneiden. Es geht viel mehr um die Gestaltung aktivierender Rahmenbedingungen, die den Einstieg erleichtern, und es geht es um die Steuerung von Erwartungen und positive Vorbereitung auf künstlerische Produktionen, z. B. indem man sie als ‚aufregend' positioniert und in aller Munde bringt.
Nicht die Kunst wird dabei in ein Markenkonzept gepresst und ihrer Freiheit beraubt, sich zu entwickeln, sondern die Institution wird zur Dach-Marke, die für eine spezifische künstlerische Richtung und Qualität und auch für bestimmte Werte und ein bestimmtes Lebensgefühl steht. Anders als bei anderen Konsumprodukten muss die Marke nicht künstlich aufgeladen werden, sondern bezieht ihre zentralen Werte und Inhalte aus ihrem Gegenstand selbst, der Kunst. Ein

Versprechen allein genügt dabei auf Dauer nicht, die künstlerischen Produktionen müssen dem Markenversprechen adäquat sein, aus den Impulsen der Kunst bezieht die Marke ihre Ausstrahlungskraft. Und zugleich müssen umgekehrt kulturelle Dachmarken (zeitgenössischer) Kunstproduktion genug Raum geben, um sich frei zu entwickeln.

Eine klar positionierte Kultur-Institution kann im besten Falle zum Marken-Dach werden, das Vertrauen schafft für die Rezeption auch schwieriger, neuartiger Kunstproduktionen.

Branding kann dann gerade für ein solch komplexes, unberechenbares Produkt wie Kunst wirkungsvoll sein.

Ziel eines nachhaltigen Kulturmarketings ist es vor allem, Menschen langfristig an Kunst und Kultur zu binden. Das gelingt nur, wenn sich ihnen Kunst und Kultur tatsächlich erschließen, wenn sie über die extrinsischen Anreize auch das intrinsische Potential der Künste für sich persönlich entdecken. Dafür bedarf es differenzierter Vermittlungsmethoden.

Kulturbranding, ergänzt um diesen Vermittlungsaspekt, kann dazu beitragen, das Interesse an und Vertrauen in Kunst und Kultur zu erhöhen und langfristige Beziehungen zu neuen Nutzergruppen aufzubauen.

Literatur:

BOURDIEU, Pierre (1970): *Zur Soziologie der symbolischen Formen.* Frankfurt/M.: Suhrkamp.

KLEIN, Armin (2003): *Besucherbindung im Kulturbetrieb.* Wiesbaden: VS.

KEUCHEL, Susanne/ZENTRUM FÜR KULTURFORSCHUNG (Hgg.) (2003): *Rheinschiene – Kulturschiene. Mobilität, Meinungen, Marketing.* Bonn: Arcult-Media.

MANDEL, Birgit (2004): *PR für Kunst und Kultur. Zwischen Event und Vermittlung.* Frankfurt/M.: FAZ.

MANDEL, Birgit (2005): Einstellungen zu Kultur und ihr Einfluss auf kulturelle Partizipation. Ergebnisse einer Bevölkerungsumfrage in Hildesheim. – www.uni-hildesheim.de/Institut für Kulturpolitik.

MANDEL, Birgit (Hg.) (2006): *Audience Development, Kulturmanagement, Kulturelle Bildung. Konzeptionen und Handlungsfelder der Kulturvermittlung.* München: kopäd.

SCHULZE, Gerhard (2000): *Die Erlebnisgesellschaft.* Frankfurt/M.: Campus.

ZENTRUM FÜR KULTURFORSCHUNG (1991-2005): *1.-8. Kulturbarometer. Bundesweite Bevölkerungsumfragen.* Bonn: www.kulturforschung.de.

Branding und Sponsoring am Beispiel des *Schleswig-Holstein Musik Festivals*

Andreas Eckel

Nach der gängigen, allgemeinen Definition von Manfred Bruhn ist

Sponsoring die Planung, Organisation, Durchführung und Kontrolle sämtlicher Aktivitäten, die mit der Bereitstellung von Geld, Sachmitteln oder Dienstleistungen durch Unternehmen zur Förderung von Personen und/oder Organisationen im sportlichen, kulturellen oder sozialen Bereich verbunden sind, um damit gleichzeitig Ziele der Unternehmenskommunikation zu erreichen. (BRUHN 1987: 190)

Die Bereitstellung von Mitteln oder Dienstleistungen und die damit einhergehende Förderung erschließen sich auf den ersten Blick und bedürfen im Grundsatz keiner weiteren Erklärung. Welche Voraussetzungen aber gelten für die Erreichung von Zielen der Unternehmenskommunikation mit Hilfe des Mittels Sponsoring? Lassen sich allgemeine Parameter für die Wirkungsweise des Sponsorings definieren und welche Rolle kann der Markenbegriff dabei spielen? Lassen sich aus einer Definition wiederum Hilfestellungen für die Praxis oder sogar ein erweitertes Verständnis der Praxis des Sponsorings ableiten?

Diese Fragen werden auch durch die Ergänzung der Definition um das Wesen der sich ergebenden Beziehung zwischen den Partnern, dass nämlich Leistungen eines Sponsors in der Regel auf einer vertraglichen Vereinbarung (Sponsoring-Vertrag) beruhen, in dem Art und Umfang der Leistungen des Sponsors und des Empfängers geregelt sind, nicht befriedigend beantwortet.

Die Beschäftigung mit der Frage, wodurch sich Sponsoring im Vergleich zum Mäzenatentum auszeichnet, führt offensichtlich nicht zum Ziel. Demgegenüber scheint es nötig zu sein, der Frage nachzugehen, wie der Sponsoringprozess insbesondere hinsichtlich der Einbindung in die Unternehmenskommunikation funktioniert.

Die Frage zielt natürlich in erster Linie auf die Einbindung in die externe Unternehmenskommunikation auf Seiten der Sponsoren, denn von diesen werden Sponsoringmaßnahmen als aktive, strategisch orientierte Investitionen eingesetzt. In geringerem Maß jedoch können auch auf Seiten der gesponserten Institutionen Effekte für deren externe Kommunikation beobachtet werden, die sich bei näherer Betrachtung erschließen und die sich von den Zielen und Voraussetzungen der Sponsoren unterscheiden. Auf beiden Seiten wird allerdings deutlich, dass dem Begriff der Marke eine wesentliche Bedeutung zukommt.[1]

---

1   In Ermangelung thematisch auf Kultursponsoring und -branding bezogener Literatur bezieht sich der vorliegende Beitrag auf den Ansatz von Nicholas Adjouri und Petr Stastny (2006) und überträgt diesen auf das Kultursponsoring. Dort findet sich auch eine ausführliche Zusammenfassung der Markentheorie, auf die hier nachfolgend nur in aller Kürze eingegangen wird.

Bei der Untersuchung der Voraussetzungen und Ziele für Sponsoren lässt sich belegen, dass das Prinzip des Sponsorings am besten über das Prinzip der Marke funktioniert. Marke und Sponsoring gehören untrennbar zusammen – sie ergänzen sich gegenseitig. Da es beim Sponsoring in der Regel vor allem oder sogar ausschließlich um die Sichtbarkeit eines Logos geht und Sponsoring daher meistens von der schnellen Kommunikation lebt, bei der für ausführliche Botschaften und Erklärungen kein Raum bleibt, muss die gesamte Botschaft häufig nur über den Namen und das Logo der Marke kommuniziert werden. Im Detail sind Sponsoringaktivitäten Investitionen in das Markenfundament des Sponsors, also die nicht-wahrnehmbaren Markenbausteine, die aus Kognitionen und Emotionen bestehen. Auch sie dienen letztlich der Absatzsteigerung. Sponsoring ist Teil der Markenkommunikation und daher wie alle Kommunikationsaktivitäten als Investition definiert, die sich lohnen muss. Daraus lässt sich die Verhandlungsposition des Sponsors ableiten: Er möchte möglichst wenig investieren und eine möglichst hohe Gegenleistung bekommen, also für einen niedrigen Preis einen großen Effekt für seine Marke erzielen.

Aber auch auf der Seite der Gesponserten ist ein Markenstatus der Institution oder der kulturellen Aktivität mehr als nur hilfreich. Um z. B. von Seiten des Sponsors den viel zitierten Imagetransfer von der gesponserten Institution zu dem eigenen Unternehmen erreichen zu können, muss natürlich mindestens ein klar umrissenes Image, besser: eine Marke als Partner des Sponsors in Erscheinung treten. Im Umkehrschluss ergibt sich daraus, dass es einer unbekannten kulturellen Initiative sehr schwer fallen wird, Sponsoren zu finden. Da es sich bei Sponsoren im Grunde um eine spezielle Kundengruppe handelt, lässt sich dieser Zusammenhang noch allgemeiner formulieren:

Immer noch gilt der so genannte Brand einer Company als maßgeblicher Schlüssel, um neue Kunden für ein Unternehmen zu gewinnen oder wichtiger noch, um einmal gewonnene Kunden auch zu halten und dauerhaft an das eigene Angebot zu binden.[2]

Am Beispiel des *Schleswig-Holstein Musik Festivals* (SHMF) lässt sich dieser Zusammenhang nachvollziehen und belegen. Dazu dient zum einen die Untersuchung des SHMF auf seinen Markenstatus und zum anderen die Überprüfung des Erfolgs bei den Sponsoringakquisitionen sowie die Feststellung des entsprechenden Finanzierungsanteils am Etat des Festivals. Im ersten Schritt wird die Markenprüfung anhand einer Checkliste vorgenommen (ADJOURI/STASTNY 2006: 67 ff.).

---

2 Branding oder die Macht der Marke in: www.ecin.de/marketing/branding/print.html 10.08.2000 (Electronic Commerce Info Net, hrsg. von FTK – Forschungsinstitut für Telekommunikation).

Branding und Sponsoring

	Ja/vorhanden	Nein/nicht vorhanden
1. Name	X	
2. Logo	X	
3. Differenzierung	X	
4. Bekanntheit	X	
5. Leistung (Produkt/Dienstleistung)	X	
6. Alter > 10 Jahre	X	
7. Langfristiger Erfolg	X	
8. Kontinuierliche Entwicklung	X	
9. Klare Botschaft	X	
10. Positive Assoziationen	X	

Abb. 1: Checkliste Markenprüfung (nach ADJOURY/STASTNY 2006: 67 ff.)

Für das SHMF lassen sich alle Fragen ausnahmslos positiv bestätigend beantworten, so dass sich der Markenstatus des Festivals zweifelsfrei belegen lässt.
In einem zweiten Schritt werden das Festivalbudget und der in ihm enthaltene Anteil aus Erlösen von Sponsoren untersucht. Das Gesamtbudget des SHMF beläuft sich auf knapp acht Mio. Euro im Jahr. Dieser Betrag wird inzwischen nur noch zu etwa 20% durch einen Zuschuss des Landes Schleswig-Holstein aufgebracht, während die Beiträge der gut 130 Sponsoren und Förderer etwa ein Drittel des Budgets ausmachen. Bei der Betrachtung des Budgets und seiner wichtigsten anteiligen Erlöse wird deutlich, dass sich zumindest für das SHMF eine klare Übereinstimmung zwischen dem Markenstatus einerseits und dem im deutschen Vergleich hohen Finanzierungsanteil durch Sponsorenerlöse andererseits belegen lässt.
Die Analyse der Zahlen wird ebenfalls durch die persönlichen Erfahrungen des Autors bei der Akquisition und Betreuung der Sponsoren bestätigt. Sowohl bei der Ansprache von potentiellen Sponsoren als auch im Umgang mit diesen erweist sich die Stärke der eigenen Marke als überaus hilfreich. In aller Regel muss das SHMF weder bei der ersten Kontaktaufnahme ausführlich erklärt werden noch werden bei den späteren Verhandlungen die Grundlagen der Festivalphilosophie mit unbotmäßigen Forderungen hinsichtlich eigener Logopräsenz o. ä. in Frage gestellt.
Die Kenntnis dieser Zusammenhänge ist jedoch in einer weiteren Hinsicht hilfreich, die sich wiederum sowohl auf die Suche nach potentiellen Sponsoren erstreckt als auch bei Gesprächen mit diesen von Nutzen erweist. Bei der Ansprache von Sponsoren steht nämlich nicht die Frage fehlender Mittel, sondern

die Konzeption marktfähiger Angebote im Vordergrund, die zu der Marke von Sponsor und Gesponsertem passen. Die Kenntnis der eigenen Marke dient also als Grundlage zur Identifizierung möglicher Sponsoringpartner.

Als Ziel der Gespräche werden die Sicherstellung der Finanzierung des eigenen Vorhabens und die Streuung des Finanzierungsrisikos angestrebt. Die Vorgaben für die Gespräche liegen dabei denen der Sponsoren diametral entgegen, denn der Gesponserte hat Interesse an einem möglichst großen Erlös bei möglichst geringer Gegenleistung.

Nach der Klärung der Bedeutung der Marke für beide Partner lassen sich die Voraussetzungen und die Folgen für das Funktionieren und eine erfolgreiche Einbindung von Sponsoringmaßnahmen in die Unternehmenskommunikation benennen.

- Auf Seiten der Gesponserten führt ein bewusster Umgang mit der eigenen Marke zur Erkenntnis der eigenen Stärke und bewirkt ein größeres Selbstbewusstsein im Umgang mit Sponsoren.

- Das Verständnis von Sponsoring als einer partnerschaftlichen Beziehung zwischen Sponsor und Gesponsertem bedingt ein gleiches Niveau der Partner auch bei dem jeweiligen Markenstatus.

- Beide Partner bringen ihre Eigenständigkeit und ihre eigenen Qualifikationen in ihrer jeweiligen Profession in die Partnerschaft ein.

Im Idealfall entwickelt sich mit diesen Vorgaben eine stabile, harmonische und längerfristige Partnerschaft, in der beide Partner ihre vorhandenen Stärken miteinander verbinden und gemeinsam kommunikativ wahrgenommen werden, um die jeweiligen Ziele zu erreichen.[3]

Die differenzierten Sponsoringangebote des SHMF unterscheiden sich auch im Grad der Intensität der Umsetzung dieser Prinzipien, der natürlich bei den Hauptsponsoren am größten ist. Wenn z. B. der Hauptsponsor *Audi AG* nicht nur in allen Veröffentlichungen des Festivals mit seinem Logo präsent ist, sondern auch die gebrandeten Fahrzeuge für die Künstlertransfers und den VIP-Fahrservice stellt, lässt sich die Wertigkeit der Premium-Fahrzeuge eines weltweit aktiven Herstellers ebenso für das Renommee des SHMF nutzen wie umgekehrt die hohe regionale Bedeutung und der emotionale Erlebniswert des Festivals für die Marke *Audi* nutzbar werden.

Die zweite wichtige Dimension bei der Betrachtung des Zusammenhangs von Marke und Sponsoring ist die strategische Perspektive insbesondere auf Seiten des Gesponserten. Eine konsequente Markenentwicklung der kulturellen Institution oder zumindest die Präsentation einer überzeugenden strategischen Perspektive schaffen die Voraussetzungen zur Ansprache höherwertiger, überregional tätiger

---

3   Im Unterschied zum Branding werden jedoch bei diesem Grad der Kooperation weder einzelne Bereiche des kulturellen Angebots mit dem Namen des Sponsors belegt noch gemeinsam neue Aktivitäten entwickelt, die dann den Namen des Sponsors im Titel tragen.

Marken auf Seiten potentieller Sponsoren. Nach einer erfolgreichen Akquisition des gewünschten höherwertigen Partners wiederum lassen sich das eigene Ansehen und die eigene Attraktivität durch das Renommee dieser Partner weiter steigern.
Diese Überlegung gewinnt angesichts der aktuellen Entwicklungen im Sponsoringmarkt zunehmend an Gewicht. Die Professionalisierung des Sponsorings macht auch vor dem Kultursponsoring nicht Halt und führt dazu, dass die eingereichten Angebote immer genauer bewertet und auf den möglichen Erfolg für das angefragte Unternehmen hin untersucht werden. Daraus ergibt sich u. a. eine präzisere Zuordnung der Partner im Hinblick auf deren regionale Relevanz und Ausstrahlung. Für den einen oder anderen Kulturschaffenden mag diese Erkenntnis ernüchternd sein, denn nach wie vor herrscht auch bei kleineren Anbietern die Hoffnung, mit dem einen ‚großen Deal' aller finanziellen Sorgen entledigt zu sein. War diese Hoffnung auch früher schon unwahrscheinlich, so wird sie nun weitgehend unrealistisch. Positiv gewendet lassen sich aber auch aus dieser Erkenntnis wiederum strategische Optionen für die eigenen Akquisitionsanstrengungen ableiten, die aus einer Orientierung an der eigenen Marktposition erwachsen.
Wenn auch für Kulturinstitutionen die Perspektive der strategischen Markenentwicklung weiter gedacht wird, ergibt sich eine dritte Dimension des Themenfeldes Marke und Sponsoring aus der Möglichkeit einer Art Rollentausch. Wenn auch für Kulturinstitutionen das Branding immer mehr an Bedeutung gewinnt, dann ist die Option des eigenen Engagements als Sponsor zumindest für die größeren und bedeutenderen Institutionen eine logische Konsequenz. Der *Musikschultaler* des SHMF – von jeder verkauften Eintrittskarte fließt ein Euro in die Förderung der Musikschulen im Land – ist ein Beispiel, das in diese Richtung führt. Noch augenfälliger jedoch wird dieser Gedanke, wenn er auf ein sehr viel prominenteres Beispiel angewendet wird: Warum sollte nicht das Guggenheim Museum einige Jahre vor der Eröffnung seiner neuen Dependance in Bilbao oder anderswo damit beginnen, die örtlichen Malschulen zu unterstützen, um die Ziele Akzeptanz, Bekanntheit und positives Image für den Museumsneubau in der betreffenden Region zu erreichen?
Die vierte und letzte Dimension bei der Betrachtung des Zusammenhangs zwischen Sponsoring und Branding entsteht aus den Potentialen der Partnerschaft selbst. Die Kooperation zwischen Sponsor und Gesponsertem lässt sich hinsichtlich ihrer Qualität im Laufe der Zeit weiter entwickeln und bietet Möglichkeiten, die über die weithin übliche reine Logopräsenz weit hinausgeht. Diese Perspektive lässt sich nicht im ersten Jahr konzipieren, sondern erfordert die Gestaltung eines Prozesses, in dem – ausgehend von der Kenntnis der eigenen Interessen über die Definition der Schnittmenge bis zur Vereinbarung gemeinsamer Ziele, Strategien und Botschaften – gemeinsame strategische Ziele definiert und verfolgt werden. Diese Partnerschaft beruht auf Vertrauen und lässt sich sinnvoller Weise wohl in erster Linie mit den wichtigsten, also den Hauptsponsoren einer Institution umsetzen. Auch dafür kann das SHMF ein Beispiel liefern. Vor

einigen Jahren wurde von den Verantwortlichen des Festivals gemeinsam mit den für das Sponsoring verantwortlichen Mitarbeitern der *Sparkassen-Finanzgruppe Schleswig-Holstein* der *Leonard Bernstein Award* aus der Taufe gehoben. Mit diesem Preis, der von den in der Sparkassen-Finanzgruppe vereinigten Sponsoren mit 10.000 Euro ausgestattet wurde und der den Zusatz „gestiftet von der Sparkassen-Finanzgruppe" als festen Zusatz und Namensbestandteil trägt, werden seither mit großer medialer Wirkung bedeutende internationale Nachwuchskünstler ausgezeichnet. Erster Preisträger im Jahr 2002 war der chinesische Pianist Lang Lang.

Das Beispiel zeigt neben den Möglichkeiten für ein sehr zurückhaltendes und behutsames Kulturbranding gleichzeitig dessen im Vergleich zum Sport sehr viel engere Grenzen. Die Sensibilität der Besucher ist – zumindest bisher noch – in der klassischen Hochkultur deutlich höher und bewirkt in Verbindung mit einer grundsätzlichen Skepsis gegenüber einer offensiven und konsequenten Kommerzialisierung eine größere Zurückhaltung bei den Kulturinstitutionen. Diese wird von Seiten der Sponsoren derzeit weitgehend respektiert. In Zukunft werden die Grenzen auch auf Grund zunehmender finanzieller Zwänge sicher neu definiert werden. Für einen nachhaltigen Erfolg von Kulturbranding-Strategien und -Aktivitäten ist der Sport Vorbild und warnendes Beispiel zugleich: Eine rein kommerziellen Interessen folgende Einbindung der Kultur in die Unternehmensinteressen der Sponsoren kann den Kern der eigenen Institution so beschädigen, dass der wirtschaftliche Erfolg nicht von Dauer sein wird.

Literatur

ADJOURI, Nicholas/STASTNY, Petr (2006): *Sport-Branding*. Wiesbaden: Gabler.

BRUHN, Manfred (1987): Sponsoring als Instrument der Markenartikelwerbung. – In: *Markenartikel* 49/5. Hamburg: New Business.

Vom Flugblatt zu *MySpace.com*. Marken und Marketing von Künstlern im Zeitalter der digitalen Informationsgesellschaft

Pascal Charles Amann

1. Einleitung

Jahrzehntelang bestimmten die gleichen Werkzeuge die Arbeit bei der Präsentation von Künstlern, ihr Werben um Aufmerksamkeit, um Konzertpublikum und um Käufer für ihre Produkte, insbesondere im Bereich der kommerziellen/industriellen Auswertung von Musiktonaufnahmen. Es gab (und es gibt sie noch immer) diese althergebrachten, tradierten Werkzeuge, etwa das Flugblatt, die Pressemitteilung, die TV- und Rundfunkberichterstattung, das Plakat, Interviews, Pressekonferenzen, die sog. Pressemailings, die Vernissagen und Release-Partys, wo sich die Künstler und die sie auswertenden Vertragspartner oft genug nur selbst gefeiert haben.[1]

Mit den bekannten Arbeitsmitteln aus dem vielfältigen Fundus der PR- und Marketingabteilungen der Unterhaltungskonzerne wird immer noch ein wesentlicher Teil der Öffentlichkeitsarbeit abgewickelt. Man braucht sie noch immer, um mit und/oder für einen Künstler (gleich welcher Gattung auch immer) ein erkennbares Profil, am besten gleich eine Marke aufzubauen, um mit diesem Profil/Marke dann auch nachhaltiges Marketing zu betreiben – vorausgesetzt man hat eine wertige Ausgangsbasis, ein Produkt, das mit den beschriebenen Mitteln für die angestrebte Zielgruppe glaubwürdig ins rechte Licht gerückt werden kann.

Die traditionellen Arbeitsweisen der PR (Public Relations) sind in den vergangenen Jahren um das Internet und der rasanten Entwicklung im Bereich der mobilen Kommunikation, den beiden tragenden und weiterhin wachsenden Säulen der weltweit entstehenden digitalen Informationsgesellschaften, ergänzt worden. Die Geschwindigkeit des Wandels, die in Ausmaß und Wirkung kaum in Worten zu fassende technologische Entwicklung, von manch klugem Kopf auch als digitale Revolution (TAPSCOTT 1996) in Anlehnung an industrielle Revolutionen bezeichnet, hat bei weitem nicht nur die Unterhaltungs- und Musikindustrie, sondern nahezu alle Bereiche der Wirtschaft, aber auch des alltäglichen Zusammenlebens, der Kommunikation von Menschen mit einer derartigen Wucht getroffen, dass man tatsächlich ohne Übertreibung von einer revolutionären Epoche sprechen kann – eine Epoche, welche natürlich auch die Frage des Aufbaus einer Marke und des Marketings für Künstler nicht unberührt lässt.

Die britische Poplegende David Bowie hat 2002 den Wandel (aus seiner Sicht und vor allem bezogen auf die Musikindustrie) in einem Interview mit der *New York Times* am 9. Juni 2002 sehr treffend beschrieben:

---

1 Siehe hierzu den aufschlussreichen Artikel „Mit der Boeing zur Party" im *Kulturspiegel* 9/2008: 16 ff.

Alles, was wir jemals über Musik dachten, wird sich innerhalb der kommenden zehn Jahre komplett umwandeln, und daran werden wir nichts ändern können. Ich sehe auch keinen Grund in der Behauptung, dass diese Umwandlung nicht passieren wird. Ich bin überzeugt, dass es in zehn Jahren zum Beispiel kein Copyright mehr geben wird und das Autorenschaft und geistiges Eigentum ganz schön was abkriegen werden. Die Musik selber wird verfügbar sein wie fließendes Wasser oder wie Strom (...) Man sollte diese letzten, wenigen Jahre einfach ausnutzen, denn danach wird es nie mehr so sein wie früher. Man richte sich lieber darauf ein, viele Konzerte zu geben, denn das ist der einzig bekannte Bereich, der noch übrig bleiben wird. Das ist alles schrecklich spannend. Aber letztendlich ist es egal, ob man das spannend findet oder nicht. Es ist genau das, was passieren wird (...). (zit. nach KUSEK 2005)

Dieser teilweise apodiktischen Vorhersage von David Bowie mag man nicht in allen Teilen zustimmen, man will ihr auch nicht in allen Teilen zustimmen wollen, insbesondere nicht im Hinblick auf die Zukunft des Copyrights/des Urheberrechts, aber dass ein beeindruckender Wandel bereits in vollem Gange ist, dass viele seiner Aussagen in den Jahren 2006-2008 bereits Realität geworden sind, kann nicht mehr geleugnet werden. Wer im Bereich der Vermarktung von Musik tätig ist oder tätig sein will, muss sich diesen neuen Gegebenheiten mit all ihren Herausforderungen stellen.[2]

Nachfolgend daher einige Thesen, Anmerkungen und Anregungen zur aktuellen Situation, verbunden mit dem nicht ganz pessimistischen Ausblick eines Juristen, der sich in diesem Bereich seit mehreren Jahren bewegt.

2. Wandel durch Digitalisierung

Dass der Wandel von einer analogen zu einer digitalen, von einer güterbasierten zu einer informationstechnologisch getriebenen Gesellschaft insbesondere diejenigen Bereiche besonders trifft, die sich berufsmäßig mit dem Erscheinungsbild, der Kommunikation, dem Branding von Marken, Karrieren und Produkten beschäftigen, liegt auf der Hand. Die einleitend beschriebenen ‚althergebrachten' Werkzeuge reichen nicht mehr aus, um in der digital vernetzten Welt ausreichend wahrgenommen zu werden oder für Wahrnehmung zu sorgen. Nahezu jeder Künstler verfügt mittlerweile über seine eigene Homepage, seinen Auftritt in den einschlägigen Internet-Community-Foren, wobei die beiden Foren *www.myspace.com* und *www.youtube.com* in der Publikumsgunst weltweit eine Vorreiterposition einnehmen. Sie werden mittlerweile assistiert durch eine Vielzahl ähnlicher Angebote (insbesondere sog. ‚social networks') und für die größten Freunde der digitalen Welten gibt es gar virtuelle Gemeinden, die bekannteste firmiert unter der Bezeichnung

---

2 Die technische Entwicklung, die damit verbundene Möglichkeit, im Internet ohne Probleme alle als Tonträger käuflich erhältlichen Tonaufnahmen kostenlos über sog. Tauschbörsen zu erhalten, führte zu einem rapiden Verlust von Umsätzen in der Musikindustrie. Ganze Formate sterben aus. Das überproportionale Wachstum der legalen wie auch illegalen Downloads führt dazu, dass die klassische Single/CD-Single zielstrebig ihrem Ende entgegensieht. Im Jahr 2005 wurden noch 15,9 Millionen Singles verkauft, ein Jahr zuvor waren es 17,8 Millionen Einheiten; 1996 waren es noch weit über 54 Millionen Einheiten. Im Zehnjahresvergleich hat dieses Format somit mehr als 70% seines Volumens verloren – siehe IFPI (2007: 19).

*www.secondlife.com,*³ als ob es ein derartiges zweites Leben tatsächlich geben könnte. Vor diesem gigantischen ‚digitalen Maskenball'⁴ machen auch Markenartikler nicht halt und versuchen dort digital rekonstruierte Produkte und Marken zu platzieren. Die Tendenz zur Präsenz im World Wide Web ist beileibe nicht nur auf die Unterhaltungsmusik, also Pop- und Schlager, die sog. U-Musik beschränkt. Auch die Klassik hat das Internet längst für sich entdeckt. Klassische Violinistinnen wie Hilary Hahn bis hin zur Grande Dame des Konzertflügels, Martha Argerich, (somit also der klassische E-Bereich) verfügen über entsprechende Internetpräsenzen; E-Mail-Adressenverteiler von Volkshochschulen, Kunstvereinen etc. werden für Konzert- und Veröffentlichungshinweise in Anspruch genommen und die bildende Kunst nutzt die neuen Technologien zu weit mehr als nur Werbung und Kommunikation, diese werden – zum Teil – in die zu schaffenden Werke integriert.⁵

Wer sich also mit Marken und Marketing heutzutage beschäftigt und seinen Horizont über die rein technischen Fragen einer Marke von der Kreation bis zur Anmeldung beim Deutschen Patent- und Markenamt in München oder dem Europäischen Harmonisierungsamt in Alicante (für sog. EU-Marken) ausdehnt, wird mit einer Vielzahl von neuen Parametern konfrontiert:

- der Absatz (insbesondere im Bereich Musik) der Ware verändert sich aufgrund der Digitalisierung rasant,
- das Konsumverhalten wandelt sich ebenso schnell,
- die Wahrnehmung des Künstlers ist eine vollkommen andere als noch zu Beginn des Jahrtausends.

---

3 Vgl. *www.secondlife.com*, dessen Erfolg sich allerdings mittlerweile immer mehr relativiert, da von den Erstkontakten nur wenige tatsächlich weiterhin die Webseite besuchen und lange dort verbleiben.

4 Siehe *Spiegel*-Titelgeschichte Nr. 8/2007 vom 17.02.2007: „Der digitale Maskenball".

5 Seit Anfang 2008 wird auch der Katalog der *Deutschen Grammophon* online angeboten. Da Klassik höhere Ansprüche an die Klangqualität stellt, haben die Musikstücke eine Bitrate von 320 Kilobit pro Sekunde statt der bei Downloads sonst üblichen 192 oder 256 Kilobit pro Sekunde. Damit solle sich die Qualität nicht mehr einer CD unterscheiden lassen. Einzelne Titel kosten 1,29 Euro, Alben im Schnitt 10,99 Euro, sind aber auch für 11,99 Euro mit zusätzlichem elektronischen Booklet inklusive CD-Cover, Fotos und Begleittexten erhältlich. Da die Stücke nicht mit einem Kopierschutz versehen sind, können sie auf jedem beliebigen Player oder PC abgespielt und auf CD gebrannt werden. Die Website soll nach Angaben der *Deutschen Grammophon* in 42 Ländern verfügbar sein. „Mit dem Launch unseres Online-Shops erwarten wir nicht nur eine deutliche Umsatzsteigerung, sondern haben es uns auch zum Ziel gesetzt, unsere digitale Zukunft aktiv mitzugestalten und dort unser Geschäft aufzubauen", teilte Michael Lang, Präsident der *Deutschen Grammophon*, mit. Man erwarte, dass sich der Umsatz bei Musik-Downloads bis 2010 verdreifache, hieß es. Neben Zentral- und Osteuropa inklusive Russland bietet das Unternehmen seine Musik auch in Südostasien, China, Indien, Lateinamerika und Südafrika an. Mit dieser Verbreitung erschließe sich die *Deutsche Grammophon* auch Märkte, in denen große Onlineplattformen wie Apples *I-Tunes* bisher nicht verfügbar sind. Siehe auch *Frankfurter Rundschau* vom 07. Dezember 2007, 33f.

Die Entwicklung in ihrer Gesamtheit bedeutet, dass die Künstler/Kreativen und die Verwerter von Kunst/künstlerischen Darbietungen im Hinblick auf ihre Kommunikation mit der Öffentlichkeit nicht nur partiell umdenken müssen – alles muss auf den Prüfstand! (GROSS 2008: 41) Nichts bleibt gleich – bis vielleicht auf die Erkenntnis, dass Erfolg nicht vollends planbar ist.

3. Was ist eine Marke? Was ist Marketing?

Um sich dem Wandel zu stellen, ist es aus meiner Sicht immer ratsam, den eigentlichen Ausgangspunkt der eigenen Aktivitäten stets genau zu benennen, bevor in Hektik vermeintlich neue Wege beschritten werden, die sich dann (auch trotz des Einsatzes modernster Technologien) als Sackgassen entpuppen können. Dies führt zunächst einmal zur Auseinandersetzung mit folgenden Fragen: Was ist eine Marke? Was ist Marketing?

a) Definition Marke

Eine Marke, so die Legaldefinition im *Deutschen Markengesetz*, sind „alle Zeichen, die sich graphisch darstellen lassen und die geeignet sind, Waren und Dienstleistungen eines Unternehmens von denjenigen anderer Unternehmen zu unterscheiden."

Allein in Deutschland gibt es derzeit ca. 700.000 beim Deutschen Patent- und Markenamt offiziell registrierte Marken (DPMA 2006: 9). Man unterscheidet im Wesentlichen zwischen Wort- sowie Wortbildmarken (etwa Logos).

Rechte an Marken sind juristisch gesehen als zivilrechtliche Ausschließlichkeits-/Exklusivrechte ausgestaltet (INGERL/ROHNKE 2003: Einl. Rz. 1). Diese Rechte stehen also einem konkret Berechtigten zu. Für die Bestimmung des Berechtigten gilt im Markenrecht weitgehend das sog. „Prioritätsprinzip" (INGERL/ROHNKE 2003: Einl. Rz. 1) – sprich: „Wer zuerst kommt, der mahlt zuerst." Wer also eine Marke schützen will, muss sich sputen, es sei denn, sein Produkt ist bereits allgemein so bekannt, dass die Mehrheit der Verkehrskreise weiß, dass die Marke einem bestimmten Produkt und damit Unternehmen zuzuordnen ist. *Coca Cola* etwa braucht keine Markenregistrierung mehr, um geschützt zu sein (Siehe Markengesetz § 10: „Notorisch bekannte Marken"). Ausgehend von der rein formalen Begriffsauffassung geht die inhaltliche Betrachtungsweise einer Marke nicht von dem Markenzeichen selbst aus, sondern von einem Markenartikel bzw. Massenprodukt.[6] Nach diesem Begriffsverständnis stellt ein Waren- oder Kennzeichen allein noch keine Marke dar. Erst wenn das Markenzeichen in Verbindung mit einem Produkt (z. B. eine Skulptur) und dessen Eigenschaften wahrgenommen sowie durch Kommunikations- und Vertriebsleistungen ergänzt wird, entsteht ein „Markenprodukt" (KRIEGBAUM 2000: 30ff.).

---

6 Mellerowicz (1963: 8) bezeichnet den Markenartikel als die „vollkommenste Ausprägung markierter Ware".

In der wissenschaftlichen Literatur lassen sich eine Unmenge an Erklärungsansätzen zur Definition von Marke bzw. Markenartikel finden, wobei der merkmalsbezogene und der wirkungsbezogene Ansatz die größte Relevanz entfalten (KÜNZEL 2006: 23).

Aus Sicht des Herstellers/Produzenten/Unternehmers erfüllen Marken vor allem eine Unterscheidungsfunktion, welche die eigenen Produkte/Veröffentlichungen vom Angebot der Konkurrenz, vor anonymer Ware, aber auch von anderen Produkten aus dem eigenen Haus unterscheiden kann (KÜNZEL 2006: 23) und soll. Diese Aufgabe (die Unterscheidungsfunktion) gilt für den Kulturbereich und für die Musikindustrie im Zeitalter der digitalen Informationsgesellschaft ganz besonders. Aus Sicht des Konsumenten stellt eine Marke eine wichtige Orientierungshilfe dar, welche die Verbraucher in der Flut von Angeboten bei ihrer Kaufentscheidung unterstützt. Marke wird oft als ein Synonym für Qualität und Kompetenz propagiert und auch wahrgenommen – auf die Musik übertragen etwa nach dem Motto: „Bei den Rolling Stones oder bei Lang Lang, bei Baselitz und bei Miro, da wird mir was geboten, da gehe ich (als Verbraucher) kein größeres Risiko ein." Der Konsument wird durch Markenbildung in seiner Erwartungshaltung geleitet und geprägt.

Eine Marke wird aber erst dann zur Marke, wenn sie von der Zielgruppe als solche auch wahrgenommen wird und sich von Wettbewerbern abhebt. Im Hinblick auf die inhaltliche Begriffsbestimmung kann eine Marke daher als „ein in der Psyche des Konsumenten verankertes, unverwechselbares Vorstellungsbild von einem Produkt oder einer Dienstleistung verstanden werden" (MEFFERT/BURMANN/KOERS 2002: 6).

Einige Beispiele berühmter Marken mögen die Bedeutung solcher Kennzeichen verdeutlichen. Als eine der weltweit „teuersten" Marken überhaupt gilt *Coca-Cola*.

Abb. 1: Logo *Coca Cola*

Der Markenwert (gerne auch als *Brand Equity* oder *Brand Value* bezeichnet), also der vermeintlich monetäre Wert einer Marke, ist nicht einfach zu errechnen, gibt es doch mehrere hundert verschiedener Modelle zu deren Ermittlung (BAMERT 2005: 108ff.). Es gibt ertragsorientierte Bewertungen, kostenorientierte Berechnungen, konsumentenorientierte Theorien und Versuche, über weitere beteiligte Faktoren der Markenwertbildung den konkreten Wert einer Marke herauszufinden (KÜNZEL 2006: 29ff.). Ein insbesondere von vielen multinationalen Konzernen mittlerweile akzeptiertes Markenbewertungsverfahren wird seit 1988 durch das Unternehmen *Interbrand* durchgeführt, deren Berechnungen von Publikationen wie etwa der *Financial Times* oder dem *Wall Street Journal* übernommen werden. Demzufolge hatte etwa die Marke *Coca-Cola* im Jahr 2006 einen Markenwert von 67 Milliarden US-Dollar. Ihr folgen *Microsoft* und *IBM* mit etwa 56 Milliarden US-Dollar. Erstes deutsches Unternehmen in dieser Rangliste ist *Mercedes-Benz* mit einem errechneten Markenwert von knapp 21 Milliarden US-Dollar.

Solche Werte erreichen die bekanntesten Marken der Musikindustrie bei weitem nicht. Dennoch darf der Wert etwa der Zunge der britischen Rockgruppe *The Rolling Stones* ebenso wenig unterschätzt werden wie etwa die Bedeutung des Logos der *Deutschen Grammophon*.

Abb. 2: *Rolling Stones*-Zunge

Diese Marken haben ebenfalls ganz klare, wirtschaftlich messbare Funktionen. Sie dienen – wie bei der Definition des Begriffs Marke bereits ausgeführt – zur Unterscheidung, zur Kundenbindung und sind auch Bestandteil einer „Bekenntniskultur" (HÖHNE 2006: 95).

Die *Stones*-Zunge[7] hat auch mehr als dreißig Jahre nach ihrem ersten Erscheinen auf dem Cover der LP *Exile on Main Street* im Jahr 1971 nichts von ihrer Bekanntheit verloren. Dieser Marke wohnt – trotz des mittlerweile mehr als bürgerlichen Gestus der Multimillionäre Mick Jagger und Keith Richards – immer noch ein Hauch Anarchie, Woodstock, inne, ein letzter Funken Rebellion gegen eine ansonsten glattgebügelte Welt der Konventionen. Dies ist ein nicht zu unschätzender Bestandteil von Marken in der Musikindustrie, auch im Zeitalter von *Second Life*. Es sind bereits Avatare[8] gesichtet worden, die sich mit ‚Stones-Zungen'-T-Shirts bekleiden. Im Idealfall – so zutreffend Höhne (2006: 95) – entsteht eine stabile Beziehung zwischen Rezipient und Star/Künstler, die auch posthum weiter wirken kann, was erfolgreiche Lizenzgeschäfte, deren materiel-

---

7 Wer die Zunge erschaffen hat, darüber gibt es Streit. Wird die Urheberschaft oftmals Andy Warhol zugerechnet, soll tatsächlich John Pasche der Schöpfer sein.

8 Als Avatare bezeichnet man die digitalen Kunstgeschöpfe im Internet.

le Quantifizierung als Indiz gelten kann, mit bereits verstorbenen Stars und/oder aufgelösten Musikgruppen und deren Werke belegen.[9]

b) Definition Marketing

Marke und Marketing sind nahezu untrennbar miteinander verbunden. Marketing ist im weitesten Sinne die Vermittlung einer Marke. Wie bei dem Begriff Marke gibt es auch für Marketing eine Unmenge von Definitionen. Beim Marketing geht es um den Versuch der Verbindung des Produktes, der Aussage/Botschaft mit den anvisierten Zielgruppen. Marketing kann man daher „als strategische Planung eines Anbieters (gleich welcher Natur auch immer) bezeichnen, seine Leistungen am Markt zu verkaufen".[10]

Zum guten Marketing gesellt sich zumeist eine gute Markenführung (ENGH 2006: 72). Und eine solche muss den tatsächlichen Gegebenheiten am Markt Rechnung tragen, was vorliegend nicht mit einer blinden Technologiegläubigkeit verwechselt werden darf. Eine schlechte Botschaft, ein qualitativ nicht überzeugendes Produkt (Ausnahmen bestätigen auch hier die Regel) wird auch trotz des Einsatzes von moderner Technik und viel Geld nicht automatisch zum Erfolg, vor allem nicht zu einem dauerhaften Erfolg.[11] Umgekehrt kann es durchaus gelingen, eine nicht perfekte Marke mittels guter Markenführung sowie engagiertem, intelligenten Marketing in seiner Wahrnehmung enorm zu steigern und (zumindest auch nur für eine gewisse Zeitdauer) diesen erfolgreich zu präsentieren. Vielleicht werden Wissenschaftler in einigen Jahren in diesem Zusammenhang von einem ‚Paris-Hilton-Phänomen' sprechen.

Wer aktuell im Bereich der kommerziellen Auswertung von Ton- und Bildtonaufnahmen keinerlei Affinität für die modernen Kommunikations- und Verbreitungswege entwickelt, wer die gute alte Vinylschallplatte als einzig wahren Botschafter von Musikaufnahmen huldigt, der wird es zukünftig mehr als schwer haben, sich in dieser sich täglich verändernden Welt zurecht zu finden. Solche Teilnehmer werden – bis auf ganz kleine Liebhabernischen – zukünftig nahezu aussichtslos am Markt agieren. Aber selbst Anbieter von per se Nischenprodukten wie moderner E-Musik, Vinyltonträgern, Kirchenmusik etc. müssen sich mit den Wirkungen und Chancen der neuen Informations- und Kommunikationstechnologien befassen (ENGH 2006: 9). Nicht nur die inter-

---

9 Man denke nur an die weiterhin enorme Popularität von Künstlern wie Elvis Presley, den Beatles, dem Absatz von Tonträgern der Gruppe Abba, aber auch den Verkaufszahlen eines Jacques Brel in Frankreich, der immer noch knapp ca. 100.000 CDs aus dem Backkatalog pro Jahr verkauft.

10 Im Jahr 1985 definiert die *American Marketing Association* (AMA) Marketing wie folgt: „Der Planungsprozess der Konzeption, Preispolitik, Promotion und Distribution von Produkten und Dienstleistungen, um Austauschprozesse zu erreichen, die individuelle und organisatorische Ziele erfüllen." Diese Definition ist bis heute allgemeine Lehrmeinung.

11 Das Phänomen der unzähligen ‚Popstars' und ‚Superstars', die bereits wenige Monate nach ihrem TV-gestützen Charterfolgen ins Bodenlose stürzen und vergessen sind, mag nur ein Beispiel unter vielen sein.

nationalen Musikkonzerne leiden unter der technisch immer leichter fallenden Reproduzierbarkeit ihrer Produkte, auch Notenverlage sehen sich gezwungen, gegen das Einscannen ihrer Ausgaben, das weltweite Versenden von Partituren per E-Mail juristisch vorzugehen, um nicht ihre Umsätze vollkommen einbrechen zu sehen. Auf der einen Seite können derartige Nischenakteure weltweit via Internet einen viel umfassenderen (und auch persönlichen) Zugang zu potentiellen Abnehmern finden, was früher gänzlich (abgesehen von persönlichen Kontakten, Messen etc.) für die meisten kleineren Anbieter unmöglich war. Wer nicht auf das große Geld aus ist, so Gross (2008: 41), kann bis auf Weiteres mit Nischenmarketing sein Auskommen finden. Die Musik- und Medienkonzerne, auf Massenabsatz getrimmt, sehen sich mit dem Internet einer digitalen Technologie ausgesetzt, die eine Produktpiraterie und ein Abschöpfen von geistigen und unternehmerischen Leistungen in einem bisher unbekannten Ausmaß ermöglicht.[12]

In dieser, derzeit noch nicht vollends (und möglicherweise niemals) sortierten digitalen Welt, ist der bewusste Aufbau einer Marke (im Sinne einer Unterscheidung/Wahrnehmung am Markt) und das Marketing (im Sinne einer strategischen Planung der Leistungsanbietung) – trotz veränderter und/oder ergänzter Werkzeuge – insbesondere im Bereich Kultur und Kulturindustrie wichtig, vielleicht wichtiger als jemals zuvor. Gute Markenführung und nachhaltiges Marketing sorgen in diesem unruhigen Medium Internet aus meiner Sicht für so etwas wie Konstanz. Gab es 1996 etwa 10.000 Homepages, sind es nun knapp zehn Jahre später mehr als 125 Millionen (vgl. www.netcraft.com). Ein Grund mehr, weshalb sich viele Unternehmen entsprechende Abteilungen leisten, um ihre Präsenz im Internet und die Kommunikation mittels modernen Technologien zu organisieren und spannend zu gestalten. Eine schlicht gestaltete Homepage allein reicht oft nicht (mehr). Im Internet muss mehr passieren, erwartet der Nutzer eine Vielzahl von Angeboten (Videoanimationen, Interaktivität etc.), so dass der Bereich der Public Relations nicht an Bedeutung verliert, im Gegenteil, die Bedeutung steigt erst recht in der sich immer mehr digitalisierenden Weltgemeinschaft.

4. Der Erfolg von *MySpace*, *Youtube* und *I-Tunes*

Es ist erstaunlich, dass der durch die Weiterentwicklungen der Datenkomprimierung und der mobilen Kommunikationstechnologien eingesetzte und unumkehrbare Prozess der Digitalisierung insbesondere die ansonsten sich gerne so progressiv und technologiefreundlich gebende Musikindustrie derart getroffen hat. Diese Industrie und die leitenden Personen haben das Phänomen des Internets und der Digitalisierung – sowohl im Hinblick auf ihre Gefahren

---

12 Kusek (2005: 147) schätzt, dass pro Monat ca. drei Milliarden Songs/Aufnahmen heruntergeladen werden – wesentlich mehr Musik wird zudem Tag für Tag getauscht.

wie auch im Hinblick auf ihre Möglichkeiten – radikal unterschätzt.[13] Dieser Umstand wird heute gerne unter den Teppich gekehrt, aber es kann kein Zufall sein, dass die wirklich bedeutenden Innovationen hinsichtlich einer Kombination von Musik und Internet beginnend mit der illegalen Tauschbörse Napster im Jahr 1999 bis hin zu den Erfolgsgeschichten von *Myspace* und *Youtube* Ergebnisse von visionären Jungunternehmern und Computerspezialisten gewesen sind, die das Kommunikationspotenzial des Mediums Internet auch in seiner wachsenden technischen Kapazität betreffend Datenübertragungen richtig eingeschätzt haben. Und es kann kein Zufall sein, dass auch das größte legale Musikportal *I-Tunes* ebenfalls nicht das Ergebnis etwa eines Joint-Venture der großen Musikkonzerne ist, sondern das Comeback des Computerherstellers *Apple* – geleitet von Steve Jobs. Von *Sony*, dem einstigen Erfinder des Taschenrekorders *Walkman* keine Spur, und auch *Universal Music*, *EMI* und *Warner* befanden sich im Tiefschlaf und versuchen nun verzweifelt, die verlorenen Jahre nachzuholen. In zwei Jahrzehnten haben es die großen Musikkonzerne nicht geschafft, Standards für den Bezug von Musik aus dem Netz zu etablieren (GROSS 2008: 41) – eigentlich ein Armutszeugnis.

Musik kann mittlerweile jedes Unternehmen weltweit anbieten, hierzu bedarf es nicht mehr der klassischen Strukturen der internationalen Musikkonzerne, d. h. Studios, Presswerke für Tonträger, einer Marketing- und Promotionabteilung und vor allem einer Vertriebslogistik, die es möglich machte, zu einem ganz bestimmten Tag zigtausende Singles und/oder Alben in den entsprechenden Läden international prominent zu platzieren. Diese Zeiten sind endgültig vorbei – heute werden für einen Erfolg vor allem Marketing und Promotion benötigt, die Vervielfältigung findet Zuhause auf dem Computer der Käufer statt. Zwar werden noch immer viele CDs als physische Tonträger verkauft, aber der Absatz bricht von Jahr zu Jahr mehr ein – in Amerika waren es 2007 erneut ca. 15% weniger im Vergleich zu 2006.[14]

Die Alarmzeichen für die Musikindustrie schrillen immer lauter, denn nicht nur Verkaufszahlen für physische Tonträger (CD-Alben, CD-Singles) stürzen weiterhin ab,[15] sondern immer mehr etablierte Stars kehren den Musikkonzernen den Rücken, weil sie es nicht mehr für notwendig erachten, mit diesen Unternehmen zusammenzuarbeiten, um international erfolgreich Musik und Image zu verkau-

---

13 Die meisten deutschen Geschäftsführer der deutschen Plattenindustrie sahen im Jahr 2000 im Internet vor allem eine Möglichkeit der Werbung/Promotion, weniger *den* zukünftigen Vertriebsweg für Musik, der, wenn er nicht von den bestehenden Anbietern offensiv durch gute und auch preislich attraktive download-Angebote gestaltet wird, sich über illegale Tauschbörsen unwiderruflich seinen Weg ebnen wird.

14 In den USA sind die CD-Verkaufszahlen seit 1999 rückläufig, allein 2007 ging es um mehr als 15% nach unten, dies geht aus einer Analyse des US-Marktforschungs-Unternehmens *Nielsen Soundscan* hervor, siehe auch *Die Zeit* vom 26.03.2007.

15 Zur Situation der internationalen Musikmärkte Ende 2007 siehe *Musikmarkt* 2/2008: USA – minus 14,9% für CD-Albumverkäufe, England – minus 10,8%, Kanada – minus 9,8%.

fen.[16] Die britische Independent-Rockgruppe *Radiohead* hat ihr neues Album im Jahr 2007 erst einmal ohne Plattenfirma im Internet veröffentlicht.[17] Aus Sicht der international erfolgreichen Musiker von *Radiohead* ergibt dies Sinn: jeder Fan hat einen Computer oder Zugang zu einem solchen und jeder Computer hat mittlerweile einen CD-Brenner oder der Endverbraucher einen MP3-Player – also braucht man keine Unternehmen mehr, die viel Geld damit verdienen, genau diese Leistungen (Vervielfältigung und Verbreitung von Tonaufnahmen) zu erbringen.
Der amerikanische Musiker *Prince* ließ sein aktuelles Album mit dem Titel *Planet Earth* einer britischen Sonntagszeitung kostenfrei als Beilage beifügen. Ihm ging es darum, dass möglichst viele Fans seine Konzerte besuchen – dort würde er mehr Geld verdienen als mit Plattenverkäufen.[18] Diese Entwicklung fand unlängst in der Entscheidung von Madonna im Herbst 2007 ihren vorläufigen Höhepunkt, als diese ihre bisherige Plattenfirma Warner Brothers verließ und sich einem Konzertveranstalter (*Live Nation*) für eine Rekordsumme von knapp 120 Millionen US-Dollar anschloss (SPIEGEL-ONLINE vom 16. Oktober 2007). Paul McCartney hat hingegen bei der amerikanischen Kaffeehauskette *Starbucks* unterschrieben (REUTERS-ONLINE vom 22. März 2007). All diese Beispiele verdeutlichen den dramatischen Wandel in der Musikwirtschaft. Neue Player tauchen auf, Unternehmen, die bislang keine Chance im Bereich der internationalen Auswertung von Musikton- und Bildtonaufnahmen sahen, erkennen nun, dass sie aufgrund der neuen technischen Entwicklungen ohne weiteres in der Lage sind, derartige Angebote für Kunden darzustellen und zu realisieren. Und immer wichtiger wird in diesem Zusammenhang für den Künstler das Branding, also das Herausarbeiten von charakteristischen, unverwechselbaren Merkmalen, um aus der Masse der Mitstreiter herauszustechen.
Keine Kommunikationsindustrie ist nach meinem Dafürhalten so von dem technologischen Wandel betroffen wie die Musikindustrie und nun auch, mit

---

16 Kein Wunder also, dass die Musikindustrie selbst immer pessimistischer in die Zukunft schaut und fast 40% einer Umfrage der Fachzeitschrift *Musikwoche* zufolge das Ende der Branche prophezeien (*Musikwoche* vom 11. Januar 2008).

17 Bei der Vermarktung ihres neuen Albums „In Rainbows" ging die britische Band *Radiohead* völlig neue Wege. Seit dem 10. Oktober 2007 waren die Lieder zunächst nur als Download auf der Website erhältlich. Das besondere dabei: Die Fans bestimmten, was ihnen die Musik wert ist und konnten den Preis für den Download selbst festlegen. Ab dem 31. Dezember 2007 soll das Album als traditionelle CD oder Vinyl-Platte in den Handel kommen soll.

18 Die *Mail on Sunday* hatte das aktuelle *Prince*-Album „Planet Earth" als kostenlose Dreingabe zu einer Wochenendausgabe beigefügt. Etwa drei Millionen Zeitungen sollen laut *BBC* verkauft worden sein. Nicht ohne Folge: Verschiedene Blogger rippten die CD und stellten sie als MP3-Download online. *Prince* hätte doch so viele Menschen wie möglich erreichen wollen, daher habe er die CD online gestellt, zitiert die BBC einen Blogger. Während „Planet Earth" in Großbritannien gar nicht regulär in die Läden kam, veröffentlichte *Sony/BMG* es in Deutschland beispielsweise am 20. Juli 2007. In den USA wird es ebenfalls regulär erscheinen. Dennoch werde die Plattenfirma nicht gegen die Download-Möglichkeiten vorgehen, schreibt die BBC. Für *Prince* sollte die Situation auch kein Problem darstellen: Die *Mail on Sunday* musste ihn nicht nur bezahlen, um die CD beilegen zu können, sondern auch sämtliche Kosten für die Pressung und Ähnliches selbst tragen.

den immer leistungsfähigeren Datenübertragungssystemen, die Filmbranche. Kein Produkt kann man auf nicht-physische/digitale Art und Weise besser bewerben, besser verkaufen oder sich widerrechtlich aneignen als Ton- und Bildtonaufnahmen. Wer also die Entwicklungen im Bereich des Internet und der Telefonie nicht stets im Auge behält, der kann zusätzlich als milliardenschwerer Konzern rasch ins Abseits geraten. Nicht zuletzt aufgrund dieser nicht besonders rosigen Zukunftsaussichten hat sich der deutsche Medienkonzern *Bertelsmann* entschlossen, seinen Anteil an dem internationalen Musikkonzern *Sony/BMG* vollständig an den Partner *Sony Music* zu verkaufen (WELT-ONLINE vom 05.08.2008).

Wie bestimmte Angebote im World Wide Web in ihrer Bedeutung und Wahrnehmung regelrecht explodieren können, dafür sind die beiden – bereits erwähnten – Internetplattformen *www.myspace.com* und *www.youtoube.com* ein faszinierendes Beispiel. Sie sind auch ein Beispiel für cleveren Markenaufbau, cleveres Marketing und nahezu fehlerfreie Markenführung.

Die Internet-Plattform *Myspace* entwickelt sich aktuell, insbesondere für den angloamerikanischen Markt und Europa, zur beliebtesten Plattform für die Präsentation von Musik, v. a. Künstlern und Musikgruppen oder musikalischen Projekten und gilt mittlerweile als globaler Talentschuppen. Nicht wenige Musikkonzerne beschäftigen bereits einige Talentscouts (sog. *Artist- und Repertoire/A&R Manager*), die ausschließlich die Millionen von Seiten bei *Myspace* durchklicken, in der Hoffnung, auf neue, gut vermarktbare Künstler mit Potential zu stoßen. Eine erste Gruppe, die sich im Mutterland der Popmusik Großbritannien via *Myspace* bereits sehr erfolgreich hat durchsetzen können, ist die Formation *Arctic Monkeys*. Da die Implementierung der eigenen Homepage und Inhalte einfach vonstatten geht, ist ein ‚Auftritt' bei *Myspace* mittlerweile fast Standard für Musiker.

Die Internet-Gemeinde von *Myspace* rekrutiert derzeit in der weltweit vernetzten Gesellschaft ca. 500.000 neue Mitglieder pro Woche. Was ursprünglich als Kontaktbörse ersonnen und ins Internet gestellt worden ist, hat sich zu einer unglaublich populären Plattform entwickelt, in welcher die Neugier auf Musik und die Neugier auf neue Kommunikationspartner faszinierend kombiniert worden sind. Das 100-millionste Mitglied hat sich am 09. August 2006 bei *Myspace* registrieren lassen.[19] Das Unternehmen gibt es seit August 2003 und wurde keine zwei Jahre später durch den australischen Medienmogul Robert Murdoch für die Summe von 580 Millionen US-Dollar erworben. Die Internet-Suchmaschine Google, die den Aufstieg der Plattform *Myspace* unterschätzt hatte und beim Verkauf nicht zum Zuge kam, sicherte sich im Jahr 2007 durch eine langfristige Vereinbarung mit eben *Myspace* entsprechenden Einfluss und Präsenz, da die Suchmaschine *Google* im Rahmen einer Kooperation in den *Myspace*-Applikationen angeboten wird. Das Volumen dieser Vereinbarung beträgt ca. 900 Millionen US-Dollar bis 2010 (HEISE-ONLINE vom 20.06.2007).

---

19 Zu Beginn des Jahres 2008 sind es bereits mehr als 200 Millionen.

Kurze Zeit später entwickelte sich mit *Youtube* eine weitere Internet-Plattform, die sich mehr auf die Präsentation von selbstgedrehten Videos und Bildtonaufnahmen ‚spezialisiert' hatte, zu einer globalen Erfolgsgeschichte. Täglich werden bei *Youtube* ca. 65.000-70.000 neue Clips hochgeladen und 100 Millionen Clips angeschaut.[20] Nachdem der Internetkonzern *Google* bei *Myspace* erst über eine teuere Kooperationsvereinbarung Einfluss sichern konnte, griff *Google* bei *Youtube* gleich direkt zu. Die Gründer/Eigentümer wurden mit einem Geldbetrag von 1,3 Milliarden Euro abgefunden[21] – nach nicht einmal zwei Jahren Existenz! Diese astronomischen Zahlen verdeutlichen, wo Investoren die Zukunft sehen, nämlich im digitalen, nicht-körperlichen Vertrieb von Entertainment-Angeboten über das Internet, vom Video-Clip über Spielfilme bis hin zur klassischen Musikaufnahme gleich welcher Provenienz.

Die Vorstellung, dass Plattformen wie *Myspace* ohne gezielte Arbeit an der eigenen Darstellung, am eigenen Branding funktionieren, ist naiv. Durch geschicktes Marketing und eine einfache Bedienung wurde *Myspace* zu einem gigantischen Spielfeld für Kreative, die auf diesem Wege Kontakt und Kommunikation gesucht und gefunden haben (SÜDDEUTSCHE ZEITUNG vom 05.05.2007. „Das Internet sucht den Superstar/Bands auf Myspace"). Die für diese Unternehmen aufgerufenen Summen zeigen jedoch auch, dass die Musikindustrie nicht mehr in der Lage war und ist, bei solchen Fusionen aktiv mitzubieten, um sich auf diesem Wege einen zukunftsträchtigen Vertriebsweg einzuverleiben. Kein Musikkonzern traute sich eine derartige Investition zu. Die einmalige Chance erst recht mittels Internet und Digitalisierung eine geschlossene Kette von der Produktion bis zum Endverbraucher herzustellen – unter Ausschluss der Handelsketten wie etwa Saturn-Media – wurde vertan. Auch im digitalen Bereich wird die Musikindustrie daher erneut nicht ohne Zwischenhändler auskommen, ein historisches Versagen, das die Branche insgesamt in Frage stellen wird!

Die Musikindustrie, angeführt insbesondere durch die großen international aufgestellten Musikkonzerne (im Branchenjargon als *Majors* bezeichnet), die aufgrund des jahrzehntelang aufgebauten Repertoires an Ton- und Bildtonaufnahmen und der noch unter Vertrag stehenden Topkünstler eine hervorragende Verhandlungsmacht hatten, haben es nicht verstanden, nicht zuletzt auch aufgrund von firmenspezifischen Egoismen,

---

20 Nach Angaben von *Youtube* wurden im Juni 2006 insgesamt rund 2,5 Milliarden Videos angeschaut. Jeden Tag werden über 65.000 neue Filme hochgeladen. Die Webseite kommt jeden Monat auf 20 Millionen Besucher und hat gerade mal 30 Mitarbeiter, die in San Mateo, Kalifornien, arbeiten.

21 Die Übernahme des defizitären Start-up-Unternehmens war für *Google* die mit Abstand teuerste Akquisition in der achtjährigen Firmengeschichte. *Google* kaufte die Onlinevideo-Seite für umgerechnet 1,3 Milliarden Euro in Aktien. Dem *Wall Street Journal* zufolge sollte auch *Google*-Konkurrent *Yahoo!* Interesse an der erst Anfang 2005 gestarteten Internet-Seite bekundet haben. Die Übernahme war im vierten Quartal 2006 abgeschlossen. *Youtube* wird als Marke bestehen bleiben und alle 67 Beschäftigten, darunter die Gründer Chad Hurley und Steve Chen, wurden übernommen.

- gemeinsam für ein unmittelbar aus der Musikindustrie heraus geschaffenes globales Online-Vermarktungssystem zu sorgen und/oder

- gegenüber Anbietern wie *Apple*, welche den entscheidenden Umsatz und die entsprechenden Gewinne nicht bei der Online-Plattform *I-Tunes*, sondern bei dem Verkauf von Endgeräten wie *I-Pod* oder *I-Phone* generieren, ein entsprechendes Refrundierungs-/ Beteiligungsmodell durchzusetzen.

Ohne die Hits der Musikkonzerne wäre der Erfolg von *I-Tunes* nicht denkbar. Nur weil es Apple gelungen ist, nahezu alle großen Kataloge an Aufnahmen auf seiner Plattform zu vereinen und eine klare Marke und eine ebenso klare Marketingstrategie zu präsentieren, stellte sich der gewünschte Effekt ein.

Weil die Macht der Musikkonzerne unter den veränderten Marktbedingungen immer mehr schwindet, wächst die Eigenverantwortung der Künstler und Berater. Das ‚Eigenmarketing' hat heute sowohl für den Amateurmusiker wie den internationalen Topstar eine besondere Bedeutung. Was früher das Design des Flugblatts und der Plattenhülle war, ist heute die Graphik des Internet-Auftritts, beginnend bei der eigenen Homepage für den Künstler, den dort enthaltenen Angeboten bis hin zur Gestaltung von Inhalten für Internet-Plattformen/ Netzwerke wie *Myspace* und *Youtube*, dem Online-Chat mit Fans, dem weltweiten digitalen Versand von Auftrittsterminen und News rund um den betreffenden Künstler. Dazu braucht es heute nicht unbedingt Konzernabteilungen, es reichen ein paar kreative Köpfe, um sichtbar zu werden, und einer durchdachten Strategie, um sichtbar zu bleiben. Die diesbezügliche Technologien, wie auch Ästhetik (Schnittfolge) entwickeln sich ständig weiter. Während Künstler und Agenturen früher Parkplätze vor Discotheken oder Theatern mit Flugblättern versorgten und unter die Scheibenwischer klemmten, so ist auch in der digital vernetzten Welt das ‚Abklappern' kein Fremdwort. Man sucht und findet *Friends/ Freunde*, die man durch entsprechende Links und Nachrichten auf seine eigenen Inhalte/Neuigkeiten/Termine aufmerksam macht. Aufgrund der Präzision der Abläufe kann auf diese Art und Weise eine sehr zielgenaue Rekrutierung Gleichgesinnter erfolgen, ohne die bisher gekannten Streuverluste.

5. Ausblick

Das Internet hat die Musikindustrie in den vergangenen 10 Jahren seit 1998 vollständig umgedreht. Die zuvor scheinbar unangreifbaren Musikkonzerne sind in die Defensive geraten, da ihnen neben dem massiven Absatzeinbruch nun auch immer mehr Topstars den Rücken kehren. Als Rettung wird nun die sog. ‚360°-Vermarktung' durch die Verantwortlichen propagiert, also die umfassende Betreuung der Künstler durch die Musikkonzerne nicht nur im Bereich der Produktion und Vermarktung von Tonaufnahmen, sondern auch die Zusammenarbeit bei Konzerten/Tourneen und im Bereich des Merchandisings. Auf diesem Wege wollen die Musikkonzerne ihre Existenz sichern und

Einnahmequellen generieren,[22] die nicht derart der Online-Piraterie sowie dem Preisdruck unterliegen wie die Verbreitung von Ton- und Bildtonaufnahmen. Das Konzertgeschäft wird als eine verlässliche Konstante gesehen, da dass unmittelbare Live-Erlebnis eben nicht digitalisiert werden kann ebenso wenig wie textile Fan-Devotionalien. Ob die entsprechenden Einnahmen aber die Struktur eines international aufgestellten Musikkonzerns wirtschaftlich aufrecht zu erhalten vermag, muss angezweifelt werden. Die wechselseitigen Fusionen zwischen den Großen der Musikindustrie lassen eher das Gegenteil befürchten.

Das Internet und die weiter fortschreitende Digitalisierung werden die Musikindustrie auch zukünftig rasant verändern, ja sogar vor sich hertreiben. Das Erarbeiten von Marken und das Marketing im Zeitalter der digitalen Informationsgesellschaft bedeutet für die in der Musik- und Kulturindustrie Tätigen nach meinem Dafürhalten die Notwendigkeit eines ständigen Dialogs mit den technologischen Entwicklungen des Internet. Das Wissen und das Beherrschen des klassischen Handwerkszeug der PR, das klare Herausarbeiten einer Marke und das ebenso stringente Führen einer Marke sind auch im digitalen Zeitalter die Basis; Neugier und ein Grundverständnis für die technischen und sozialen Entwicklungen in und durch das World Wide Web die Herausforderung, die es zu meistern gilt. Das Potential ist gewaltig: mehr Musik als derzeit wurde nie konsumiert,[23] so dass ich meine Ausführungen mit folgendem Zitat schließen möchte: „Wozu soll man Platon lesen, wenn ein Saxophon uns ebenso gut eine andere Welt ahnen lässt." (CIORAN 1980: 71)

Literatur

BAMERT, Thomas (2005): *Markenwert. Der Einfluss des Marketing auf den Markenwert bei ausgewählten Schweizer Dienstleistungsunternehmen.* Wiesbaden: Deutscher Universitäts-Verlag.

CIORAN, Emil Michel (1980): *Syllogismen der Bitterkeit.* Frankfurt/M.: Suhrkamp.

DALLACH, Christoph (2008): Mit der Boeing zur Party. Drogen, Exzentrik, Bestechung: in der Pop-Industrie werden Klischees durch die Wahrheit noch übetroffen. Ein Insider packt aus. – In: *Kulturspiegel* 9/2008: 16ff.

---

22 Allein die Reunion-Tour des britischen Rock-Trios *The Police* ist das weltweit am besten besuchte Konzertereignis des Jahres. 21 Jahre nach ihrer Trennung spielten Sting & Co mit ihrer Welttour laut *Billboard-Magazin* bislang 212 Millionen Dollar ein – Tendenz noch immer steigend. Mehr als 1,8 Millionen Tickets wurden verkauft. Damit verwies die Band um Frontmann Sting die Band *Genesis* auf den zweiten Platz (siehe www.net-tribune.de vom 19.12.2007).

23 Einen insgesamt optimistischen Ausblick verfassen Kusek/Leonhard (2005: 176): „Die einfache Wahrheit hinter der Sache ist doch, dass die Musik den Menschen gehört und nicht den multinationalen Unternehmen, die sie in der Vergangenheit während mehr als 75 Jahren kontrolliert und verwertet haben. Die Menschen, und zwar Musikfans genauso wie Musiker, werden entscheiden, welche Art von Zukunft sie wollen. Sie können sicher sein, dass das ganz anders wird, als in der Vergangenheit."

DPMA (2006): *Jahresberichte.* http://www.dpma.de/service/veroeffentlichungen/jahresberichte/index.html (Zugriff am 30.04.2008).

ENGH, Marcel (2006): *Popstars als Marke. Identitätsorientiertes Markenmanagement für die musikindustrielle Künstlerentwicklung und -vermarktung.* Wiesbaden: Deutscher Universitäts-Verlag.

GROSS, Thomas (2008): Wenn die Kasse leiser klingelt. – In: *Die Zeit* 05/2008: 41.

HÖHNE, Steffen (2006): Image durch Markenbildung. Affinitäten zwischen Kultur und Kommerz am Beispiel Andy Warhol. – In: Höhne, Steffen/Ziegler, Ralph Philipp (Hgg.), *Kulturbranding? Konzepte und Perspektiven der Markenbildung im Kulturbereich* (= Weimarer Studien zur Kulturpolitik und Kulturökonomie, 2). Leipzig: Universitätsverlag.

IFPI (2007): *Die Phongraphische Wirtschaft. Jahrbuch 2007.* München.

INGERL, Reinhard /ROHNKE, Christian (^{2}2003): *Markengesetz.* München: Beck.

KRIEGBAUM, Catharina (2000): *Markencontrolling. Bewertung und Steuerung von Marken als immaterielle Vermögenswerte im Rahmen eines unternehmenswertorientierten Controllings.* München: Vahlen.

KÜNZEL, Manuela (2006): *Die Marke und ihr Wert.* Saarbrücken: VDM.

KUSEK, David/LEONHARD, Gerd (2005): *Die Zukunft der Musik. Warum die digitale Revolution die Musikindustrie retten wird.* München: Musikmarkt-Verl.

MEFFERT, Heribert/BURMANN, Christoph/KOERS, Martin (Hgg.) (2002): *Markenmanagement. Grundfragen der identitätsorientierten Markenführung.* Wiesbaden: Gabler.

MELLEROWICZ, Konrad (^{2}1963): *Markenartikel. Die ökonomischen Gesetze ihrer Preisbildung und Preisbindung.* München: Beck.

TAPSCOTT, Dan (1996): *Die digitale Revolution.* Wiesbaden: Gabler (Nachdruck 1997).

Internet

www.argerich.com

www.heise.de

www.hilaryhahn.com

www.myspace.com

www.secondlife.com

www.spiegel-online.de

www.uk.reuters.com

www.welt.de

www.youtube.com

www.zeit.de

Wirkungsprinzipien und Nutzendimensionen des künstlerischen Kernproduktes in der klassischen Musik und deren Integration in Markenbildungs- und -führungsprozesse

Ralph Philipp Ziegler

Die vorliegende Ausarbeitung stellt sich dem Anspruch, sich dem komplexen Gegenstand des künstlerischen Kernproduktes aus der Perspektive von auf künstlerische wie ökonomische Nachhaltigkeit hin orientiertem Markenmanagement zu nähern. Dabei verfolgt sie zweierlei Ziele, die in der ausgearbeiteten Kombination das Ergebnis einer Diskussion des Themas mit Thorsten Hennig-Thurau sind – dieser ermunterte den Verfasser nachdrücklich, neben der Suche nach einer dem Gegenstand gerecht werdenden ökonomischen Kategorisierung kultureller Güter auch aus kulturimmanenter Perspektive Erkenntnisse abzuleiten, die ihrerseits wiederum Impulse für den außerkulturellen Bereich vermitteln könnten.

Die folgenden Ausführungen stellen eine Untersuchung des Wesens und der Wirkung des künstlerischen Kernproduktes in ihrem Verhältnis zu Phänomenen und Ansprüchen des Markenprinzips dar. Während in (2.) die einzelnen Existenzstufen des künstlerischen Kernproduktes auf die Möglichkeit hin untersucht werden, effektiv wie inhaltlich angemessen unter (kultur-)ökonomischen Gesichtspunkten in Markenbildungsprozesse integrierbar zu sein, widmen sich (3.) und (4.) den Wirkungs- und Nutzendimensionen des künstlerischen Kernproduktes unter überwiegend kulturimmanenten Perspektiven. Diese Kapitel beziehen sich im Sinn des zuvor Ausgeführten weniger dezidiert auf die Integration dieser Dimensionen in Markenbildungsprozesse, sondern stellen vielmehr solche Vermittlungsprozesse in der Wirkung von Kunst heraus, die unter ähnlichen Funktionsmechanismen wie das Markenprinzip verlaufen. Die Ausführung dient gleichermaßen der Sensibilisierung innerhalb der Gestaltung von kulturellen Angeboten aus kulturmanagerialer Perspektive wie der kontrastiven Betrachtung von Seiten der allgemeinen Ökonomie.

An Beispielen wird hier als weiterer Beitrag zur Markenbildung im Kulturbereich dargestellt, wie sich aus den Erkenntnissen der Kunstwirkungsforschung differenzierungsfähige Angebote entwickeln lassen. Unter (5.) wiederum soll gegenüber zahlreichen und viel diskutierten neuartigen Formaten der Kunst- und Kulturvermittlung dargestellt werden, wie sich aus diesen Wirkungsprinzipien die Bedeutung eines auf die autonomen Qualitäten von Kunst hin fokussierten Premiumformates für die Kunstrezeption ableiten lässt und wie dieses in der aktuellen Praxis bereits Ausdruck findet.

1. Inhalt oder Verpackung? Das künstlerische Kerngut im Zentrum

„Die Oboen wühlen in Deinen Eingeweiden. Die Geigen schreien Dich an. Du warst noch nie so wach wie heute." In der mehrfach preisgekrönten ‚*Köpfe*'-Kampagne der Werbeagentur *J. Walter Thomspon* (*JWT*) für die *Junge Deutsche Philharmonie*[1] wird die Erfahrung klassischer Musik als ein höchst sinnliches Erlebnis thematisiert – auf der Basis von zunächst überraschend traditionell erscheinenden Werten. Portraits junger Menschen, die der Betrachter vom ersten

---

1 Vgl. auch die Fallstudie im vorliegenden Band.

optischen Eindruck her eher bei den Zielgruppen von Techno oder Hip-Hop einordnen würde, sind mit aphoristischen Statements kombiniert, die einer scheinbar ganz und gar traditionellen Form der Rezeption klassischer Musik das Wort reden – wie „Kein Singen. Kein Mitklatschen. Nur Musik." Der zweite Blick macht die Kunst der *JWT*-Marketer sichtbar: denn der Brückenschlag zwischen dem ‚stylischen' Jetztzeit-Menschen und kontemplativen, hoch intensiven Wahrnehmungsprozessen von Kunst gelingt in der Werbekampagne glaubwürdig. Was dabei aus kulturmanagerialer Perspektive das Außergewöhnliche an den großformatig geklebten Plakaten ist, ist die scheinbar völlig unzeitgemäße Themenwelt der Argumentation. Das Ziel der Kampagne war es, bei bestehend guten bis sehr guten Auslastungszahlen der Konzerte die Positionierung des Orchesters gegenüber jüngeren Bevölkerungsgruppen nachhaltig zu stärken. Die Strategie der ‚*Köpfe*' ist aber dabei keineswegs etwa in einer Weise am Eventprinzip orientiert, wie sie auch in Werbekampagnen für die Hochkultur in den letzten Jahren mit berechenbarer Regelmäßigkeit zur Anwendung kommt. Vielmehr wirbt sie mit dem, was das akademische wie praktische Kulturmanagement oft gerne als außerhalb des eigenen Arbeits- und Verantwortungsbereichs gelegen sieht: mit dem künstlerischen Kern, dem ästhetischen Objekt, das ebenso mit Hingabe und Exzellenz präsentiert wie wahrgenommen werden wird.
Brillante Servicepolitik, exklusive Spielorte und Künstlervermarktung nach dem Starprinzip sind – speziell in der Perspektive von Markenmanagement – bedeutende Faktoren für die Präsentation und Positionierung kultureller Angebote. Das bedingt alleine schon die Konfrontation mit Wettbewerbern innerhalb einer weiträumig aufgefassten Freizeitkonkurrenz bis hin zu Referenzbereichen wie hochkarätiger Gastronomie, die vom Publikum nicht nur aus traditionell hochkulturbezogenen Milieus längst als integraler Bestandteil auch eines gehobenen kulturellen Angebotes erwartet wird. Andererseits: was auf dem Weg von der einst ‚servicefreien Zone' des Konzerthauses zum heutigen breiten Angebot an Sekundär- und Tertiärleistungen gestern noch außergewöhnlich war, ist heute Standard. Open-Air-Konzerte vor der Kulisse edler Schlösser sind längst austauschbarer Bestandteil von Dutzenden bis Hunderten kleinster bis größter Festivals. Selbst die Kulturpräsentation in aufgegebenen Maschinenhallen mag zwar noch außergewöhnlich sein, überörtliches mediales Aufsehen erregt sie hingegen kaum noch. Damit soll nicht in Abrede gestellt werden, dass diese Faktoren innerhalb des Leistungsbündels hochkultureller Angebote eine – auch entscheidende – Differenzierungsfunktion auf dem Kultur-, Freizeit- und Sinnmarkt wahrnehmen können. Aber ihre noch vor wenigen Jahren scheinbar per se unwiderstehliche Anziehungskraft („Das muss ich erlebt haben") ist zwangsläufig Modeerscheinung geblieben. Ein Anbieter, der nicht zumindest auch über den Kern seines Angebotes kommuniziert, wird kaum eine nachhaltige Präsenz auf dem Markt sichern und ausbauen können.
Die Werbung am Beispiel der *JWT*-Kampagnen für die *Junge Deutsche Philharmonie* sei hier – ohne dass sie bereits von sich aus als valide Situationsbestim-

mung gelten dürfte – als seismographischer Indikator aufgefasst für bewusste oder unbewusste Nutzenpräferenzen beim potenziellen Publikum. Innerhalb der unter anderem von Opaschowski (2005) prognostizierten Entwicklung hin zu einer Sinngesellschaft gewinnt auch für die Präsentation von Kunst und Kultur die Nutzenstiftung durch das Kernobjekt wieder wesentlichere Bedeutung – nicht nur für die Konzeption, sondern insbesondere auch für die Kommunikation von kulturellen Angeboten.

Dieser zentrale Kern kultureller Angebote, der hier als kulturelles oder künstlerisches Kernprodukt bezeichnet werden soll, wurde bislang in der Fachliteratur in der Regel aus dem Aufgabenfeld von Kulturmanagement weitgehend ausgenommen bzw. der ihm zugeordnete Aufgabenbereich auf die Formatgestaltung reduziert (z. B. KLEIN 2001, HAUSMANN 2005). Kulturmanagement wird in der hier angewandten Perspektive als Dienstleister gegenüber einer auf ökonomisch gewissermaßen abstrakter Ebene agierenden künstlerischen Disposition aufgefasst – eine Position, die faktisch kaum der Realität entspricht und einer gleichermaßen für die wissenschaftliche wie die praxisorientierte Arbeit unangemessenen Mystifizierung dieser Kernleistung zuarbeitet.

Zum einen bestimmt wird dieses Phänomen von dem mit konstanter Regelmäßigkeit aufgerufenen Wunsch nach der kreativen Unabhängigkeit von Künstlern oder künstlerischen Leitungsinstanzen von Kulturinstitutionen. Diese existieren in der Praxis gleichwohl keineswegs in idealtypischer Autonomie, sondern stets in einem Spannungsfeld unterschiedlichster Ansprüche zwischen künstlerischer und im weitesten Sinne managerialer Natur. Mag ein schöpferischer oder interpretatorischer Akt noch als unabhängig von über das Kernprodukt hinausgehenden Interessen aufgefasst sein, so ist bereits der Aspekt der Vermittlung (für den Künstler wie für den Anbieter) rezipienten- und damit marktabhängig. Was die Rezeptionskompetenz des Publikums übersteigt, büßt unabdingbar an der Vermittlungsbreite von Inhalten ein. Damit können die Wirkung des Kunstwerkes und das Präsentationsformat, angebotene Information zu Werk und/oder Interpretation und möglich werdendes Erleben in einem intensiven Zusammenhang stehen. Selbst wenn also in der Praxis eine integrierende Kombination inhaltlicher und managerialer Aufgaben noch keineswegs der allgemeinen Realität entspricht, so ist sie dennoch für Kulturmanagement und insbesondere für ein auch auf inhaltliche Nachhaltigkeit orientiertes Markenmanagement im Kulturbereich als Anspruch unabdingbar.

Entsprechend ist es das Kernziel dieses Beitrages, zunächst Wesen und Wirkungsweise des künstlerischen Kernproduktes im Überblick darzustellen und aus den daraus gewonnenen Erkenntnissen Implikationen für Theorie und Praxis zu gewinnen. Die leitende Fragestellung ist zunächst, am Beispiel der musikalischen Aufführung die Nutzenaspekte des klingenden Kunstwerks und damit seine Position und Funktion im vom Anbieter vorgehaltenen Leistungsbündel zu untersuchen, insbesondere auf ihren Beitrag zur Entwicklung von Alleinstellungsmerkmalen hin. Diese Erkenntnisse sollen als Basis zur Entwicklung nachhaltig erfolgreicher insgesamt kultureller und im Speziellen institutionsbezogener Präferenzbildung bei potenziellen Nutzern ausgeführt werden – sie sind wesentliche Grundlagen für die erfolgreiche Anwendung von Markenstrategien auf Institutionen des Hochkulturbereiches.

1.1. Parallele Wirkungsprinzipien von Kunst und Marke
Die zentralen Wirkungsprinzipien von Kunstwerken und Markenstrategien weisen signifikante Parallelen auf. Dies betrifft insbesondere die Konstruktion von Realitäten, die in der greifbaren Welt nicht vorhanden sind. Kunstwerk und Markenmanagement funktionieren hierbei auf der Grundlage einander sehr ähnlicher Kommunikationsprinzipien. Beide kommunizieren mit dem Rezipienten über die Gestaltung und Vermittlung einer imaginären Welt, bei der unter anderem Verweise auf die reale Welt die Aktivierung von Konnotationskomplexen bewirken. Diese Konnotationen ihrerseits können in der Regel teils Folgen der kommunikativen Intention des Senders sein, teils entwickeln sie sich unabhängig von diesem rezipientenabhängig. In der Markenkommunikation geschieht dies mit dem Ziel, z. B. durch das Erschaffen von (Marken-)Persönlichkeiten Konsumentenpräferenzen langfristig zu binden und zu lenken. Im Kunstwerk wirken diese Konstrukte in der Regel ohne die in Markenstrategien integrierte implizite Aufforderung zur aktiven Handlung (z. B. Kauf) und verbleiben damit – zumindest aus der Vorstellung des autonomen Kunstwerkes heraus – in Bezug auf eine mögliche Aussage vergleichsweise offen. Damit ist *Das offene Kunstwerk* (ECO 1973) im Gegensatz zum poetischen, politischen oder anderweitigen Intentionen folgenden Werk vom Prinzip her dasjenige, das dem kompetenten Rezipienten den höchsten, weil höchstmöglich individualisierbaren und mit eigenen Assoziationen anreicherbaren Nutzen zu gewähren im Stande ist. Markenstrategien im klassischen Konsumgüter- und Dienstleistungsbereich hingegen sind generell gewöhnlich daraufhin angelegt, mit den Zielgruppen über Markenartikel oder -leistungen auf einer allgemeinen Aussageebene mit dem Ziel einer klaren Handlungsanweisung (den Kauf/die Inanspruchnahme) zu kommunizieren. Gleichzeitig ist es auch hier eine wichtige Perspektive, den Markenartikel oder die Markenleistung im Idealfall mit einer – bleibenden – persönlichen Bedeutung für den Konsumenten aufzuladen.

In dieser Untersuchung sollen vor allem zwei bislang im Kulturmanagement im Wesentlichen aus kulturwissenschaftlicher Perspektive behandelte Ansätze auf ihre Bedeutung für Markenstrategien im Hochkulturbereich hin diskutiert werden, die gleichermaßen für die Analyse der Nutzenstiftung der künstlerischen Kernleistung wie auch für die Entwicklung von Markenstrategien relevant sein können: die Konstruktion von Realität mittels des Kunstwerkes und die Entstehung des Kunstwerkes in der Interaktion von Werk und Rezipient anhand der Rezeptionsästhetik. Beide Ansätze befassen sich mit der Art und Weise, wie sich eine Beziehung zwischen dem Rezipienten und dem Werk als Kern kultureller Angebote konstituiert (als so genanntes ästhetisches Objekt) und unter welchen

Bedingungen diese Beziehung für den Rezipienten in welcher Form Nutzen stiftet. Es kann dabei nicht die Aufgabe dieser Erörterungen sein, eine umfassende Wiedergabe der für die Fragestellung relevanten kultur-, sozial- oder kommunikationswissenschaftlichen Forschungsergebnisse anzustreben. Vielmehr erscheint es dem Verfasser als sinnvoll, theoretische Modelle und empirische Erkenntnisse aus den Referenzdisziplinen auf eine Annäherung an das künstlerische Kernprodukt hin zusammenzuführen, diese sodann für die markenstrategische Praxis im Kulturbereich operationalisierbar anzulegen und schließlich mit Erfahrungen aus der Praxis abzugleichen. Außerdem verzichten diese Ausführungen auf die differenzierte Bewertung der um das künstlerische Kernprodukt herum gruppierten Sekundär- und Tertiärleistungen, die gesonderten Untersuchungen vorbehalten sein sollen. Auch die noch ausstehende klare Differenzierung zwischen Markenstrategie und Starmodell, soweit sie nicht für das künstlerische Kernprodukt als solches von hervorgehobener Bedeutung ist, wird an dieser Stelle als Diskussion nicht ausgeführt.

1.2. Spezifika des künstlerischen Kernproduktes und grundlegende Implikationen für seine Integration in Markenstrategien

Das künstlerische Kerngut, insbesondere das klingende Kunstwerk, entzieht sich zunächst scheinbar ganz den herkömmlichen Leistungsspektren aus dem Konsumgüter- und Dienstleistungsbereich, indem ein klar definierter sachlicher oder sozialer Kernnutzen des klingenden Kunstwerks selbst nicht ohne weiteres bestimmbar erscheint. Die temporäre, prozessuale Existenz der musikalischen Aufführung – sie existiert sui generis außerhalb des Aufführungszeitraumes nicht[2] – prägt weiterhin einen Sonderstatus insbesondere musikalischer Kunst als Bestandteil eines Leistungskomplexes. In der Tat lässt sich die zentrale Nutzenstiftung der musikalischen Aufführung über klassische ökonomische Kategorisierungen ebenso wie mittels klassischer empirischer Untersuchungslayouts unterhalb der Differenzierungsmöglichkeiten eines psychologischen Tiefeninterviews nur unzureichend bestimmen. Die Nutzenaspekte und Auswirkungen von Sekundär- und Tertiärleistungen auf die Präferenzbildung bei potenziellen Rezipienten erscheinen dagegen wesentlich klarer bestimmbar zu sein. Insbesondere Sport- und Erlebnisökonomie haben in diesem Bereich bereits umfassendere Studien vorgelegt (RECKENFELDERBÄUMER 2003; WELLING 2003).

Im Rahmen dieser Ausführungen sollen zunächst Wesen und Wirkungsweise des klingenden Kunstwerks skizziert werden, und zwar insbesondere unter Zuhilfenahme von Ansätzen kunst- und kommunikationswissenschaftlicher Disziplinen. Die hieraus gewonnenen Erkenntnisse werden in der Folge darauf hin untersucht, wie für anbietende Kulturinstitutionen die Nutzenstiftung der

---

2   Auch Mitschnitte von Live-Aufführungen entsprechen insbesondere aus der Sicht von Markenstrategien nicht einer Konservierung bzw. Ermöglichung einer Reproduzierbarkeit der künstlerischen Kernleistung, wie an späterer Stelle noch ausgeführt werden wird, sondern stellen andere Formate von Nutzenstiftung dar.

musikalischen Aufführung gegenüber dem Besucher der Veranstaltung vertieft und verstärkt werden kann und in welcher Form ggf. bereits am künstlerischen Kerngut und dessen Präsentation markenstrategische Effekte erzielt werden können. Dazu wird als Problematik vorausgesetzt, dass aus der Perspektive von Wahrnehmungsmanagement (WAGNER 2005: 107f.) spezifische Leistungscharakteristika gegenüber dem Kunden erst sichtbar gemacht und in einem zweiten Schritt deren Zuordnung zum Anbieter wahrnehmbar gemacht werden müssen, um eine Differenzierungsfunktion auf dem Markt erreichen zu können. Dabei wird davon ausgegangen, dass innerhalb des Leistungsangebotes von Kulturinstitutionen

- nur Teile des Gesamtprozesses für den Kunden sichtbar und
- nur Teile des Gesamtprozesses für den Kunden verständlich sind sowie
- relevante und faktisch differenzierende Leistungen ggf. vom Kunden nicht bewusst oder nicht bewusst als differenzierend wahrgenommen werden.

Schließlich werden im Rahmen dieser Ausarbeitung zwei Modelle skizziert werden, die hier die Entwicklung von Instrumenten zur erfolgreichen Positionierung hochkultureller Güter auf dem (Erlebnis-)Markt unter höchstmöglicher Berücksichtigung ihrer kulturellen Integrität[3] zum Ziel haben:

- die Anwendung des Ingredient-Brand-Prinzips auf die verschiedenen Existenzstufen und Ingredienzien des künstlerischen Kernproduktes in (2.),
- das Modell des authentizitätsorientierten Wertedifferentials (KOOB/ WEBER 1999).

Die Einordnung und Bewertung des künstlerischen Kernproduktes berücksichtigt hierbei unter anderem wesentlich, dass die Rezeption von Kunstwerken u. a. unter den Voraussetzungen von intellektueller Bildung und ästhetischer Erfahrung, mithin einer gewissen Rezeptions- und Interpretationskompetenz, geschieht. Offensichtlich erscheint, dass beispielsweise für den Connaisseur das hochklassige, komplexe Kunstwerk die größere geistige Herausforderung und ästhetische Erfüllung darstellen kann als das einem größeren Rezipientenkreis gegenüber scheinbar offenere Werk. Im Umkehrschluss können für den weniger geschulten Rezipienten Werke innerhalb eines begrenzten ästhetischen Erfahrungsraums intensiver wahrnehmbar sein als komplexere, die unter bestimmten kunst- und kulturwissenschaftlichen Paradigmen als hochwertiger erscheinen. Dies kann z. B. durch die fehlende Kenntnis von musikalischen Entwicklungsschritten bedingt sein, die zwischen dem Hörer geläufigen ästhetischen Ebenen und einem zeitgenössischen Werk vermitteln müssten, auf die sich letzteres be-

---

3 Diese ‚kulturelle Integrität' ist ihrerseits keineswegs nur Selbstzweck, sondern speziell bei Kulturanbietern in öffentlicher Trägerschaft in der Regel eine wesentliche Bedingung aus Stakeholderperspektive.

zieht. Die subjektiv empfundene Erlebnisqualität beim Hören eines musikalischen Werkes kann also unter anderem abhängig sein von ästhetischer Erfahrung und von Bildung unterschiedlichster Ausrichtung.

Die Ausrichtung künstlerischer Angebote rein auf den Bereich eines als Allgemeingut geltenden Durchschnittskanons an musikalischer Literatur allerdings wirkt einer nachhaltigen Sicherung der Präsenz im Sinne einer künstlerischen wie emotionalen Aktualität von E-Musik ebenso entgegen wie eine generelle ästhetische und intellektuelle Überbeanspruchung der realen Publika. Die Gestaltung des Präsentationsformates und von Angeboten der Musikvermittlung im weitesten Sinn können hier ein entscheidender Faktor erfolgreicher Produktpolitik sein und zum unverzichtbaren Instrument der Positionierung auch eines anspruchsvollen und positiv herausfordernden Repertoires werden.

Diesen Ansprüchen an die Produktpolitik der Anbieter klassischer Musik genügen nicht mehr die speziell seit den 1960er/1970er Jahren entwickelten Formate von Gesprächskonzerten, moderierten Konzerten, Werkeinführungen auf offener Bühne oder die Aufsplittung umfassenderer Werke als Bestandteile von häppchenweise rezipierbaren Potpourri-Programmen. Vielmehr wird in diesen Ausführungen unter (5.) sogar speziell einem an den im 19. Jahrhundert entwickelten Präsentationsformen orientierten Modell und dessen Perspektiven sowie Grenzen besondere Aufmerksamkeit gelten. Speziell Musik, die auf die konkrete Aufführungssituation im Konzertsaal hin geschrieben worden ist – und dies gilt für einen Großteil des allgemein gepflegten sinfonischen und konzertanten Repertoires – kann in diesen Formaten eine hochgradig angemessene Präsentationsform finden. Eine Renaissance der kontemplativen Musikerfahrung, wie sie auch aktuellen sozialen Strömungen zu entsprechen scheint und hier unter der Perspektive von Zügen eines Premiumformats untersucht werden soll, kann nur das Ergebnis umfassender künstlerischer Kompetenz und kreativer managerialer wie dramaturgischer Arbeit sein. Der aus dieser Perspektive für Hörer wie Interpreten gleichermaßen gewonnene Nutzen kann aus dieser Perspektive ein im Kontext von Wettbewerbern nahezu unvergleichlich intensiver Kernnutzen von Kunstrezeption sein: Das Kunstwerk gewinnt durch seine Totalität den Status einer ‚realen' Existenzform außerhalb der ‚greifbaren' Wirklichkeit und eröffnet dem Rezipienten die Möglichkeit, innerhalb einer komplexen ‚eigenen Realität' über die ‚sachliche Wirklichkeit' hinausreichen zu können. Michael Schramm (2002: 19) hat in einer Publikation zum Thema Kirchenmarketing auf einem Gebiet ähnlich komplizierten Anspruchs die Definition eines Kernnutzens von Kirche gewagt: „kontingenzeröffnende Alltagsentgrenzung" – die Möglichkeit, sich Welten über den Alltag hinaus zu erschließen, die nicht greifbar erscheinen und dennoch echten Lebensraum für die Seele darstellen. Die Positionierung hochkarätiger musikalischer Kunst kann – auch aus (kultur-)ökonomischer Perspektive – unter einem ähnlichen Anspruch nachhaltig Bedeutung gewinnen, behalten und ausbauen.

2. Kreativität und Kommunikation: Das musikalische Kunstwerk

Die Frage ‚Was ist Kunst?' lässt sich unter Berufung auf die Wünsche des Publikums beantworten." – Die Definition, mit der sich Werner W. Pommerehne und Bruno S. Frey (1993: 9) dem Phänomen Kunstwerk nähern, erscheint auf den ersten Blick strikt ökonomisch aufgefasst. Sie wäre gleichwohl missverstanden, wollte man sie als signifikantes Dokument der Kommerzialisierung von Kunst sogar in der ihr zugeordneten managerialen Spezialdisziplin abqualifizieren. Sie spiegelt vielmehr das Spannungsfeld zwischen Werk und Rezeption, in dem aus dem künstlerischem Werk erst kulturelle Wirkung wird. Dabei erscheint der Begriff Kunst fast missverständlich eingesetzt, denn die kunstwissenschaftliche Sichtweise insbesondere der rezeptionsästhetischen Perspektive fasst das Werk erst im Moment seiner Rezeption durch den Betrachter oder Hörer als Kunstwerk im Vollsinn auf. Erst durch die Wahrnehmung wird damit aus dem Werk ein Kunstwerk, aus dem (Kunst-)Gegenstand ein ästhetischer Gegenstand. Damit ist nicht allein der „objektive materiale Charakter eines produzierten Werkes" (BROCK 1977: 199) wesentlich für das Zustandekommen des Status' eines Kunstwerkes, sondern auch der Kontakt mit dem Rezipienten. Das Entstehen von Beziehung und Bedeutung entscheidet also über den kulturellen Wert des Kunstwerkes – und damit eine Fülle von Einflussfaktoren, die u. a. auf die aktuelle Lebenswelt und Vorprägung/ -bildung des Rezipienten zurückzuführen sind. Damit ist auch kulturelle Bedeutung nicht zwingend gleichbleibend über Epochen und Jahrhunderte, wie es die tradierte Sichtweise auffasst. Sie kann durchaus Progression und Regression unterliegen, was dort besonders auffällig bemerkbar wird, wo über lange Zeit vergessene Künstler nach Jahrzehnten oder Jahrhunderten scheinbar unversehens wieder erhebliche aktuelle Bedeutung gewinnen – es kann also epochenübergreifendes kulturelles Potenzial im Werk vorhanden sein, selbst wenn es zeitweise nicht oder nur eingeschränkt wirksam ist. Eine der prägnantesten Erscheinungen dieses Phänomens ist die Wirkung des spanischen Barockmalers El Greco oder Mathias Grünewalds vor allem auf den Expressionismus der 1920er und frühen 1930er Jahre. Brock verweist in diesem Zusammenhang als maßgeblich für das Zustandekommen von Wert auf die „Funktion, die [...] Werke in verschiedenen Gesellschaften zu verschiedenen Zeiten ihrer Entwicklung haben" (BROCK 1977: 199).

Folgt man der hier zu Grunde gelegten Sichtweise, so ergeben sich für das musikalische Kunstwerk drei zentrale Ebenen von künstlerischer Existenz:[4]

---

[4] Theoretisch ließe sich eine weitere Stufe installieren, die für die kulturmanageriale Betrachtung allerdings zunächst als von nachgeordneter Relevanz erscheint: so vermag die Übertragung der abstrakten Idee im Kopf des Komponisten durch dessen Transkriptionsleistung bereits als eine erste interpretierende Stufe aufgefasst werden. Diese stellt jedoch in der dramaturgischen Praxis keine zusätzliche Werkstufe dar, indem sie außer dem Komponisten selbst keinem Dritten zugänglich ist.

- 1. Stufe: Komposition (i. d. R. die Partitur)
- 2. Stufe: Aufführung (die Interpretation)
- 3. Stufe: Rezeptiv wahrgenommenes Kunstwerk („ästhetisches Objekt")

2.1. Die erste Stufe: Materialität von Musik – Die Komposition

Zwei der zentralen Herausforderungen für ein Markenmanagement im Bereich der klassischen Musik hängen unmittelbar mit der ersten, vergleichsweise materiellen Stufe von Musik zusammen:

- eine Vorab-Bewertbarkeit des künstlerischen Kernangebotes zu ermöglichen und
- über die ausgewählten Kompositionen eine für den Rezipienten relevante Differenzierung auf dem Markt zu erzielen.

Nach einer Bestimmung der Funktion der schriftgebundenen Ebene der Komposition für die Rezeption des musikalischen Kunstwerkes soll an dieser Stelle die in der Partitur vorliegende Stufe des künstlerischen Kernprodukts zunächst unter diesen beiden Aspekten dargestellt werden.

Die erste Stufe der Existenz des musikalischen Werkes ist in der Regel – und diese soll zugunsten der klaren Strukturierung des Modells zunächst angenommen werden – die durch den Komponisten vorgenommene schriftgebundene Entwicklung der musikalischen Idee zu einem aufführungsfähigen Komplex und damit eine „dem Ausgangsmaterial [der rein geistigen Idee, d. Verf.] gegenüber völlig selbständige und nach gestaltungsimmanenten Gesetzmäßigkeiten ausgearbeitete Aussageneinheit" (BROCK 1977: 34). Dieser Niederschrift wird in der traditionellen Auffassung mittels der „Auffassung als Text eine Identität des musikalischen Werkes (…) [zugestanden], die von Differenzen der Interpretation und Rezeption prinzipiell unabhängig ist" (DAHLHAUS 1982: 94). Das musikalische Werk der 1. Stufe ist also die maßgebliche Definition der grundlegenden musikalischen Vorgänge, die in unterschiedlichen Graden detailliert sein kann. In ihr ist festgehalten, was allen musikalischen Werken der 2. Stufe (der Interpretation), die auf die betreffende Komposition zurückzuführen sind, gemeinsam ist. Diesen Ausgangspunkt musikalischer Realisation definiert der amerikanische Konstruktivist Nelson Goodman schlüssig: „Das Notationssystem unterscheidet konstitutive von kontingenten Merkmalen und greift damit die Aufführungsarten heraus, die als Werke zählen." (GOODMAN 1995: 22f.) Es darf davon ausgegangen werden, dass – von einigen auch prominenten Werken wie Johann Sebastian Bachs *Kunst der Fuge* abgesehen – die Niederschrift von Kompositionen prinzipiell dem Zweck dient, diese Kompositionen zur Aufführung zu bringen, also in die zweite Stufe der Existenz des musikalischen Werks zu überführen. Da nicht vorausgesetzt werden kann, dass der durchschnittliche Hörer in jenem Maße, in dem er beispielsweise einen Dramentext zu lesen und zumindest in Grundlagen zu verstehen imstande ist, auch den Text der Partitur vor dem inneren Ohr imaginieren kann, wird die Partitur eines Werkes im Allgemeinen mehr als Substrat der akustischen Existenz wahrgenommen. Diese Einschätzung ist jedoch zu eindimensional und muss zu Gunsten einer Wertung als eigenständige, hochwertige 1. Stufe der Existenz des musikalischen Kunstwerkes korrigiert werden. Die wesentlichen Züge sämtlicher auf der Grundlage der Komposition basierenden Aufführungen sind schließlich in der Partitur festgehalten, die in einem im Vergleich beispielsweise zum Schauspiel sehr präzisen Rahmen den Ablauf künstlerisch gestalteter Zeit gliedert und mit prinzipiellem Inhalt unterschiedlicher Kategorien gestaltet. Vergleicht man die musikalische Komposition dieser Existenzebene mit einem Werk der Bildenden Kunst, so determiniert die Partitur fraglos einen wesentlichen Part der sinnlichen Erscheinung des klingenden Werkes. Damit ist sie i. d. R. der Garant für immer gleiche Grundstrukturen eines musikalischen Werkes.

Für den Erfolg von Markenstrategien ist es von zentraler Bedeutung, auf den unterschiedlichen Ebenen von Marke[5] Markenversprechen zu formulieren und zu kommunizieren, die für den Rezipienten relevante und eine Kaufentscheidung unterstützende Aspekte transportieren. Ein entscheidender Treiber für die Entwicklung von Markentreue ist dabei, dass diese Versprechen wahrnehmbar sowie im Idealfall differenzierungsfähig gegenüber Wettbewerbern eingelöst werden. Während und nach dem Erleben des künstlerischen Kerngutes soll die beim Rezipienten geweckte Erwartung von ihm als erfüllt oder sogar übertroffen wahrgenommen werden.

Die Vorab-Bewertbarkeit der Wirkung von Kunst ist aus den bereits ausgeführten Mechanismen von Kunstwahrnehmung kaum abschließend zu leisten, indem sie stark von der persönlichen Disposition des Rezipienten und seinem ästhetischen Erfahrungshintergrund bzw. seiner Rezeptionskompetenz abhängig ist. Geht man gleichwohl davon aus, dass die Kommunikation über Kunst, also die Informationspolitik des Anbieters, zumindest in Aspekten auf gesicherten und relevanten Informationen beruhen sollte, so ist die materialisierte Stufe musikalischer Kunst, die Partitur, der stichhaltigste Indikator für das Kunstwerk, das dem Rezipienten in der Aufführung in klingender Form geboten werden wird. Geht man hierbei von der bereits benannten i. d. R. mangelnden Dechiffrierungskompetenz von Partituren durch potenzielle Rezipienten aus, so bleibt dennoch, insbesondere beim gängigen Konzertrepertoire, die Vergleichbarkeit mit der bereits in einer Aufführung oder über elektronische Medien gehörten Komposition,

- einer anderen Komposition desselben Autors oder
- einer Komposition eines anderen Autors derselben Epoche.

---

5 Markenessenz/Kernidentität/Erweiterte Identität (ZIEGLER 2006: 72f.).

Die Erfahrung von Seiten des Rezipienten, dass diese Indikatoren mit nach unten absteigender Genauigkeit Informationen über die ästhetischen Eigenheiten der betreffenden Komposition vermitteln, beruht auf der an anderem Ort intensiver auszuführenden Sichtweise, Werke und Gesamtwerk eines Künstler unter Markenparadigmen aufzufassen. Dies beruht auf der gemachten Erfahrung von selbstähnlicher Reproduktion innerhalb des Schaffens eines Künstlers, die kunst-/musikwissenschaftlich anhand von speziellen Aspekten eines so genannten Personalstils untersucht werden. Dieser Personalstil ‚garantiert' aus Rezipientensicht (im Sinne von Markenwirkung) einen Qualitätsstandard sowie spezielle ästhetische Eigenheiten, die präferenzbildend in Hinblick auf den Rezipienten und differenzierend gegenüber Werken anderer Künstlern wirken können.[6]

Aus dieser Sicht kann die Komposition unbedingt über Markenqualitäten verfügen, die in Einzelfällen einen auch deutlich messbaren kommerziellen Wert darstellen können. Als Beispiel sei an dieser Stelle nur die Einleitung aus Richard Strauss' 1895 komponierter sinfonischer Dichtung *Also sprach Zarathustra* op.30 genannt, die noch bis 2019 dauerhaft erhebliche Lizenzgebühren an die Rechteinhaber abwirft. Weitere, gemeinfreie Werke von ähnlich hohem Wiedererkennbarkeitsgrad sind beispielsweise das Kernmotiv des ersten Satzes der *Sinfonie Nr.5 c-moll* op.67 von Ludwig van Beethoven oder der Beginn der Johann Sebastian Bach zugeschriebenen *Toccata und Fuge d-moll* BWV 565. Da die Partitur die grundlegende Ähnlichkeit so gut wie jeder Interpretation gegenüber einer bereits bekannten gewährleistet, kann hiermit bei dem potenziellen Hörer bekannten Werken eine relativ hohe Vorab-Bewertbarkeit der Grundstrukturen des musikalischen Werks garantiert werden. Für dem potenziellen Hörer nicht geläufige bzw. in der Kommunikation des Anbieters nur unscharf vermittelte ästhetische Eigenheiten von Künstlern und Werken (insbesondere neuen) kann es dem gegenüber außerordentlich kompliziert sein, dem Interessenten für ihn wesentliche Informationen über die zur Aufführung vorgesehenen Werke zu vermitteln. In der Regel darf davon ausgegangen werden, dass die Markenfähigkeit eines Kunstwerks gegenüber einem breiteren potenziellen Publikum spätestens ab dem ausgehenden 19. Jahrhundert im parallelen Verhältnis dazu steht, wie viele Stufen der dem Werk vorangegangenen künstlerischen Entwicklung – falls es sich zustimmend oder ablehnend auf diese bezieht – dem Kreis potenzieller Rezipienten gegenwärtig ist. Gegenüber Solitären in der Entwicklung wie z. B.

---

6 Dieses Modell ist an dieser Stelle bewusst wenig differenziert belassen. Es berücksichtigt nicht Entwicklungen innerhalb des Schaffens eines Künstlers, die auch stilistisch bei gleich bleibender Qualität höchst unterschiedliche Ausprägungen aufweisen können (z. B. bei Ernst Krenek). Insbesondere rückwirkend wird das Gesamtschaffen von Künstlern häufig vom Rezipienten aus eher summarisch aufgefasst, zumal Entwicklungsprozesse ebenso wie revolutionäre Fortschritte in der künstlerischen Entwicklung z. B. im ersten Viertel des 19. Jahrhunderts aus den Hörgewohnheiten des beginnenden 21. Jahrhunderts heraus von einem breiteren potenziellen Publikum nicht in den für die Entstehungszeit relevanten Detaillierungsgraden wahrgenommen werden.

Olivier Messiaen hängt die Fähigkeit zur vollgültigen Rezeption zahlreicher avancierter Kompositionen des 20. und 21. Jahrhunderts intensiv mit zumindest marginalen Erfahrungen mit diesem ästhetischen Kontext ab.
Um die öffentliche Bekanntheit von Werken zu erhöhen bzw. ihre ‚Kanonisierung' zu unterstützen, sind heute vor allem mediale Instrumente von Bedeutung. Neben den Rundfunksendern und akkreditierten Klassik-Labels haben eine solche ‚Patenschaft' für bestimmte Kunstwerke in den letzten Jahren besonders auch die Printmedien durch neue Produktlinien übernommen. Diesen gelingt es, Repertoirebezirke auch und insbesondere im Sinne gesellschaftlicher Bedeutung mit festzulegen; dies geschieht auf der Basis einer durch das inhaltliche Renommee dieser Medien implizierte Deutungskompetenz für relevantes Repertoire. Im Bereich der klassischen Musik ist dies in jüngster Zeit z. B. *Die Zeit Klassik Edition*.
Gegenüber der Tatsache, dass vor allem Werke innerhalb dieses kanonisierten Repertoires i. d. R. im Vollsinn Markeneigenschaften aufweisen können, steht die fehlende Kontingentierbarkeit dieser Werke. Die Aufführung von Werken der klassischen Musik steht jedem interessierten Anbieter frei, vorausgesetzt dass diese entweder

- gemeinfrei sind, das heißt, der Komponist bereits seit über 70 Jahren verstorben ist oder
- der Urheber seine Rechte zur Wahrnehmung an eine monopolistisch auftretende Wahrnehmungsgesellschaft (z. B. GEMA) übertragen hat.[7]

Ein entscheidender Unterschied z. B. gegenüber Museen besteht also darin, dass gegenüber dem i. d. R. einen (in der Deutung von u. a. Benjamin und Groys mit auratischer Wirkung verknüpften) Original in der Bildenden Kunst im Konzertbereich eine unbegrenzte Zahl von Anbietern Aufführungen anbieten können, die sämtlich über einen vergleichbaren Originalitätsgrad verfügen. Adorno (2001: 243) beschreibt diese als „Kopie(n) eines nicht vorhandenen Originals" mit einer Existenzform zwischen unbegrenzter Verfügbarkeit und exklusiver Originalität, indem nämlich wiederum jede Aufführung, wie im Folgenden zu sehen sein wird, für sich individuell und einzigartig und damit nicht im Sinne mehrerer Originale deckungsgleich wiederholbar ist.
Sieht man hierbei von der Perspektive des Autors und des Verlages ab, die konkret auch von einer Vielzahl von Aufführungen einer Komposition profitieren, so ist die Komposition i. d. R. kein wettbewerbsrelevantes Gut für den Anbieter von musikalischen Aufführungen – es sei denn, in der Position eines unverzichtbaren Standardrepertoires. Dennoch hat seine Funktion innerhalb des zu markierenden Leistungsbündels von Seiten des Anbieters erhebliche Bedeutung

---

7 Regelbar ist jedoch Ausleihe bzw. Verkauf von Aufführungsmaterialien durch Verlage bzw. Urheber oder durch Exklusivverträge; Einschränkungen bedingen können ggf. spezielle Aufführungsqualifikationen für eine vollgültige Interpretation (quantitativ, inhaltlich; Schwierigkeitsgrad, Besetzung, Spezialisierung).

in Verbindung mit ggf. sehr starken Treiberkräften. Am schlüssigsten können diese Position und die ihr innewohnenden Wirkungsmechanismen durch das Ingredient-Brand-Modell (BAUMGARTH 1999) gehandhabt werden, auch wenn dieses per se auf einer Kontingentierbarkeit der Ingredient Brand beruht. Das Ingredient-Brand-Modell beruht darauf, dass die Ingredient Brand (z. B. ein Prozessor) für sich über eine vom Trägerprodukt (z. B. einem Computer) bzw. der anbietenden Institution unabhängige Präsenz beim potenziellen Kunden verfügt und in sich bereits kaufentscheidungsprägende, für den potenziellen Kunden relevante Leistungserwartungen beinhaltet. Für Schauspieler im Spielfilm hat dies Thorsten Hennig-Thurau (2006) belegt; Ähnliches gilt im selben Genre z. B. für Sujets mit hohem Bekanntheitsgrad.

2.2. Die zweite Stufe: Das klingende musikalische Kunstwerk – Die Interpretation

Ist die 1. Stufe des klingenden Kernproduktes, die Komposition, konstant und berechenbar, aber nicht kontingentierbar, so ist die 2. Stufe, die Interpretation, im Allgemeinen also in ihren wesentlichen Eigenschaften höchstens annäherungsweise vorausberechenbar und von den Grundprinzipien ihrer Existenz her einmalig und unwiederholbar. Die musikalische Aufführung mit ihrer Vielzahl von Einflussfaktoren bedingt diese Einmaligkeit, von kunstinternen (kreativen, reagierenden, impulsiven) Aspekten bis hin zu äußeren Einflüssen wie der Stimmung von Instrumenten etc. Diese Einmaligkeit, z. B. im Sinne der Vorstellung einer ‚künstlerischen Sternstunde' von äußerster Sensibilität und/oder Emphase, widerspricht dabei keineswegs einer Erwartungshaltung, die durch öffentliche Kommunikation oder aus eigenen Erfahrungen gespeiste Vorstellungen getragen wird. So wird z. B. bestimmten Interpreten in der Öffentlichkeit entweder eine besondere Interpretationskompetenz für eine bestimmte Literatur zugeschrieben, oder es wird ggf. eine besonders ereignishafte Interpretation von ihnen erwartet.

In dieser Hinsicht wird also die nicht kontingentierbare Komposition durch den Interpreten zum kontingentierbaren, ja, sogar einmaligen Gut. Gleichzeitig kann die zwar prinzipiell nicht wiederholbare, einzigartige und temporäre Existenz der Aufführung durch eine bestimmte Erwartungshaltung an den/die Interpreten dennoch im Sinne eines Erwartungsgutes (vergleichbar einer Produktvariante eines bereits eingeführten Produktes bzw. Anbieters) zu einem entscheidenden Faktor markenähnlicher Vorab-Bewertbarkeit werden.

Unterschieden werden muss an dieser Stelle wesentlich zwischen künstlerischen Erwartungen an bestimmte Interpreten und dem Starprinzip, wenngleich die Modelle Star und Marke fallweise nicht völlig trennscharf zu unterscheiden sind. Hier soll davon ausgegangen werden, dass prinzipiell über die außermusikalische Popularität von Interpreten hinaus tatsächlich konkrete musikalische Eigenschaften Auslöser für Präferenzen von Kundenseite darstellen – selbst wenn diese ggf. vom Rezipienten nur subkutan wahrgenommen werden.[8]

---

8   Zudem ist darauf zu verweisen, dass das Vorhandensein von im Vollsinn als internationale

Über die Qualifikation von Einzelkünstlern hinaus wird auch bestimmten Klangapparaten von institutioneller Form wie den *Berliner Philharmonikern* und den *Wiener Philharmonikern* regelmäßig ein regelrechter Markenklang attestiert. Ein solcher Markenklang geht dabei in jedem Fall über den Standard eines hohen musikalischen Qualitätsstandes oder einer spezifischen stilistischen Qualifizierung hinaus. Ihn kennzeichnet die Selbstverständlichkeit bestimmter Musizier- und Reaktionsweisen, die organische Art, einen auf eine bestimmte Weise charakteristischen Klang zu formen und Phrasen zu entwickeln, nicht nur bei Werken, die bereits zum geläufigen Repertoire eines solchen Ensembles zählen. Als Hintergrund dessen wird in der Regel eine als bedeutend akzeptierte Tradition angenommen (wie z. B. die „schlamperte Präzision" des Wiener Nachschlages) oder die Prägung eines Klangkörpers über bestimmte Künstlerpersönlichkeiten. Martin Tröndle (2005) hat aus organisationswissenschaftlicher Sicht einen Essay zu den *Berliner Philharmonikern* (*Das Orchester als Organisation: Exzellenz und Kultur*) vorgelegt, der aus Interviews mit dem Chefdirigenten und Orchestermusikern heraus Aspekte einer anhaltenden Beeinflussung eines Klangkörpers aus künstlerischer Tradition heraus thematisiert. Die Idee eines Markenklanges, seine faktische Ausprägung und Differenzierungsfähigkeit gegenüber anderen Klangkörpern sowie seine Entwicklung (über den oft bemühten Fundus von Orchestermythen und -anekdoten hinaus nachverfolgt) wäre ein äußerst lohnenswerter, genuin kulturmanagerialer Stoff zur vertiefenden Untersuchung.[9] Der Einschätzung des *Tagesspiegel*[10] – „der ‚deutsche', ‚Wiener' oder ‚böhmische' Klang, wie er womöglich von anderen Orchestern ausgeht, ist so wenig definierbar, wie er einen wettbewerbsnotwendigen Vorzug darstellt" (TEWINKEL 2006) – kann und soll jedoch aus der Perspektive von Markenmanagement für den Kulturbereich mit Nachdruck widersprochen werden.

Expressis verbis versuchen z. B. die *Wiener Philharmoniker*, ihr konkretes künstlerisches Selbstverständnis auf ihrer Internetpräsenz www.wienerphilharmoniker.at in Hinblick auf Entwicklung und Eigenheiten ihres spezifischen Klanges zu beschreiben:

Sie [die Holzblasinstrumente, d.V.] sind teiltonreicher, d.h., sie verfügen über einen grundsätzlich helleren Klang; sie umfassen einen größeren Dynamikbereich (es besteht die Mög-

---

Stars wirkenden Künstlern im Bereich der klassischen Musik ohnehin auf sehr wenige Personen reduziert ist (z. Z. die Sopranistin Anna Netrebko und den Pianisten Lang Lang) und die gängigen Honorare bei Stars (auch der der zweiten oder dritten Kategorie) eine Einbindung in die konstante Repertoirepolitik von Kulturinstitutionen ohnehin nur in Ausnahmefällen (z. B. Anna Netrebko als Vincent Patersons Inszenierung von Giacomo Puccinis *Manon Lescaut* an der Staatsoper Berlin 2007) möglich macht.

9 Wie es dem Wesen von Marke eigen ist, ist ein einmal erworbener Status gleichwohl ein Kapital, dessen sensible Pflege von hoher Bedeutung ist. Hier eröffnet sich paradigmatisch die Problematik der Anwendung des Markenmodells auf den Kulturbereich, betrachtet man beispielsweise die kritische Aufnahme der Einbindung zeitgenössischer Werke in das Repertoire des *Freiburger Barockorchesters* durch das Kernpublikum. Das *Siemens Arts Program* hatte diese Kompositionen speziell für das Barockorchester schreiben lassen.

10 In der in den Feuilletons geführten Diskussion um Simon Rattle im Frühjahr 2006.

lichkeit größerer Unterschiede zwischen ‚laut' und ‚leise'); sie besitzen eine höhere Modulationsfähigkeit des Klanges: der Musiker kann die Farbe des Klanges in weiten Bereichen bewusst verändern. [...] Die Wurzeln der Wiener Blechbläsertradition liegen in Deutschland. Als stilbildend hat hier Hans Richter [in Wien bis 1900 tätig, d.V.] zu gelten. [...] Die Streichergruppen der Wiener Philharmoniker [scheinen, d. Verf.] eine Art von Werkstattcharakter im mittelalterlichen Sinn zu haben, der den neu hinzukommenden Musiker in den speziellen philharmonischen Musizierstil einbindet. Dadurch wird jener Orchesterklang erzeugt, der in wesentlichen Elementen dem Klang entspricht, den die großen Komponisten der Wiener Klassik, der Wiener Romantik und der Wiener Schule im Ohr hatten, als sie ihre Werke schufen.[11]

Die Alleinstellungsfähigkeit, die diese Züge dem Orchesterklang und der Musizierpraxis der Philharmoniker verleihen, wird dabei in der Selbstdarstellung des Orchesters vom Autor explizit aus der Sphäre eines Klangmythos herausgenommen: „All diese Unterschiede zu anderen Orchestern sind mit Hilfe digitaler Analyse mess- und darstellbar."[12]

Die aktive Arbeit an einem wiedererkennbaren, differenzierungsfähigen Ensembleklang auch für ein vergleichsweise junges Ensemble beschreibt u. a. Manuel Brug in einem kurzen Essay zum Freiburger Barockorchester folgendermaßen:

Die Freiburger sind ein ziemlich selbstbewusstes, historisch informiertes Orchester, das sich erstaunlich anzupassen versteht. Eines, das souverän an einem wieder erkennbaren Klang feilt. Der ist gerundet, flexibel, nie spitz, grell oder unter Dauerhochdruck stehend. (BRUG 2007)

Zur Untersuchung dieser 2. Stufe der Existenz des Musikwerkes aus markentheoretischer Sicht stellt sich die Frage nach dem kreativen Anteil der Interpretation am klingenden musikalischen Kunstwerk. Die verbreitete Auffassung der musikalischen Aufführung als reiner Dienstleistung ist alleine schon in Anbetracht der allgemein konsensual als Mehrwert anerkannten Möglichkeit emotional sehr unterschiedlich wirkender Interpretationen ein und desselben Werkes – durch den Interpreten differenzierungsfähig bewerkstelligt – zu verwerfen.

Damit verhält sich der Anteil des/der ausführenden Musiker/s also eindeutig anders als z. B. der des ausführenden Bauunternehmens bei der Umsetzung eines architektonischen Projektes. Die Ausführenden nehmen nicht nur gewissermaßen einen Übertragungsakt der Partitur in die klingende Realität vor (was als Dienstleistung im klassischen Sinn einzustufen wäre), sondern sie erbringen zusätzlich eine die klingende Existenz entscheidend prägende eigenkreative Leistung. Es wird davon ausgegangen, dass auch der Komponist eines musikalischen Werkes keine auf den Sekundenbruchteil exakt exerzierte Ausführung der im Notentext niedergelegten Chiffren intendiert hat, sondern sein Werk in der Regel einem vitalen und emotionalen Nachvollzug durch die ausführenden Künstler überantwortet. Die Breite dieser Erwartung kreativer Mitwirkung an der entstehenden klingenden Existenz kann sehr unterschiedlich sein – begonnen bei den weit reichenden Freiheiten in den Verzierungen bestimmter barocker Solopartien bis hin zu höchst differenziert notierten Partituren Neuer Musik.

---

11 http://www.wienerphilharmoniker.at/index.php?set_language=de&cccpage=viennese_sound, Abruf am 15.01.2008.

12 Ebd.

Als Konsens unter Interpreten wie Wissenschaftlern darf gelten, dass die persönliche Auffassung des Interpreten vom musikalischen Werk, seine Idee von Klang, von der Konkretisierung der in der Partitur vorgegebenen Steigerungen und Entspannungen, Phrasierungen und dynamischen Feinschattierungen eine erhebliche Auswirkung auf die klingende Realisation des musikalischen Kunstwerkes haben. Ein signifikanter Indikator an sehr konkreter Position ist dabei alleine schon die Spieldauer, die unterschiedliche Interpreten für ein und dasselbe Werk beanspruchen. Von dem legendären Thomaskantor Kurt Thomas wird berichtet, er selbst habe im Laufe seiner langjährigen Dirigentenpraxis den Eröffnungschor der Bachschen Matthäuspassion *Kommt, ihr Töchter, helft mir klagen* in Spieldauern von acht bis elf Minuten musizieren lassen.[13] Gleichwohl kann vermutlich jede der Aufführungen des *Thomanerchores*, die der bedeutende Dirigent geleitet hat, hohen ästhetischen Rang und eine intensive Nähe zu Struktur und Proportionen der Partitur aufweisen. Theodor W. Adorno hat sich in seinem späten Fragment zur musikalischen Reproduktion intensiv diesem Themenbereich gewidmet und für die mögliche Heterogenität bei gleichzeitig intensivstem Aufeinanderbezogensein unterschiedlicher Interpretationen desselben Werkes mit der bereits zitierten Formulierung von einer „Kopie eines nicht vorhandenen Originals" (ADORNO 2001: 243) eine schlüssige Formulierung gefunden. Goodman führt diesen Gedanken weiter auf einen „Replik-Charakter hin: zwei Aufführungen der gleichen Partitur, wie immer sie sich sonst auch unterscheiden mögen, zählen als Repliken voneinander" (GOODMAN 1978/95: 69). Eine einzige gewissermaßen perfekt und allgemein gültig realisierte Version eine Werkes, die konsequent alle sich von ihr unterscheidende Varianten ungültig machen würde, existiert nicht – selbst wenn sie vom Urheber als eine solche bezeichnet würde.[14] Der Bezugspunkt bleibt stets die Partitur, die wiederum in sich selbst keine eigene klangliche Existenz hat.

Damit besteht das klingende musikalische Kunstwerk aus einer vorgegebenen und wesentliche Züge des Kunstwerks prägenden Struktur (1. Stufe), die in der Verlebendigung durch eine persönliche Auffassung durch den Interpreten in eine klingende Form (2. Stufe) überführt wird, deren Qualität neben technischen Grundeigenschaften wesentlich von kreativen Anteilen des Komponisten und des Interpreten bestimmt ist. Eine Idealvorstellung weitest möglicher musikalischer Einheit zwischen der Komposition (selbst der Jahrhunderte alten) und dem Interpreten, die ihre fragmentarischen Existenzen gewissermaßen gegenseitig aufheben, hat Adorno an anderer Stelle in den Skizzen zur musikalischen Reproduktion formuliert:

So wird auch dem Spielenden am Ende alles Gewusste, gewollt Geformte wieder zum Material, bzw. es sinkt hinab ins Unbewusste, verwandelt sich in eine Sensibilität, der sich die Musik bedient, um zu erscheinen. [...] Erst so gewendet kommunizieren wir mit der Musik selber, sind

---
13 Mündliche Mitteilung von Herrn Horst Welter, Bad Orb (2000).
14 Zur Frage der Ambivalenz von Autorenintention an anderer Stelle.

angeschlossen an ihren Quellgrund, eben jenes ‚nicht vorhandene Original', von dem anfangs die Rede war. (ADORNO 1993: 15)

Spätestens das solchermaßen realisierte musikalische Kunstwerk ist nicht mehr ausschließlich aggregierte Kommunikation, es verfügt vielmehr über eine – wenn auch nur im Moment existierende – untrennbare Einheit von Proportionen und Bezügen realen klanglichen Daseins, die seine Existenz als Objekt künstlerischer Wirklichkeit bedingt.

Damit kann der künstlerische Anteil des Interpreten aus Markensicht unter anderem folgende prägnante markentaugliche Aspekte aufweisen:

- hohe Eigencharakteristik der Interpretation auf Grund von Aspekten, die den speziellen Interpreten auszeichnen,

- hohe stilistische Treue bei inspirierter Interpretation (Affinität zum Werk).

Die Leistung der Interpretation muss also, um ihrerseits über das niedergeschriebene Werk hinaus markenfähig zu sein, nicht nur qualitativ hochstehend sein, sondern auch charakteristisch, um auf der künstlerischen Ebene eine Differenzierung gegenüber Wettbewerbern zu erreichen. In wieweit diese Differenzierung nun gegenüber unterschiedlich breiten Zielgruppen (von Fach- und Spartenpublikum bis zum allgemeinen Freizeitpublikum) angemessen transportiert werden kann bzw. für die jeweiligen Publikumssegmente einen relevanten Mehrwert darstellen kann, stellt einen eigenen Diskussionsbereich dar. So sind beispielsweise die stimmliche Qualität und stilistische Qualifikation von Cecilia Bartoli nicht zwingend die zentralen Kommunikationsthemen, nach denen die Sängerin auf dem Tonträgermarkt positioniert worden ist. Es darf angenommen werden, dass die Ereignisqualität ihrer Auftritte zwar zentral durch diese Qualifikationen und die Transparenz und Eloquenz ihrer Interpretationen bedingt ist – auch für Rezipienten, die fachspezifische Leistungskriterien nicht differenziert und bewusst zu bewerten im Stande sind. Diese eigentlichen Alleinstellungsmerkmale der Künstlerin sind aber insbesondere gegenüber einem breiten Publikum kaum kompakt und präferenzbildend kommunizierbar – im Falle Bartolis werden dementsprechend (und durchaus auch schlüssig) Markenwelten entwickelt, die nicht primär auf musikalische Aspekte bezogen sind und von der Plattenfirma *DECCA* im Einklang mit der Persönlichkeit und dem Charme der Künstlerin kompatibel zu einer hochklassigen Erlebniswelt gestaltet wurden. So zitieren exzellente Fotografien beispielsweise die legendären Rom-Perspektiven Federico Fellinis oder wird unter dem spektakulären Titel *Opera proibita* vatikanische Zensur des 17. Jahrhunderts als Attraktor thematisiert. In sich ist die Strategie der Bartoli-Positionierung auf dem Tonträgermarkt gleichzeitig konsistent und im Einklang mit der außergewöhnlichen künstlerischen Qualität der Interpretin dauerhaft in der Lage, eine nachhaltige Marktpräsenz weit über Spezialistenkreise hinaus zu gewährleisten.

Vergleichbar mit der bereits ausgeführten Behandlung von Musikwerken innerhalb der Leistungsbündel, die Kulturinstitutionen anbieten, lässt sich auch die Position von Interpreten, die bereits über eine eigene Marktpräsenz verfügen, in Markenkomplexen mittels des Ingredient-Brand-Modells vornehmen (HENNIG-THURAU 2006). Der prominente Künstler oder Star kann hier gewissermaßen vergleichbar mit dem Event-Prinzip wirken, indem er auf prominentem Niveau das Profil der Institution unterstreicht. Er wirkt dabei bereits von sich aus als ein mindestens ähnlich wirksamer Treiber für die Kaufentscheidung des Rezipienten wie die Institution selbst und bewirkt im Zusammentreffen mit dieser eine Kombination von besonderer Attraktivität, bei der das Ganze mehr ist als die Summe ihrer Teile ist. Hier ist insbesondere auf die Stimmigkeit der Auswahl von (meist auch mit hohem finanziellem Aufwand verbundenen) prominenten Künstlern in Hinblick auf das Profil der Gesamtinstitution zu achten. Da in der Regel der prominente Künstler nicht zukünftig auch den Alltagsbetrieb des Hauses prägen wird, muss er dennoch geeignet sein, auch diesen Alltag aufzuwerten, sich also einerseits

- so schlüssig in das Gesamtprofil einzufügen, dass die Wirkung des Prominenten sich auch auf weitere am Haus wirkende bzw. präsentierte Künstler überträgt (der prominente Künstler wirkt gewissermaßen als Testimonal für die weiteren Künstler und Angebote am Haus) und andererseits
- so Aufsehen erregend zu wirken, dass er – auch wenn er nicht dauerhaft in die Arbeit des Hauses eingebunden ist – dessen Differenzierung gegenüber Wettbewerbern stärkt.

Als ein letzter Punkt zur konstanten Differenzierung mittels Markenstrategien soll auf dieser 2. Existenzstufe des klingenden Kunstwerks eine Fokussierung auf die Entstehung des Klanges selbst erwähnt sein. Es wird beispielsweise an verschiedenen Häusern derzeit die mediale Inszenierung von Orgelkonzerten in säkularem Kontext gepflegt. Als prominente Symbolfiguren dieser aktualisierten Formate von Orgelkonzerten können Iveta Apkalna und Felix Hell gelten, die durch ihr smartes, society-kompatibles Auftreten auch eine personenbezogene Wirkung nach dem Star-Prinzip kultivieren. Insbesondere Iveta Apkalna hat mittlerweile in Deutschland eine Medienpräsenz zeitweise bis hin zu *Vogue* und *Brigitte Kultur* erreicht. In der Konsequenz dieser Entwicklung wird auch das Spiel auf der Orgel selbst durch Live-Projektionen vom Spieltisch auf Großbildleinwand – die Hände auf den Manualen, die Füße auf dem Pedal (Apkalna spielt bisweilen Aufsehen erregend barfuss, was nur über den medialen Transport Image prägend zur Geltung kommen kann). In der Münchner Lukaskirche, in der die zunächst im Kulturzentrum am Gasteig beheimateten Konzertreihe *Münchner Orgelpunkt* stattfinden, wurde zu einer vergleichbaren Inszenierung 2004 durch den Orgelbauer Markus Harder-Völkmann ein futuristischer Spieltisch aus Aluminium, Acrylglas und Olivenholz erstellt, der in Blickperspektive des Publikums vor einer Projektionswand den Hausorganisten Gerd Kötter und Gäste in futuristischem Ambiente musizieren lässt, um dann persönlich und in Detailprojektionen das Agieren am Spieltisch während spektakulärer Konzertprogramme besonders intensiv und medialen Wahrnehmungsgewohnheiten angepasst erlebbar macht.

2.3. Die dritte Stufe: Die Beziehung zwischen Werk und Rezipient – Das ästhetische Objekt

Stellt auch das klingende Kunstwerk in der Erscheinungsform der 2. Stufe den zentralen Inhalt des Leistungsangebotes der Kulturinstitution dar, so ist es dennoch noch nicht ohne weiteres mit dem Kernnutzen für den Rezipienten gleichzusetzen. Dieser Kernnutzen entsteht erst durch die kommunizierende Wirkung des Werkes, mittels derer beim Hörer die eigentliche Nutzenstiftung entsteht. Auch in kulturwissenschaftlicher Perspektive gilt der Moment der Rezeption als der entscheidende, wie Pierangelo Maset plastisch formuliert: „Das ästhetische Objekt ist, wenn es wahrgenommen wird." (MASET 1995: 21)

Die besondere Anforderung an Markenmanagement auf dieser entscheidenden Stufe ist es, zum einen positiven Einfluss auf die Intensität und Qualität des Erlebnisses als Leistungsbestandteil zu entwickeln als auch – und dies insbesondere – diesen positiven Einfluss als einzigartigen, gegenüber weiteren Anbietern differenzierenden Vorteil sichtbar zu machen.

Ist das Werk bereits in der zweiten Stufe (der für sich einzigartigen Interpretation) der freien Verfügbarkeit der ersten Stufe (der immer gleich bleibenden Partitur) entzogen, so geschieht die Wahrnehmung des Werkes beim Rezipienten schließlich noch stärker individualisiert. Ebenso wie die Partitur für sich das musikalische Kunstwerk gegenüber dem Hörer in der Regel noch nicht sinnlich erfassbar repräsentiert, ist die klingende Realisierung der Komposition nicht ein Ereignis, das jedem anwesenden und der Aufführung mehr oder minder aufmerksam folgenden Zuhörer gegenüber das selbe Erlebnis ermöglicht. Das Erleben der klingenden Realisierung des Werkes ist von zahlreichen Einflussfaktoren bestimmt, die durch Faktoren von der physischen und psychischen Situation des Rezipienten bis hin zu seiner konkreten Rezeptionskompetenz bestimmt werden. Mindestens die vom Anbieter her bereitgestellten Faktoren des Gesamtereignisses Konzert werden vom Besucher i. d. R. als geschlossener Komplex wahrgenommen werden – insbesondere, was den Aufführungsraum und das dramaturgische Format, aber auch den Service etc. betrifft. Über solche noch im Rahmen verallgemeinerbare Positionen hinaus sind es jedoch ggf. auch weitere hochgradig personalisierte Faktoren, die das Erleben einer musikalischen Aufführung entscheidend prägen: so zum Beispiel persönliche Konnotationen zum erklingenden Werk, eine besondere Affinität zum ausführenden Künstler oder die Erfüllung des lang gehegten Wunsches, an einem besonderen Ort eine Aufführung zu erleben (wie in der *Semperoper* Dresden oder dem *Palais Garnier* in Paris). Während der ausführende Künstler als Person/Star und der Aufführungsort Faktoren sind, die an dieser Stelle nicht näher untersucht werden sollen, wird es an späterer Stelle ein wesentliches Thema dieser Ausführungen sein, sich mit den „äußeren Zugangsbedingungen" (KEMP 1988: 246) zum künstlerischen Kernangebot auseinanderzusetzen. Ist es nämlich dem Anbieter kultureller Veranstaltungen zwar nur bedingt möglich, auf die physische wie psychische Befindlichkeit des Zuhörers einzuwirken, so ist die anbietende Institution durchaus in der Lage, die kompetente und vertiefte Wahrnehmung des musikalischen Kunstwerkes beim Hörer zu fördern und damit seine Erlebnisqualität entscheidend zu steigern. Hierbei geht es unter anderem darum, künstlerische Werke für den Hörer mit Bedeutung unterschiedlicher Art aufzuladen, diese Werke in Verbindung mit bestimmten Werten zu bringen und damit insgesamt eine Beziehung zwischen Hörer und Werk aufzubauen und/ oder zu vertiefen. Dies kann auf konkret werkbezogener Ebene (Einführungen, Dramaturgie etc.) ebenso geschehen wie über nicht primär werkbezogene Einflüsse, z. B. Raumgestaltung oder Lichtstimmung. Es darf davon ausgegangen werden, dass solche Einflussfaktoren im Moment der Aufführung im Idealfall in einer an synästhetische Wahrnehmungen angenäherten Form rezipiert werden. Die Qualität, mit der ein solches Gesamterlebnis durch den Anbieter auf den genannten und weiteren Ebenen möglich gemacht wird, kann als ein entscheidender, differenzierender und Institutionentreue entschieden fördernder Aspekt von Angeboten klassischer Musik wirken.

Um ein solches Angebot mit dem angemessenen inhaltlichen und qualitativen Bezug zum Kerngegenstand professionell entwickeln zu können, bedarf es zunächst einer vertiefenden Sichtweise auf die Wirkungsformen von Kunst.

3. Intention und Wirkung

Die Entscheidung für die Teilnahme an kulturellen Angeboten fällt ebenso wie diejenige für Konsumgüter oder Dienstleistungen anhand einer mehr oder minder konkreten Nutzenerwartung. In diesem Kapitel soll nachvollzogen werden, wie der Nutzen geartet ist, der konkret vom künstlerischen Kerngut ausgehen kann und in welcher Form sich die Möglichkeit zum Aufbau einer Beziehung zwischen Rezipient und Werk ergeben kann. Diese Beziehung, gleich welcher Art (intellektueller, ästhetischer etc.), bestimmt in jedem Fall entscheidend den Nutzen, der dem Rezipienten aus seiner Anteilnahme an der musikalischen Aufführung erwächst.

Diesen Nutzen zu realisieren und eine Sichtbarkeit zwischen dem Entstehen dieses Mehrwertes und der anbietenden Institution zu entwickeln, ist eine zentrale Anforderung an Markenmanagement im Kulturbereich. Dieses und das folgende Kapitel stellen sich zunächst dem Anspruch, diese Wirkungsprinzipien anhand von Theorien aus der Kommunikations- und Kunstwirkungsforschung zu untersuchen und sie – auch als parallele Kommunikationsform zum Markenprinzip – als Grundlage zu ihrer Implementierung in Markenstrategien vorzustellen.

„Regiearbeit [ist] die dem jeweiligen Bewusstseinsstand gemäße Aufdeckung und Ausarbeitung eines existenziellen Potenzials in einem Musikwerk." Die Funktion, die Peter Wapnewski (2001: 19) dem Interpreten (in diesem Fall im Musiktheater) zuweist, der aus dem schriftgebundenen Werk sinnlich wie intellektuell wahrnehmbare Kunst werden lässt, fußt auf der fundamentalen Überzeugung, dass Kunst auch vergangener Epochen für ein aktuelles Publikum Bedeutung, gegebenenfalls auch hohe bis höchste Bedeutung gewinnen kann. Geht man in der bereits ausgeführten Perspektive davon aus, dass kein Kunstwerk über eine solche Bedeutung aus sich selbst heraus verfügt, sondern diese erst im Kontext mit einer Gegenwart und ihren Rezipienten erhalten kann, so entwickelt der Interpret (ob Regisseur, Dirigent oder Musiker) das komponierte Werk zu einem in der Gegenwart klingenden und damit existierenden Kunstwerk. Er ist dabei beeinflusst von eigenen Erlebnissen ebenso wie von Aufführungstraditionen, geübten Mechanismen, durchdachten Entscheidungen und intuitiven Gestaltungsideen, als überlegte Interpretation sorgsam konzipiert oder frei aus dem Moment heraus und ausschließlich für diesen musiziert.

In der bereits zuvor ausgeführten Weise kann das nun klingende Werk aus unterschiedlichster Richtung Bedeutung für den Rezipienten gewinnen: so z. B. als Relikt (eine Epoche dokumentierend oder illustrierend), als Moment ästhetischer Schönheit, als Aussage des Komponisten, als Aussage des Interpreten oder als sehr subjektives Erleben in Hinblick auf das Wiederheraufbeschwören von eigenen Erlebnissen, die mit einem früheren Hören des Werkes oder ähnlicher Werke zusammenhängen.

Die Nutzenerwartungen, die der Rezipient an das Hören eines Musikwerkes auf mehr oder minder bewusster Ebene stellt, können sehr unterschiedlich sein. Hier soll zunächst das grundlegende Verhältnis von (Autoren-)Intention und Wirkung als Grundlage der Wirkungsform des künstlerischen Kernproduktes thematisiert werden. Was der schaffende Künstler selbst als grundlegende Intention für die Komposition eines Werkes angenommen hat, muss nicht zwingend bestimmend für Wirkung, Wert und Sinnstiftung des musikalischen Kunstwerkes sein. Inge Crosman (1980) bezeichnet „die Intentionen des Autors" als einen „der vielen möglichen Kontexte – einer, kein privilegierter, kein kontaminierter, einer", während Andreas Hetzel (1993: 90) die Autorenintention neben Wahrheit und Wahrhaftigkeit gar zu den „metaphysischen Begründungsmustern" von Interpretation rechnet.

Die Unabhängigkeit, die ein Werk gegenüber den Vorstellungen des Komponisten und/oder ursprünglichen Nutzenorientierungen gewinnen kann, erweist sich schlüssig z. B. in der Übernahme von Kunstwerken aus anderen Funktionsbereichen in den Bereich konzertanter Aufführungen – eine Praxis, die beispielsweise nahezu die gesamte Vokalmusik Johann Sebastian Bachs und vieler seiner Zeitgenossen betrifft. Dies wäre z. B. das so genannte *Weihnachtsoratorium* BWV 248, dessen sechs Kantaten 1734 ursprünglich – immerhin als fortlaufende Anlage – zur Aufführung an sechs Festtagen vom ersten Weihnachtsfeiertag bis zum Epiphaniasfest komponiert und kompiliert wurden. Die zahlreichen Aufführungen, die das Bachsche Weihnachtsoratorium heute verbuchen kann, finden jedoch fast ausschließlich im konzertanten Rahmen statt – in einer durchgehenden Aufführung der Kantaten ohne nicht-musikalische liturgische Bestandteile – und in den meisten Fällen auch als Aufführung mehrerer der Kantaten als Teilen eines zusammenhängenden Komplexes. Die erste geschlos-

sene Aufführung des Weihnachtsoratoriums fand indes 1844, 110 Jahre nach der ersten gottesdienstlichen Aufführung, konzertant in Breslau statt.
Dabei steht außer Frage, dass die anspruchsvolle Neupositionierung von Kunstwerken (bereits jede Ausstellung eines Altares in einem Museum ist eine solche) Stoff zu reizvollen, erfolgreichen und in sich wiederum bereits hochwertigen dramaturgischen Konzepten sein kann. Ein wesentlicher Grundzug, der prinzipiell allen erfolgreich durchgesetzten, ggf. sogar kanonisierten Werken des Repertoires klassischer Musik eignet, ist dabei die durch die Umnutzungsfähigkeit z. B. des *Weihnachtsoratoriums* dokumentierte verhältnismäßige Offenheit dieser Werke. Mit ‚Offenheit' soll an dieser Stelle eine Eigenschaft gemeint sein, mittels derer über die spezifische ästhetische Eigenart des Werkes Bedeutung für den Hörer generiert werden kann, über eventuelle zeitgebundene und nicht kunstinterne Kommunikationsziele eines Werkes hinaus. Damit wäre, historisch betrachtet, ein Werk der klassischen Musik dann für eine über die eigene Epoche hinaus reichende Rezeption besonders qualifiziert, wenn seine künstlerischen Eigengesetzlichkeiten auch außerhalb der Lebenswirklichkeit der Entstehungszeit in seinen dramaturgischen Konzepten und künstlerischen Spezifika in wie auch immer gearteter Form Bedeutung generierend für spätere Epochen bleiben. Diese Tragfähigkeit begründet sich unter anderem auf zwei wesentliche Faktoren:

1) Spannungs- und Entspannungsrelationen innerhalb der Komposition
2) Beziehungsgenerierende Merkmale innerhalb der Komposition

Damit eignen dem durchgesetzten Kunstwerk zentrale Markenparameter: nach (1) Eigenschaften, die Gewohntes und als Kommunikationsform Anerkanntes (z. B. die Sonatenhauptsatzform) mit neuartigen Ideen und Charakteristika (z. B. Spannung generierender, unorthodoxer Umgang und Weiterentwicklung dieses Formmodells) zu einem Werk kombinieren, das einzigartige und für den Rezipienten relevante Eigenschaften (ästhetischer Genuss, Spannung generierendes werkinternes Drama) aufweist. Je revolutionärer dabei die differenzierenden Merkmale sind, um so konstanter kann beim künstlerischen Werk diese Differenzierung gegenüber anderen Werken wirken, ohne durch weitere Innovationen später in ihrer Bedeutung aufgehoben zu werden (vgl. 3.2.).
Dazu kommen nach (2) Positionen, an denen das Werk Anschlusspunkte offeriert, um für den Rezipienten ganz persönliche Bedeutung zu erhalten – wie sie auch die verhältnismäßige Offenheit der klassischen Markenidee stets einen Kopplungspunkt zwischen Markenpersönlichkeit und Konsumenten-/Rezipientenpersönlichkeit unabdingbar beinhaltet.
Die Wirkung beider Faktoren auf den Rezipienten ist in erheblichem Maß von kulturellen Vorprägungen beeinflusst. Insbesondere der Faktor der beziehungsgenerierenden Merkmale ist durch Instrumente dramaturgischer Begleitung merklich beeinflussbar und in der Lage, einen deutlichen Mehrwert für den Hörer sowie Alleinstellungsmöglichkeiten für den Anbieter zu erzielen. Eine detailliertere Auseinandersetzung mit solchen beziehungsgenerierenden Merkmalen soll im Folgenden geschehen.

Abb. 1: Gerhard Richter, *September* (2005) (Quelle: FAZ vom 04.06.2008)

Gerhard Richters 2005 geschaffenes Werk *September* soll als prägnantes Beispiel für ein Kunstwerk stehen, das einerseits die spezifischen ästhetischen Eigenheiten des abstrakten Schaffensbereichs des Künstlers als grundlegenden programmfreien Eigenwert aufweist und bereits auf dieser Ebene über voraussichtlich überzeitliche Qualitäten verfügt.
Andererseits erzielt das Werk in der Kombination eben dieser ästhetischen Grundqualitäten und der Bezugnahme auf das – Rahmenwissen voraussetzende – zeitgeschichtliche Ereignis des Attentats vom 9. September 2001 eine über die rein ästhetischen Qualitäten hinausweisende emotionale Betroffenheit.
Die zum Vergleich herangezogene, viel diskutierte Skulptur *Tumbling Woman* des amerikanischen Künstlers Eric Fischl entfaltet ihre eigentliche Stärke erst unter Einbeziehen dieses Rahmenwissens heraus – den erschütternden Bildern abstürzender Menschen aus dem *World Trade Center*. Ohne dieses Rahmenwissen verliert die Figur das Elementare ihrer Wirkung, während bei Gerhard Richters *September* die ästhetischen Eigenqualitäten in ihrer Eigenständigkeit und expressiven Totalität bereits per se über ein erhebliches Wirkungspoten

Abb. 2: Eric Fischl, *Tumbling Woman* (2001) (Quelle: http://www.percontra.net/4fischl.htm; Abruf: 22.03.2008)

3.1. Spezifische Sinnstruktur von Musik

Die Musik nimmt unter den Künsten einen Ausnahmestatus ein: weder verfügt sie als prozessual sich entfaltende Kunst über die Materialität und damit in bedingtem Ausmaß wiederholbare Rezeptionsmöglichkeit von Werken der Bildenden Kunst, noch konstituiert sie sich unter weitgehender Berufung auf greifbare Verweise aus der realen Lebenswelt – wie sie wiederum der Literatur und der Darstellenden Kunst zu Gebote stehen. Somit verfügt das musikalische Werk nicht über Mittel der denotativen, also eindeutig Gegenstände der realen Welt benennenden, Bezugnahme. Auch dort, wo die Musik insbesondere des 19. Jahrhunderts akustische Elemente einer Sphäre außerhalb von Kunstmusik entnimmt – wie das Trompetensignal in Ludwig van Beethovens *Leonore Nr. III – Ouvertüre* op.72 oder die in Peter Tschaikowskys *Ouverture solenelle 1812* op.49 eingesetzten Hymnen – bilden diese Sequenzen und Bestandteile des musikalischen Materials nicht etwa konkrete Bezüge aus dem außermusikalischen Leben ab, vielmehr üben sie die besondere Funktion aus, über die reine musikalische Form hinaus gehende Konnotationen in das Assoziationsfeld des Rezipienten einzubringen, insbesondere solche außermusikalischer Art. Ein solches Verfahren ist indes selbst im expressis verbis als Programmmusik geschaffenen Repertoire die Ausnahme. Vielmehr haben wir es auch bis in diese vergleichsweise konkreten Bereiche hinein mit einer „Sprache ästhetisch motivierter Zeichen" zu tun, die „weder das eigentliche Sprechen noch wider die Sprachen der Vernunft gesprochen" ist (SEEL 1985: 10), sondern eine autonome Weise von Sprache darstellt, der eine eigene Rationalität zu Grunde liegt. Diese Existenzform bedingt, dass beim musikalischen Kunstwerk mehr noch als bei Literatur und Darstellender Kunst erst eine höchstmögliche Qualität der formalen Entwicklung des Werkes dessen Wirkung sicherstellen kann, „da in keiner Kunstgattung so sehr wie in dieser schlechthin alles an der Durchformung des Materials hängt" (CADENBACH 1991: 140f.). Daraus leiten sich einerseits erhebliche Anforderungen an die Konsequenz und kulturelle Nachvollziehbarkeit des Werkes ab, andererseits werden auch, wo diese gegeben sind, die individuellen Möglichkeiten des Beziehungsaufbaus zwischen Rezipient und Werk erheblich gesteigert. Indem Musik „die reine Objektivation des mimetischen Impulses leistet, frei von Gegenständlichkeit wie von Bedeuten, nichts anderes als der zum Gesetz erhobene, der Körperwelt übergeordnete und zugleich sinnliche Gestus" (WIELAND 2005: 3), wird sie gleichzeitig in einem gegenständlichen Kunstwerken kaum verfügbaren Maße allgemeingültig und damit gegebenenfalls mit der Erfahrungs- und Gefühlswelt des Hörers auf besonders intensive Weise kompatibel. Das musikalische Kunstwerk gewinnt über eine Objektivierung, gewissermaßen Bezuglosigkeit auf die realen Objekte hin: Seine Offenheit gegenüber dem Hörenden. Damit erhöht sich die Möglichkeit, als Werk einer anderen Epoche im Heute Bedeutung für den Rezipienten zu gewinnen, wesentlich. Die Informationen, die durch das musikalische Kunstwerk sinnlich greifbar realisiert werden, sind frei von situativer Kontextgebundenheit dem intellektuellen wie emotionalen Abgleich beim individuellen Rezipienten überlassen. Diese Position fern von abbildender, verfremdender oder paraphrasierender Darstellung greifbarer Dinge oder Prozesse bedingt gleichwohl, wie erwähnt, nicht etwa eine Beliebigkeit musikalischer Sprache, sondern die Forderung nach um so höheren strukturellen, formalen Qualitäten von Musik.

3.2. Eine Beziehung zum Hörer herstellen – den Hörer binden

Greifen wir beispielhaft für die Beschreibung des großen formalen Entwurfs die Sinfonik Ludwig van Beethovens auf, so kann die Argumentation des amerikanischen Musikpsychologen Leonard B. Meyer als schlüssige Grundlage für den Versuch dienen, sich dem Phänomen des überzeugenden Gestaltens von Zeit und Bindens des Interesses des Rezipienten zu nähern:

> Ein Reiz erscheint der Aufmerksamkeit des Hörers mehrdeutig, unabgeschlossen und erzeugt ein Streben nach Befriedigung: er schafft eine Krise, die im Hörer das Bedürfnis erzeugt, einen festen Punkt zu finden, von dem aus die Mehrdeutigkeit sich auflöst. In diesem Falle entsteht eine Emotion, denn das Streben nach einer Antwort wird unerwarteterweise angehalten oder behindert; würde es gleich befriedigt, so käme es zu keiner Emotion. Da aber eine strukturell schwache oder nicht deutlich organisierte Situation einen Drang nach Klärung erzeugt, wird jeder Verzögerung dieser Klärung eine Gefühlsbewegung provozieren. Dieses Wechselspiel von Behinderungen und emotiven Reaktionen reichert die musikalische Aussage mit Bedeutung an: denn im Unterschied zum Alltagsleben, in dem viele Krisensituationen auftreten, die keine Lösung finden und so zufällig verschwinden, wie sie gekommen sind, wird in der Musik die Hemmung eines Strebens in dem Maße bedeutungsvoll, wie die Beziehung zwischen Streben und Lösung expliziert wird. Nur dadurch erhält der Zirkel Reiz-Krise-Streben, das entsteht – Befriedigung-Errichtung einer Ordnung – Bedeutung. Ein und derselbe Reiz, nämlich die Musik, erzeugt in der Musik das Streben, hemmt es und liefert bedeutungsvolle Lösungen für es. (MEYER 1959, zit. nach ECO 1973:140)

Die klassische sinfonische Form lässt sich schlüssig anhand dieser Beobachtungen analysieren: Die Entwicklung eines inneren Krise-Auflösungs-Prinzips erfolgt in der Abstraktion des rein ästhetischen Raumes und erscheint damit in besonderer Weise offen – in jedem Fall deutlich mehr, als dies bei der zumindest implizit abbildenden Bezugnahme auf spezielle Personen oder Ereignisse der Fall sein könnte. Über das Hören des in dieser Ausrichtung entwickelten musikalischen Kunstwerkes wird also gleichermaßen Nachvollziehbarkeit und damit Betroffenheit ermöglicht wie andererseits Distanz und Allgemeinheit etabliert. Nun gewinnt das musikalische Kunstwerk stets dann an Faktur und damit Ereignisdichte, wo es auf der einen Seite dem Rezipienten vertrauten Strukturen folgt und gleichzeitig diese Strukturen bricht – wie erwähnt eine exakte Parallele zur Wirkung von Marken. Es wird also die dem Rezipienten vertraute Formbildung (Erwartung) zunächst als grundlegend anerkannt, aber dazu Spannungen (Probleme, Herausforderungen) entworfen. Diese Spannungen erweitern zwingend das ihnen zu Grunde liegende Regelwerk in einem dynamischen Prozess, denn neue Herausforderungen – also Brüche und Erweiterungen – werden zuallererst in ihrem Bezug zur ursprünglichen Regel wahrgenommen. Somit wirkt auch dort, wo in musikhistorischer Entwicklung die Form gebrochen wird, diese Form dennoch – und sei es kontrastiv – an der Erfahrung des Kunstwerkes mit.

Eine wesentliche Anforderung, um den Hörer vermittels des musikalischen Kunstwerks zu „affizieren" (Kant) ist, das Interesse immer aufs Neue zu wecken – ein Vorgang, der wiederum am wirkungsvollsten über die konstante Erneuerung von Reizen, das stetige Brechen von Wahrscheinlichkeitsordnungen geschehen kann. Mit jeder Komposition, die in dieser Form besondere Reife und Wirkung erlangt hat, entwickelt sich auch – kunst- bzw. musikgeschichtlich gesehen – das allgemeine musikalische Material. Ist ein komplexes Werk, das gleichwohl von einem umfangreichen Teil des potenziellen Publikums intellektuell und ästhetisch ohne erhebliche Zugangsbarrieren rezipiert werden kann, dem Zuhörer erst einmal geläufig, so wird ein Werk, das innerhalb eines ähnlichen ästhetischen Gestaltungsrahmens (Stil) und ähnlicher Intention (Wollen) eine vergleichbare Ereignisdichte nicht erreicht, i. d. R. als schwächer gelten und dessen Hören als weniger erstrebenswert erachtet werden. Die Existenz solcher markanter und hochkarätiger Werke wiederum beeinflusst die Entstehung späterer Werke desselben oder anderer Komponisten, ob durch Aufnahme ihrer ästhetischen Prinzipien oder aber deren Verweigerung, in jedem Fall aber in Bezug zu diesem. Manfred Wetzel (2000: 64) führt zu diesem Thema zwei Werke Ludwig van Beethovens als Beispiele unterschiedlicher Wirkungsform an, die abhängig davon ist, wie:

ein Werk die in seinem Ansatz gelegenen Gestaltungsmöglichkeiten entweder ausschöpft, d.h. keine Nachfolger bekommt und auch bekommen kann, so *Beethovens Fünfte, Erster Satz*, oder aber neue Möglichkeiten eröffnet, mithin viele Nachfolger erhält, ohne deshalb eingeholt zu werden, so *Beethovens Neunte, Erster Satz*.

Letzterer wird zu einer Problemstellung, die wesentliche Exponenten der sinfonischen Entwicklung im 19. und beginnenden 20. Jahrhundert beeinflusst und insbesondere bei Anton Bruckner noch weit über ein halbes Jahrhundert nach der Komposition der *Neunten* einen unausgeschöpften Ansatz zu sinfonischer Gestaltung und Spannungskonstitution vorzugeben im Stande ist. Indem das Revolutionäre, Neue und Einzigartige in diesem Werk jedoch bereits auf der Spitze der ästhetischen Entwicklung in höchstmöglicher Qualitätsstufe verwirklicht ist, bleibt diese erste Ausformung des Gedankens der Bezugspunkt. Sie wird demnach von späteren Wiederaufnahmen und Fortführungen derselben Idee nicht etwa abgelöst, sondern fortgesetzt und weiterentwickelt, damit aber in ihrer unangegriffenen Position – im Sinne von Markenstrategien formuliert – als Klassiker von ungebrochener Qualität und Aktualität in ihrer Perfektheit unterstrichen und bestätigt.

Im Rahmen der Weiterentwicklung von Form ist dabei, wenn die nachhaltige Wirkung eines Werkes als Qualitätsindikator angenommen wird, die Konsequenz des Formbruches dahingehend wesentlich, dass es sich nicht lediglich um Provokation und Unzufriedenheit mit etablierten Gegebenheiten handelt, sondern sich ein tatsächliches Weiterdenken eines Prinzips ergibt, das an inhaltlicher Qualität früheren Werken des Genres mindestens ebenbürtig ist. Dieses im positiven, inhaltlichen Sinne Neue, Form-Brechende und Form-Bildende des

Das künstlerische Kernprodukt in der klassischen Musik 177

Werkes zu einem eigengesetzlichen Mikrokosmos wiederum wird Voraussetzung dafür sein, dass das Werk nicht nur beim ersten Hören, sondern auch bei immer weiteren Rezeptionen nichts an seiner Aussagekraft und Fähigkeit, das Interesse des Rezipienten zu beanspruchen, verliert. Umberto Eco entwickelt in seiner 1962 publizierten fundamentalen Untersuchung *Das offene Kunstwerk* dieses Phänomen anhand eines einfachen Satzes, der zunächst beim Hörer exotische Assoziationen weckt:

> Ein Satz wie ‚Dieser Mann kommt aus Basra' wirkt beim ersten Hören, dann gehört er bereits zum Repertoire; nach der ersten Überraschung und Phantasieanregung fühlt jemand, der ihn zum zweiten Mal hört, sich nicht mehr zu einer neuen imaginativen Reise eingeladen. Wenn ich aber jedes Mal, sooft ich zu einem Satz zurückkehre, Vergnügen und Freude verspüre, wenn die Einladung zu einer imaginären Reise von einer Materialstruktur ausgeht, die von sich aus angenehm wirkt […], wenn ich in ihr ein Wunder an Ausgewogenheit und organisativer Notwendigkeit sehe, die es hinfort unmöglich macht, den begrifflichen Sinn vom sinnlichen Reiz zu trennen, dann wird das Staunen über diese Verbindung jedes Mal ein komplexes Spiel der Phantasie auslösen: ich werde den unbestimmten Sinn genießen, aber nicht ihn allein, sondern mit ihm die Art, wie die Unbestimmtheit mir nahe gebracht, die bestimmte und formvollendete Weise, wie sie mir suggeriert wird, die Präzision des Mechanismus, der mich zum Impräzisen einlädt. (ECO 1973: 75)

3.3. Die Dialektik der Form

Als Determinanten für das bedeutende, unausschöpfbare und damit auch über Generationen und Epochen hinüber Bedeutung und Wert für den Rezipienten gewinnende Werk gilt also eine gewisse Komplexität der Anlage auf Grundlage eines dialektischen Prinzips von „Auffälligkeit und Konventionalität" (DAHLHAUS 1982: 100), das im Werk zwischen Allgemeinem und Individuellem vermittelt. Wetzel erweitert diese Perspektive zu einer vierfachen Dialektik von Form:

> Der formierende Verstand wird umso mehr den von der Einbildungskraft dargebotenen Inhalt konstruieren können, je besser er (I.) Identität und Varietät, (II.) Simplexität und Komplexität, (III.) integrative Einheit und differenzierende Vielheit und schließlich (IV.) eine allgemeine Form selbst mit je individuellen Einfällen zusammenbringt. (WETZEL 2000: 63)

Dabei hat sich erwiesen, dass die Bedeutung des Neuen als wesentlich für ein Kunstwerk von Rang keineswegs ausschließlich eine gattungshistorische Einstufung repräsentiert, sondern sich offensichtlich auf die anhaltende kulturelle Wirkung des Werkes auswirkt. Es darf davon ausgegangen werden, dass die Unmittelbarkeit der Idee und damit der Impuls formaler Entwicklung als eine kreative Idee erster Ordnung – nicht alleine Reaktion auf bereits Erreichtes – sich auf die dem Werk innewohnende ästhetische und kommunikative Qualität stärkstens auswirkt, nach der

> unter den ideengeschichtlichen Prämissen der europäischen Neuzeit einzig das Wagnis – und nicht die epigonale Zaghaftigkeit – eine Chance erhält, sich nach einer Zeit der Auseinandersetzung und Unentschiedenheit im Repertoire zu behaupten. Umgekehrt setzt sich der ‚klassische' Bestand aus den ‚revolutionären' [...] Risiken früherer Jahrzehnte zusammen. (DAHLHAUS 1982: 100)

Dahlhaus (1982: 100) bezieht sich in seinen Überlegungen zur Werkidee konkret auf die Beethovenschen Sinfonien, die seit der *Eroica* „der Erprobung des zu Anfang Frappierenden oder sogar Abstoßenden durch geduldige Repetition standhielten." In dieser Hinsicht scheint eine gewisse Allgemeinheit und letzten Endes im Sinne eben des 19. Jahrhunderts Autonomie ein positiver Aspekt für eine breite Rezeption und dauerhafte Präsenz von Werken zu sein. Für Wetzel muss Form

> erstens – über eine Partikularität des Inhalts hinausgehen, sie muss ihm im Zuge seiner Gestaltung – zweitens – etwas Allgemeines verleihen und zwar so, dass sie – drittens – ihn durchdringt, mithin ein Besonderes = Typisches entsteht, d.h. das sinnstiftend Allgemeine am Einzelnen angeschaut werden kann. (WETZEL 2000: 63)

Als Beispiel führt er die Frage an, ob

> ein sehr romantisches Adagio heute auch für solche Rezipienten genießbar ist, die einesteils für solche Musik überhaupt offen, anderenteils aber keine historischen oder musiktheoretischen Fachleute sind; – Brahms und Bruckner ist derlei Musik gelungen, anderen, die dafür gehalten werden, allen voran Richard Wagner, in jedem Falle weniger. (WETZEL 2000: 63)

Definiert man Wagners Werke, insbesondere den *Ring des Nibelungen* und den *Parsifal*, mit Wagners eigenen Äußerungen als konkret politisch intendiert, so wären sie – wie mit besonderem Nachdruck Nietzsche spätestens in *Der Fall Wagner* (1888) kritisiert – im Wesentlichen auf „Wirkung" hin konzipiert. Ist die Konzeption der Wagnerschen Werke gleichwohl von erheblicher dramatischer Intensität, so wird im Allgemeinen eine solche Fokussierung auf konkrete Intentionen und Wirkungen post mortem, oder zumindest nach dem Relevanzverlust der Geisteswelt oder Umstände, in denen das Werk lokalisiert ist, an Geltung einbüßen.

Folgt man dieser Argumentationslinie, so ergibt sich daraus schlüssig eine weitere wesentliche Parallele zwischen Kunstwerk und Marke: je stärker eine außerkünstlerische Intention für die Entstehung eines Werkes maßgeblich ist, desto konkreter müssen seine Argumentationsmittel damit zeit- und zielgruppenbezogen angelegt sein, um eine möglichst direkte Wirkung zu erreichen. Damit ergibt sich allerdings notwendigerweise gleichzeitig eine Einschränkung der Allgemeinheit und damit der Vieldimensionalität der Ausdrucksgestaltung des Werkes. Mit der verstärkten Fokussierung bestimmter (z. B. zielgruppenspezifischer) Aspekte nimmt die Offenheit ab, die mögliche Interpretierbarkeit auf neue Zusammenhänge und andere Zielgruppen hin wird eingeschränkt.

Was anhand der politischen Bezüge bei Wagner besonders deutlich wird, wird für die Wirkung eines Werkes nicht nur zeitbezogen eingrenzend wirksam – „ein durch den Zeitgeist geprägtes Gebilde und nicht ein in der Zeitlosigkeit ästhetischer Präsenz schwebender idealer Gegenstand" (DAHLHAUS 1980: 112), sondern ist ebenso kulturell gebunden, da

> die Musik nicht eine universelle Sprache ist, sondern dass die Tendenz zu gewissen Lösungen im Vorzug vor anderen das Ergebnis einer Erziehung und einer geschichtlich bestimmten musikalischen Kultur darstellt. Musikalische Ereignisse, die für eine Kultur Elemente der Krise sind, können für andere an Monotonie grenzende Muster von Regelhaftigkeit sein. (ECO 1973: 141)

Im Umkehrschluss zur ggf. nicht mehr vorhandenen politischen Relevanz von Kunstwerken vergangener Epochen lässt sich prinzipiell zunächst aus dem Repertoire verschwundene Musik durchaus beispielsweise auch aus politischen Intentionen heraus revitalisieren und sogar im Repertoire halten, was sich beispielsweise in der Pflege von Nationalkomponisten niederschlägt. Außerhalb solcher konkreter Bezüge scheinen diese Versuche allerdings kaum fruchtbar, wie die Kurzlebigkeit vieler Ausgrabungen aus „Tendenzen zur Präferenz von Vergessenem um seiner Vergessenheit willen" (CADENBACH 1991: 146f.) nachdrücklich erweist. Dass gleichwohl ein Kunstwerk und die durch dieses reflektierte Epoche nicht zwingend vollkommen deckungsgleich zwischen Ereignis und Kunstwerk verlaufen müssen, lässt sich überzeugend daran festmachen, dass z. B. Ludwig van Beethovens *Eroica* und *Fidelio* berechtigt als herausragende, vielleicht herausragend*ste* musikalische Exponenten für den Geist der Französischen Revolution gelten dürfen, obwohl sie beinahe eineinhalb Jahrzehnte *nach* der Revolution komponiert wurden. Sie spiegeln aus heutiger Sicht die Revolutionszeit ausdrücklich stärker, als dies für zeitgenössische der Revolution zuzuordnende Werke wie die in den 1790er Jahren komponierten ‚Schreckensopern' von Étienne-Nicolas Méhul gilt.

In Hinblick auf eine überzeitliche Geltung von Musik steht gleichwohl die Intention der Aufführung von Kompositionen zur Diskussion, die – gerade im Hinblick auf das oben ausgeführte – auch aus der Position eines Reliktes her verstanden sein kann. Dennoch bleibt zu konstatieren, dass in jedem Fall in der klingenden Realisierung „das Artefakt zum ästhetischen Objekt wird" (JAUSS 1992: Sp. 999). Dahlhaus benennt diese Zeitlosigkeit, aus der die ‚historische' Komposition im Augenblick der Aufführung herausgehoben ist, als einen „gleichsam aus der Zeit herausgehobenen Augenblick, den man nicht nur als Gegenwart empfindet, sondern durch den man zugleich die Erfahrung zu machen glaubt, was das überhaupt ist: Gegenwart" (DAHLHAUS 1980:107).

In wenigen Fällen wird Kunst gleichwohl zum scheinbar völlig bruchlosen Ausdruck von Geschichte, indem sie freilich ihre Authentizität nicht ausschließlich aus dem Abbildenden bezieht. Wie bereits Hegel in den Vorlesungen zur Ästhetik die Erhabenheit eines Kunstwerkes nicht als Reflex des Abgebildeten, sondern als Ergebnis der Form des Kunstwerkes herleitet, gibt Eco am Beispiel von Arnold Schönbergs *Ein Überlebender aus Warschau* ein überzeugendes Exempel zu diesem Anspruch:

Wenn Schönberg in *Ein Überlebender von* [sic!] *Warschau* die ganze Entrüstung seiner Zeit und einer Kultur über die nazistische Barbarei zum Ausdruck zu bringen vermag, so darum. weil er schon vorher, ohne zu wissen, ob und wie er vom Menschen sprechen würde, auf der Formebene eine Revolution der Beziehungen eingeleitet und eine neue Art, musikalisch die Welt zu sehen, inauguriert hatte. Hätte Schönberg das untrennbar mit einer ganzen Kultur und Fühlweise verbundene tonale System verwendet, so hätte er nicht *Ein Überlebender von Warschau* geschrieben, sondern das *Warschauer Konzert*, das fast den gleichen „Gegenstand" behandelt. Es ist klar, dass Addinsell kein Schönberg war und mit allen Zwölftonreihen der Welt nichts Gleichwertiges zuwege gebracht hätte: dennoch lässt sich das Gelingen eines Werkes nicht allein aus persönlicher Genialität erklären; es gibt eine Art des Anfangens, die den ganzen Weg bestimmt; ein tonales

Musikwerk über die Bombardierung Warschaus konnte nur den Weg einer unechten Dramatik gehen, einer Dramatik wider besseres Wissen. (ECO 1973: 269)

Aus dieser Perspektive heraus muss der Anspruch des Kunstwerkes in Hinblick auf eine authentische und wahrhaftige Zeitbezogenheit (im Gegensatz zum Kunsthandwerklichen, das durchaus auch in der Musikliteratur existiert) in der Regel grundlegend dafür sein, sowohl eine zeitliche als auch ggf. überzeitliche Wirksamkeit zu entwickeln. Die unmittelbare Betroffenheit und die aus ihr gestaltete Form der Aussageentwicklung können – selbst angesichts des bereits nach Dahlhaus' Argumentation erwähnten zu „Anfang Frappierenden oder sogar Abstoßenden" (DAHLHAUS 1982: 100) – erst das Potenzial zu Authentizität und damit dauerhafter Wirksamkeit und Bedeutung mobilisieren. Jürgen Lenssen formuliert diesen Anspruch aus der Perspektive der Bedeutung von Kunst für den sakralen Raum heraus:

> Kunst kann und darf nicht zeitlos sein – und wo sie in ihrem Entstehen diesen Anspruch erhebt, verliert sie den notwendigen Bezug zu den Menschen, für die sie geschaffen wird, verliert sich ins Banale. [...] Kunst muss zeitgenössisch sein – und ist es in ihrem Anspruch. Zeitgenossenschaft hat aber nichts mit modischen Attitüden zeitentfremdeter Aussagen zu tun. Vielmehr zieht angezielte Zeitgenossenschaft in der Kunst – und nicht nur da – nach sich, zu Ablösungen von entzeitlichten Zeichen und Symbolen bereit zu sein und statt deren Verlust zu beklagen [...] sich auf die Sprache und Verstehensmöglichkeiten der Gegenwart einzulassen. [...] Sich auf ein Kunstwerk und den Prozess, der durch das Werk ausgelöst werden kann, einzulassen, setzt sowohl Zeit voraus, die im Werk angelegte Spur zu erspähen, erkennen, deuten und aufgreifen zu können, als auch die Offenheit, eine möglicherweise anfänglich empfundene Fremdheit des Kunstwerkes sowie die eigene Befremdung darüber zu überwinden bereit sein. (LENSSEN 2001: 11f.)

3.4. Veränderung von Gehalt und Bedeutung in unterschiedlichem Nutzungskontext

Wird die musikalische Komposition oben als ein in seinen Eigengesetzlichkeiten konstitutives Objekt aufgefasst, so bedingt dies allerdings, wie bereits ausgeführt, keinesfalls allgemein eine Konstanz seiner Bedeutung – oder, um es mit Adorno zu sagen, seines Gehalts. Was zur Entstehungszeit des Werkes zeitgemäß Lebenswirklichkeit möglicherweise besonders berührend oder gar zukunftsweisend war, ist in folgenden Epochen als Rezeptionshintergrund im Allgemeinen nicht oder nur fragmentarisch verfügbar. Adorno beschreibt diese Veränderung des Gehalts, die Renate Wieland wie folgt skizziert:

> Die Botschaft der Werke selber ändert sich. Ein heroischer, ein idyllischer Charakter aus klassisch romantischer Ära ist heute nicht mehr derselbe wie damals. Unsere Erfahrung vom Untergang der Helden, vom wachsenden Verlust der Idyllen muss die tradierten utopischen Bilder durchdringen. Vielleicht ist es dann gerade der Ausdruck des Verlorenen, der sie für einen Moment leben lässt. (WIELAND 2005: 5)

Ein solcher Verlust von vom Komponisten bewusst oder unbewusst angelegten Verweisen muss dabei nicht zwingend zum Verlust von Bedeutung führen; er kann das betreffende Werk sogar – wenn die Rezipierbarkeit der Form selbst nicht eingeschränkt ist – noch offener und damit für den individuellen Hörer noch näher erschließbar gestalten. Es schließt gleichzeitig nicht aus, dass an

Kunstwerken außerhalb ihres ursprünglichen Rezeptionszusammenhanges „Neues oder Historisch-Unkonformes aufgewertet wird gegenüber der Tradition und eingegliedert wird in ein aktuelles Bezugssystem..." (HUBIG 1991: 48) Bedeutendstes außermusikalisches Beispiel in diesem Rahmen dürfte die bereits erwähnte El-Greco- und Grünewald-Rezeption durch die Expressionisten sein. Im konkret musikalischen Bereich möge die Erscheinung des Cäcilianismus (der Rückbesinnung von Kirchenmusik im 19. Jahrhundert auf einen sehr frei aufgefassten Palestrina-Stil hin) als eher theologisch oder gesellschaftspolitisch denn künstlerisch motiviert außen vor gelassen sein – nachhaltig bestehen bleibende Neubewertungen wie beispielsweise diejenigen der hoch chromatischen Responsorien des italienischen Renaissancemeisters Carlo Gesualdo, Principe di Venosa lassen sich nicht alleine aus der spektakulären Biografie des Komponisten schlüssig begründen, sondern sind unbedingt im erheblichen epochenüberschreitenden Potenzial seiner Werke verwurzelt. Eine solche Umwidmung von Werken auf andere Gesellschaften und Epochen hin schließt dabei die hohe Wahrscheinlichkeit mit ein, dass diese ggf. auch im musikwissenschaftlichen Sinn ‚nicht werkgerecht' eingerichtet beziehungsweise unhistorisch umgesetzt werden, um veränderten Intentionen zu genügen. Adorno hat diese Problematik im bereits erwähnten Entwurf *Zu einer Theorie der musikalischen Reproduktion* eindringlich problematisiert. Wieland formuliert diese Kritik am konkreten Beispiel weiter:

Was in die Hörerwartung nicht hineinpasst, was dem gewohnten Duktus widerstrebt, wird nivelliert: das Fortissimo etwa gemildert zum ‚Mezzofortissimo', wie Schönberg das nannte. Es werden die Fernen der weiten Pianissimofelder bei Schubert in die behagliche Nähe eines warmen Pianosounds gerückt, es werden die lästigen Stauungen des beethovenschen Crescendo-piano gesänftigt etc. Die idiomatisch dominierte Interpretation versäumt das Besondere der Werke. ‚Sie sagen Bach', heißt es einmal bei Adorno, ‚und sie meinen Telemann'. Derart vertritt der Interpret im Idiom gegen das Werk das Material – gewissermaßen die Musik gegen die Komposition. (WIELAND 2005: 5)

Aus der Vorstellung des musikalischen Werkes als markiertem bzw. markierbarem Gut heraus ist aber gerade diese Beobachtung (die an dieser Stelle nicht ausführlich am Detail anschaulich gemacht werden kann) ein ausdrucksstarker Beleg für die einer starken Marke adäquaten Potenziale, die den angeführten Werken innewohnen, für die unterschiedlichsten Epochen und Lebenswirklichkeiten Relevanz zu gewinnen. Ausgehend von einer Kernidentität (bei der einzelnen Komposition die in der Partitur festgehaltenen kontingenten Eigengesetzlichkeiten) ergeben sich über werkbezogene Information

- freiere, aber dennoch an den Kern gebundenen Interpretationsparameter (z. B. Dynamik, Agogik) bis zu

- einer erweiterten Identität in Ebenen sehr weiter Freiheit (Arrangement, Bearbeitung, Paraphrase), die dennoch klar auf die Kernidentität zurückzuführen sind und von deren einzigartigen Eigenschaften ihre wesentliche Qualität erhalten.

Am Beispiel Johann Sebastian Bachs lässt sich dies eindrücklich vom hochkulturellen Kunstmusikbereich (z. B. Gustav Mahlers, Edward Elgars, Arnold Schönbergs oder Igor Strawinskys Bach-Transkriptionen) über spektakuläre Schaustücke wie Leopold Stokowskis Bach-Orchestrationen bis hin zu progressiver Rock-Musik (wie Procul Harums *A Whiter Shade Of Pale*) verfolgen.

4. Beziehungen konstruieren – rezeptionsästhetische Ansätze

Der Wert, den das Kunstwerk für den Rezipienten darstellt (und damit das zentrale Gut des Angebots musikalischer Kunstwerke), begründet sich in der Entstehung einer Beziehung zwischen Werk und Hörer. Diese Beziehung kann sich auf vielfältigen Ebenen entwickeln, die im Allgemeinen für den Rezipienten nicht klar isoliert werden. Zu den aus Markenperspektive bereits untersuchten Sekundär- und Tertiärleistungen (ZIEGLER 2006) hinaus (die nachdrücklichen Einfluss auf die Rahmensituation des Hörerlebnisses haben können) kommt eine Reihe weiterer Faktoren mit direktem Bezug zum musikalischen Werk hinzu.

Zur ästhetischen Eigengesetzlichkeit der Komposition und ihrer Interpretation durch den/die ausführenden Musiker addieren sich weitere informations- und konnotationsbezogene Einflüsse, die das individuelle Erlebnis des Rezipienten wesentlich prägen können. Diese Einflüsse sind unter Anderem folgenden Ebenen zuzuordnen:

- werkbezogene Information
- rahmenbezogene Information
- werkbezogene Konnotationen
- nicht werkbezogene Konnotationen

Die Vermittler von die Wahrnehmung beeinflussenden Informationen benennt Wetzel (2000: 65) wie folgt:

> Zwischen Produzent und Rezipient stehen auf vielfältige Weise die Interpreten, d.s. die Rezensenten, Analytiker und Kritiker, aber auch diejenigen, die historische und systematische Kenntnisse bereitstellen; ihre Betätigungs- und Wirkungsweise reicht von den für einzelne Kunstgattungen und -arten, -formen und -stilen einschlägigen wissenschaftlichen Disziplinen bis zu den für unterschiedlichste Medien aufbereiteten Darstellungen, so etwa in Gestalt von Ausstellungskatalogen, Theater- und Konzertführern oder Informationsbeilagen zu CDs.

Dabei darf davon ausgegangen werden, dass jedwede Informationspolitik, selbst auf Grundlage eines expliziten Strebens nach wissenschaftlicher Objektivität, nicht intentionslos ist. Eine Werkeinführung oder die dramaturgische Gestaltung von Konzertangeboten stellen stets bereits eine erste Interpretationsstufe dar, die die Werte, Einstellungen und Ziele des inhaltlich Verantwortlichen widerspiegeln. Dies soll an dieser Stelle keineswegs als eine Kritik der philologischen Objektivität stehen, sondern vielmehr darauf hinweisen, dass informierende und dramaturgische Maßnahmen unbedingt markierbare und differenzierungsfähige Leistungen von merklicher Relevanz für den Rezipienten darstellen können, indem sie das zentrale Erlebnis des Angebotes klingender Kunstwerke entscheidend vertiefen oder auf andere Weise beeinflussen können.

Die vielbeachtete Studie von Plassmann/O'Doherty/Shiv/Rangel (2007) zur nachweisbaren Wirkung von (teils fiktiven) Informationen über Wein auf dessen konkrete geschmackliche Wirkung (über neurale Prozesse) legt nahe, dass das emotionale Aufladen von Produkten oder Leistungen mit Werten und Bedeutungen faktisch deren Wirkung auf und damit ihren Wert für den Rezipienten beeinflussen kann. Die Ergebnisse sind wertfrei; das Aufladen mit über den Grundgehalt hinausgehenden Bedeutungen verbessert ein Gut nicht zwingend, aber es kann Art und Qualität von dessen Wirkung entscheidend verändern.

Während werk- und rahmenbezogene Informationen zunächst primär intellektuelle Aspekte der Rezeption zu beeinflussen scheinen, kann die Anreicherung von werkbezogenen und nicht werkbezogenen Konnotationen eine wesentliche Bedeutung für Aufbau und Ausprägung der Beziehung zwischen Werk und Hörer erlangen.

Zunächst kann Musik (über die Idealvorstellung einer autonomen Rezeption hinaus) unter den unterschiedlichsten Bezügen wahrgenommen werden, insbesondere in der Verbindung von ästhetischen Reizen mit individuellen Konnotationen und Assoziationen. Dies können eigene Erfahrungen sein, die im Zusammenhang mit einem früheren Hören der Komposition, des Interpreten oder Werken ähnlicher stilistischer Ausprägung gemacht wurden und vom Gedächtnis als Reaktion auf die entsprechenden klanglichen Reize hin aktiviert werden. Gleichzeitig können auch die benannten scheinbar vorrangig auf intellektuelle Zugänge bezogenen Informationen emotional wirksam werden, indem sie den Bezugsrahmen von Musik erweitern. Das Werk kann dabei in Folge von (vorhandener oder vermittelter) Information mit Bedeutung angereichert werden, indem es in Bezug gesetzt wird z. B. zu Personen, Orten oder historischen Begebenheiten. Damit kann das Werk z. B. in der bereits geschilderten Weise in einer Doppelfunktion erlebt werden: als für sich stehendes ästhetisches Objekt und als Relikt, das über seine ästhetischen Potenziale wiederum zur klingenden Illustration z. B. einer Epoche, eines Landes oder einer Person wird. Dabei ist es ebenso denkbar, Werke auch mit außerhalb ihres Entstehungszusammenhanges stehenden Aspekten zu verbinden, wie in einem Programm Musik der Goethezeit, aber auch, um beim Beispiel zu bleiben, dem Werk bislang nicht innewohnenden Kontexte zuzuordnen. Als historische Kuriosität lassen sich hier beispielsweise die Verbindungen Beethovenscher Werke mit Texten der literarischen Klassik durch Arnold Schering sehen, in deren Rahmen Schering beispielsweise die *7. Sinfonie A-Dur* op.92 unter der Unterstellung einer musikalischen Nachdichtung Goethescher Texte durch Beethoven mit Passagen aus *Wilhelm Meister* unterlegte. Diese Suche nach einer Verbindung von Künsten mag noch aus philologischem Forschungsstreben im weitesten Sinn erfolgt sein; andere Bezüge werden jedoch auch aus einer völlig freien Verbindung klassischer Werke mit neuen Sinnzusammenhängen entwickelt, wie beispielsweise in der Verwendung klassischer Musikwerke als Filmmusik. Das von John Barry in seiner Filmmusik zu *Out of Africa* eingesetzte Adagio aus Wolfgang Amadeus Mozarts *Konzert für Klarinette und Orchester A-Dur* KV 622 oder die Verwendung der *Barcarole* aus Jacques Offenbachs *Les Contes d'Hoffmann* in Roberto Benignis Film *La Vita è bella* [Das Leben ist] schön seien als Beispiele aus jüngerer Zeit genannt. Für denjenigen, auf den die jeweiligen Filme einen nachhaltigen Eindruck ausgeübt haben, können die verwandten Musikstücke dauerhaft mit der Filmhandlung verbunden bleiben. Für sich bereits klassischen Rang zu beanspruchen vermag hier z. B. Stanley Kubricks Einbindung ausschließlich von Kompositionen der etablierten E-Musik (auch avantgardistischer) in sein epochales Filmwerk *2001: A Space Odyssee* (1968); im drei Jahre später entstandenen Film desselben Regisseurs *Clockwork Orange* (1971) wird Musik Ludwig van Beethovens im bewussten Gegensatz zur humanistischen Einstellung des Autors mit entmenschlichter Brutalität kombiniert. Unter Einbeziehung gleich zweier markenprägender Aspekte, der gleichermaßen bekannten Handlung wie Musik, entstand z. B. 2007/08 Kenneth Branaghs filmische Neuinterpretation von Wolfgang Amadeus Mozarts *Zauberflöte* unter dem Titel *Mission Pamina*, die die Handlung des Werkes in den Ersten Weltkrieg verlegt. Die als tragender Soundtrack integrierte Musik Mozarts erklingt dabei in keineswegs hollywood-typischer Stilisierung in einer stringenten und frischen Interpretation durch das *Chamber Orchestra of Europe* unter James Conlon. Welches Potenzial einerseits die bloße *Figur* Mozarts hat, erweist der immense Erfolg von Miloš Formans 1984 fertig gestelltem Film *Amadeus* – im Umkehrschluss allerdings auch der ungeheure Einfluss, den der nach einem Theaterstück von Peter Shaffer gedrehte Film auf die Mozart-Auffassung eines breiteren Publikums bereits seit nahezu einem Vierteljahrhundert ausübt.

So sehr puristische Kritiker eine Instrumentalisierung von Musikwerken der Hochkultur im kommerziellen Hollywoodfilm kritisieren mögen, kann dennoch auch diese Form des Aufladens von Kunstwerken mit nicht eigentlich dem Werk zuzuordnender Bedeutung zum Treiber für die Nutzung kultureller Angebote werden – gleichwohl auf die Gefahr hin, dass diese hinzugefügten Bedeutungen die ursprünglichen überlagern können.[15]

Die Wahrnehmung von Kunst besteht stets aus einer Vielzahl von Assoziationen und Konnotationen, die von den vom Kunstwerk vermittelten Signifikaten ausgelöst werden und, de facto parallel mit der Wirkung von Marken, einen umfangreichen ‚information chunk' öffnen, der gleichzeitig bewusste intellektuelle Information vermittelt wie unbewusste emotionale Wirkungen auslöst.

---

15 In einem Vortrag anlässlich des Kongresses *Starke Marken im Kulturbetrieb* (Ludwigsburg, 11.+12.05.2006) thematisierte der Leiter der Abteilung Sponsoring des Louvre, Christophe Monin, den Einfluss des Romans *The Da Vinci Code* des amerikanischen Autors Dan Brown als einen nachhaltig und deutlich messbaren Treiber der Besucherzahlen sowie der Präferenzen in Bezug auf die besichtigten Werke im Louvre.

Die Relevanz von aktuell vermittelter Information für den Gesamteindruck des klingenden Kunstwerkes muss dabei als extrem individuell eingestuft werden. Außer Frage steht hierbei, dass Information die Wirkung eines Kunstwerkes merklich anreichern und die Facettenbreite der Wirkung deutlich erhöhen kann. Gegenüber der Komposition mit ihrer fehlenden Kontingentierbarkeit und deshalb eingeschränkten Differenzierungsfähigkeit bieten hier also Vermittlungsansätze und Konzertformate noch umfassende Möglichkeiten zur Entwicklung von Profil, Alleinstellungsmerkmalen und damit konkret markttauglichen Qualitäten.

4.1. Sinn, Bedeutung und Interpretationskompetenz

Das Kunstwerk ist ein Gegenstand, der durch die ihn gestaltende spezifische Eigengesetzlichkeit über eine einzigartige Ausprägung verfügt. Bedeutung gewinnt es, wie bereits festgestellt, erst im Kontakt mit dem Rezipienten. George Berkeley interpretiert bereits in der ersten Hälfte des 18. Jahrhunderts die Wahrnehmung von Dingen als einen Abgleich mit bereits gemachten Erfahrungen. Wissen wird damit nicht passiv aufgenommen, sondern – speziell in seiner individuellen Bedeutung – aktiv konstruiert. Johann Gottlieb Fichte spricht von einer Dechiffrierung des Kunstwerkes durch den Rezipienten nicht allein über Vernunft (also konkrete Information), sondern durch ‚produktive Einbildungskraft' – also die individuelle kreative Einordnung und Anreicherung der vom Kunstwerk ausgehenden Reize. Damit wird die Wahrnehmung von Kunst wesentlich bestimmt durch „die wechselseitige Übereinstimmung von freier Einbildungskraft und konstruierendem Verstand" (WETZEL 2000: 57). Das vom Rezipienten wahrgenommene Kunstwerk wird somit erheblich angereichert durch die bereits erwähnte Zusammenführung mit früheren Erfahrungen. John Dewey formulierte 1934 in seinem Standardwerk *Art as an experience* (2005: 237): „Whenever any material finds a medium that expresses its value in experience – that is, its imaginative and emotional value – it becomes the substance of a work of art." In diesem Prozess wird das Kunstwerk gleichzeitig nicht bloß angereichert, es wird auch vereinnahmt und ggf. mit eigenen Perspektiven abgeglichen; der Rezipient reagiert mit einer emotionalen Wertantwort (Ingarden) auf das Werk.

Der Forschungsansatz der Rezeptionsästhetik, der ab Ende der 1960er Jahre entwickelt wurde (u. a. Jauss, Ingarden) geht davon aus, dass das Kunstwerk von Beginn an durch den Künstler unter Vorstellung einer Vervollständigung durch den Rezipienten entwickelt worden ist. Wolfgang Kemp als einer der prägenden Vertreter dieses Ansatzes in Bezug auf die Bildende Kunst skizziert das Prinzip wie folgt:

Gegenstand der hier praktizierten Methode ist der Ort des Rezipienten im Werk, ist der ins Werk einkomponierte Betrachterbezug, mit allen Konsequenzen, die sich aus ihm für die anderen Wirkungsdimensionen des Werkes ergeben. Wolfgang Iser hat für die Literaturwissenschaft an dieser Stelle das Konzept des ‚impliziten Lesers' eingeführt. (KEMP 1983:32)

Nach dieser Vorstellung setzt der Künstler bereits beim Schaffen des Werkes eine bestimmte Rezeptionskompetenz beim Leser, Betrachter oder Hörer voraus. Regelrecht offensiv erklärt sich Umberto Eco als Vertreter dieser Sichtweise, wenn er in der *Nachschrift zum Namen der Rose* (1983) den ersten Teil des Romans zum Initiationsritus deklariert, der nur den Leser, der den Ansprüchen des Autors genügt, zur eigentlichen Lektüre des Buches zulässt:

> Nach der Lektüre meines Skriptes meinten die Freunde im Verlag, ich sollte die ersten hundert Seiten ein wenig kürzen, sie seien zu anspruchsvoll und ermüdend. Ich hatte keinerlei Zweifel, ich lehnte ab mit dem Argument: Wer die Abtei betreten und darin sieben Tage verbringen will, muss ihren Rhythmus akzeptieren. Wenn ihm das nicht gelingt, wird er niemals imstande sein, das Buch bis zu Ende zu lesen. Die ersten hundert Seiten haben daher die Funktion einer Abbuße oder Initiation, und wer sie nicht mag, hat Pech gehabt und bleibt draußen, zu Füßen des Berges. (ECO 1983/84: Einleitung)

Ein entscheidender Faktor in der Vorstellung der Rezeptionsästhetik ist das Modell der Leerstelle, „dass Kunstwerke punktuell unvollendet sind, um sich im Betrachter zu vollenden" (KEMP 1988: 247). Kemp exemplifiziert dieses Modell unter anderem anhand der Rekonstruktion einer Vorgeschichte und der Erwartung weiterer Vorgänge im Kopf des Rezipienten angesichts von Gemälden dramatischen Sujets. Indem der Rezipient solcherart in das Kunstwerk mit einbezogen wird, wird einerseits die Individualität der Kunstwahrnehmung gesteigert (die Vervollständigung des Werkes erfolgt stets sehr persönlich), andererseits kann der Rezipient zusätzlich involviert werden, indem er seine Rezeptionskompetenz als erwartete Voraussetzung erkennt und sich damit mit dem Künstler beziehungsweise dem Werk auf einer vergleichbaren Ebene wiederfindet. Diese Methode der Leerstelle als Mittel zur Bindung des Rezipienten beziehungsweise Kunden ist im Übrigen in der Konsumgüterwerbung längst gang und gäbe: Die Dechiffrierung einer in einem Werbespot enthaltenen Botschaft erfordert in der Regel ein bestimmtes, nicht zwangsläufig anspruchsvolles Hintergrundwissen. Erkennt der Kunde, dass sein Hintergrundwissen beispielsweise zum Verstehen und damit Funktionieren des Gags und damit des unterhaltungsbezogenen Mehrwerts des Werbespots geführt hat, ergibt sich ein Zustand des Gleichklanges und damit der Beziehung zwischen Sender und Empfänger der chiffrierten Botschaft. Der Vorgang fordert geistige Präsenz, der Rezipient kann sie einlösen, erkennt sich als intelligent und kreativ – und ist damit positiv berührt. Eco benennt diesen Zustand bei der Rezeption des Kunstwerkes als „Gefühl freudiger Kontemplation, das das Verständnis begleitet [...], so sehr, dass in ihm referentielle und emotive Werte in einer von nun an unauflöslichen Weise verschmelzen." (ECO 1973: 86)

In wie weit die Vorstellung des impliziten Rezipienten als leitendes Prinzip im Entstehungsvorgang des Kunstwerkes de facto angenommen werden mag, soll nicht Gegenstand dieser Darstellung sein. Fraglos ist jedoch, dass die Wahrnehmung des Werkes vom Rezipienten individuell mit Informationen und Assoziationen angereichert wird. Nelson Goodman spricht hier in Bezug auf die Wirkung des Kunstwerkes von nicht einer Wirklichkeit, sondern dass die Wirklichkeit aufblüht zu „einer Vielzahl von Welten" (GABRIEL 2003: 190).

Damit kann über die Vermittlung von Information, gegebenenfalls auch Fiktion, die Erfahrung des künstlerischen Kerngutes bereichert werden. Diese Bereicherung kann gegenüber dem künstlerischen Kerngut einen wesentlichen Teil des Angebots von Kulturinstitutionen bedeuten. Entsprechend erweitert Kemp das von Helmut Kraft (1988: 284) entwickelte Beziehungsdreieck zwischen Kunstwerk, Künstler und Kunstrezipient um einen vierten Schritt – nämlich die Institution als Vermittler.
Manfred Wetzel (2000: 57) stellt zur Vermittlung von Information die folgenden Gegensatzpaare dar:

- informierende vs. desinformierende Mitteilung
- sachgemäß einordnende vs. verzerrende Darstellung
- analysierende vs. dogmatische Deutung und
- einstimmende vs. oktroyierende Vermittlung

Diese Gegensatzpaare sollen an dieser Stelle erweitert werden um die Möglichkeit von

- realistisch (historischer) vs. phantastischer Mitteilung, die wohl prinzipiell dem ersten Begriffspaar zuzuordnen ist, aber insgesamt eine weitere kreative, fiktionale Ebene beansprucht, die in Bezug auf das musikalische Werk vergleichbar erscheint z. B. zur Choreographierung von Werken der absoluten Musik – sie werden mit Inhalten belegt, die der ursprünglichen Ausrichtung des Werkes nicht nachweisbarerweise zuzuordnen sind.

Ein außergewöhnlich rundes Projekt eines historisch basierten und phantastisch entwickelten dramaturgischen Produktes bzw. der Synthese literarischer und musikalischer Kunst stellt z. B. das 2000 realisierte *Bruhns-Projekt* des Autors Andreas Nohr und der Organistin Barbara Kraus dar. Nohr schrieb mit *Mitternacht – Die Geschichte des Nicolaus Bruhns* eine auf der Basis historischer Koordinaten entwickelte, phantasievolle, 230 Seiten umfassende Geschichte, zu der eine Einspielung des Gesamtwerks für Orgel aus der Feder Bruhns' sowie einiger Werke aus dem Umfeld des Komponisten beigegeben ist. Die Werke Bruhns' und die Interpretationen von Barbara Kraus an historischen Instrumenten des Entstehungszeit haben gleichermaßen den Autor beeinflusst, wie sie – im Text mit Werken und Incipits angemerkt – dem Hörer als Bestandteil des interdisziplinären Werkes angetragen werden, um das Gesamtwerk erst voll erlebbar zu machen.

4.2. Mehr als aggregierte Kommunikation

Die künstlerische Produktion beginnt mit Gebilden, die im Dienste des Kults stehen. Von diesen Gebilden ist, wie man annehmen darf, wichtiger, dass sie vorhanden sind als dass sie gesehen werden. (BENJAMIN 1936/1996:18f.)

Das bedeutende Kunstwerk ist mehr als aggregierte Kommunikation. Diese Sichtweise ist keineswegs ausschließlich ein Relikt aus der l'art pour l'art-Sichtweise der Ausrichtung Théophile Gautiers oder der selbstreflexiven musikalischen Schönheitsidee eines Eduard Hanslick. Bazon Brock formuliert zu einer Kunst, die wohl aus dem von Arnold Schönberg reklamierten Müssen heraus entstanden ist, aber zunächst keiner außerkünstlerischen Funktion zugeordnet ist:

Sie verzichteten darauf, eine Beseelung von Kunstwerken durch Wirkung auf lebende Menschen hervorzubringen. Die Einen zogen sich asketisch in ihre Klausen zurück und arbeiteten wie der gotische Kathedralbau-Handwerker nur noch zum Ruhme Gottes oder der Wahrheit, sie arbeiteten, um sich beherrschen zu lernen oder um mit ihren Ängsten fertig werden zu können und sich nicht in die Begeisterungsgemeinschaften der Gottsucher flüchten zu müssen. (BROCK 2008)

Diese Sichtweise fußt auf Vorstellungen, wie sie Nietzsche in der *Fröhlichen Wissenschaft* formuliert:

Alles, was gedacht, gedichtet, gemalt, komponiert, selbst gebaut und gebildet wird, gehört entweder zur monologischen Kunst oder zur Kunst vor Zeugen. [...] Ich kenne keinen tieferen Unterschied der gesamten Optik eines Künstlers als diesen: ob er vom Auge des Zeugen aus seinem werdenden Kunstwerke (nach ‚sich'-)hinblickt oder aber ‚die Welt vergessen hat': wie das Wesentliche jeder monologischen Kultur ist – sie zielt auf das Vergessen, sie ist die Musik des Vergessens. (NIETZSCHE 1882/1999: FW 367, 616)

Am Moment der kommunikativen Ausrichtung von Kunst ist letzten Endes auch die Frage nach ihrer Funktionsorientierung festzumachen. Von einem puristischen Standpunkt aufgefasst wäre, wie ausgeführt, bereits die kommunikative Absicht selbst schon eine Form von Funktionsorientierung, sei sie auch aus theologischen oder philosophischen Intentionen heraus zu Grunde gelegt. Eine kommunikative Absicht, auch wenn sie keiner konkreten z. B. konsumgerichteten oder kommerziellen Nutzenorientierung für Sender oder Empfänger folgt, widerspricht dabei gleichwohl der Idee einer Intentionslosigkeit, wie sie den Idealen des 19. Jahrhunderts eignet. Dem gegenüber wiederum verfügt auch das primär funktional angelegte Kunstwerk über Aspekte autonomer und damit nicht primär zielgerichteter Ausrichtung, da ihm ansonsten nicht ausreichend künstlerische Qualitäten eignen würden, um die intendierte Reaktion beim Rezipienten hervorzurufen. Dies schlägt sich in unterschiedlichen Durcharbeitungsgraden von Kant bis u. a. Martin Seel nieder, der feststellt, die Erhabenheit eines Werkes resultiere „nicht aus der Repräsentation einer an sich, unabhängig vom Bild erhabenen Substanz, sondern aus der darstellenden Reflexion des Bildes auf die Weise seiner Darstellung" (HETZEL 1993: 27) – also aus der Form und nicht einem wie auch immer gearteten außermusikalischen Inhalt oder Bezug des Werkes heraus: „Darstellung als solche tendiert, wenn sie sich im Bezug auf ein Dargestelltes zunächst auf sich selbst bezieht (indem sie „Darstellung als" als „Darstellung von" wird) dazu, ästhetisch zu werden" (HETZEL 1993: 33).

Insgesamt lässt sich feststellen, dass in der Regel Kunstwerke mit geringerer oder abstrakterer Funktionsorientierung eine höhere Dauerhaftigkeit im Repertoire aufweisen, der konkrete kommunikative Absichten, die in der Entstehungszeit wirken sollen, folgerichtig exakt dann an Wirkung auf den Rezipienten verlieren können, wenn das Lebensumfeld und die Diskussionsthemen dieser Entstehungszeit nicht mehr bestehen. Es scheint darüber hinaus sogar so, als seien über einen Großteil zeit- oder kulturenrelevanter Bezüge dennoch beispielsweise gewisse proportionale Gefüge mit einem höheren Maße an Allgemeingültigkeit ausgestattet als andere – man denke nur an die Struktur- und Spannungsverhältnisse, die über den so genannten ‚Goldenen Schnitt' scheinbar objektiv und in jedem Fall deutlich über eine kommunikative Autorenintention oder konkrete Botschaft hinaus wirken.

5. Ein Premiummodell der Musikpräsentation: Totalität und Kontemplation

„Kein Mitsingen. Kein Mitklatschen. Nur Musik." Das vierte Motiv der eingangs zitierten ‚Köpfe'-Kampagne der Agentur JWT für die *Junge Deutsche Philharmonie* weist einen deutlichen Kontrast zur eventtrunkenen Vermarktungsmethode der landauf, landab grassierenden Festivalitis auf. Anbieter wie die *Jahrhunderthalle Bochum* distanzieren sich von vornherein klar vom scheinbar so erstrebenswerten populären Image: „Wenn Tokio Hotel für Sie ein Gasthaus ist, dann sind sie bei uns richtig", schrieben die Werber des aus einer stillgelegten Industriehalle hochwertig kreierten Veranstaltungshauses – und wiesen mit diesem Slogan auf einer ganzseitigen Anzeige in der *Frankfurter Allgemeinen Zeitung* auf eine Aufführung des Bachschen *Weihnachtsoratoriums* hin.

Solche Marketingmaßnahmen scheinen auf den ersten Blick aus längst überholten bildungsbürgerlichen Vorstellungen motiviert zu sein – und damit unprofessionell und kontraproduktiv. Jedoch lässt bereits die Tatsache aufhorchen, dass für diese scheinbar antiquierten Kampagnen wegweisende Werbeagenturen aus dem hart umkämpften Konsumgütersektor verantwortlich zeichnen. Der Wertebezug ist dabei absolut bewusst gewählt und keineswegs antiquiert – eher ist er Ausdruck einer deutlich antizyklischen Ausrichtung, die besonders stark im Fall der zitierten Werbung für die *Junge Deutsche Philharmonie* unter zweierlei Gesichtspunkten Positionierungspolitik betreibt:

- Abgrenzung von einer popularisierten, auf dem Eventprinzip basierten Programm-, Format- und Kommunikationspolitik,

- Herausstellung eigener Kompetenz für eine an den originären, einzigartigen Potenzialen von Kunst ausgerichtete Programm- und Präsentationsgestaltung.

Durchaus hat die so genannte klassische Musik allgemein in den letzten Jahrzehnten in der öffentlichen Meinung deutlich an Spaßfaktor gewonnen. Die erreichbaren Zielgruppen haben sich nach den noch in den 1980ern scheinbar restlos deckungsfähigen Milieumodellen mittlerweile erfolgreich ausgeweitet, und auch solche Gruppen, die nicht im großbürgerlichen Rahmen sozialisierte sind, gönnen sich bisweilen quirligen Rossini oder elegante Wiener Klassik auf grünen Wiesen vor herrschaftlichen Schlössern. Jedoch ist es nicht erst notwendig, die Unterschiede in den grundlegenden Paradigmen von Pop/Rock und dem Gros der kanonisierten klassischen Musik aufzuzeigen, um schlüssig darauf verweisen zu können, dass die Potenziale der Wirkung der jeweiligen Musik auf sehr unterschiedlichen Ebenen liegen können. Klassische Musik kann höchst populäre Qualitäten auch nach den Wirkungsprinzipien der Popmusik aufweisen. Zahlreiche Werke erscheinen dementsprechend, wie bereits erwähnt, als durchaus angemessenes Repertoire auch für Veranstaltungsformate und Publikumszusammensetzungen, die originär im Rock-Pop-Bereich entwickelt wurden. Gleichwohl bieten hochkarätige Werke aber auch weit über diese Formate hinausgehende Potenziale artifizieller, intellektueller und emotionaler Natur, die in einer geeigneten Rezeptionssituation außergewöhnlich hohe und intensive Wirkungen hervorrufen können.

5.1. Der Premiumansatz in der Anwendung auf den Bereich klassischer Musik

Die spezifischen sinnlichen und intellektuellen Erlebnispotenziale, die das hochkarätige musikalische Kunstwerk aufweist, sollen im Folgenden in Hinblick auf die Gestaltung eines Premiumprodukts hin untersucht werden. Dieses Premiumprodukt basiert im Wesentlichen darauf, das Werk und seine einzigartigen Wirkungsmöglichkeiten dem Rezipienten in einer möglichst intensiven und unverstellten Form zugänglich zu machen.

Im vorliegenden Kapitel werden diese außergewöhnlichen, im hochkarätigen Kunstwerk vorhandenen Möglichkeiten in ihren vorstellbaren Wirkungen gegenüber dem Rezipienten skizziert. Daraus abgeleitet wird eine – der gängigen Breitenorientierung in der Präsentation klassischer Musik als Komplementär gegenübergestellte – hoch intensivierte Erlebnismöglichkeit des exzellenten Kunstwerkes. Spezielle Aspekte der Darstellung sind u. a.

- welche Ansprüche an ein gesamtheitlich entwickeltes Leistungsbündel zu stellen sind, das unter unterschiedlichen Aspekten diese intensivst mögliche Rezeption des künstlerischen Kernproduktes unterstützt,
- wie solche Faktoren, die die Freiheit des Konsumenten/Rezipienten scheinbar einschränken (z. B. bestimmte zur kontemplativen Rezeptionssituation gehörige Verhaltensübereinkünfte) als positiver und charakterisierender Bestandteil des Angebotes aufgefasst werden können (anhand des Modells des authentizitätsorientierten Wertedifferenzials nach KOOB/WEBER 1999),
- welche speziellen Anforderungen sich daraus ergeben, ein unter diesen Maßgaben entwickeltes Produkt differenzierungsfähig auf dem Markt zu platzieren.

Der Begriff eines Premiumprodukts oder einer Premiummarke ist in der Marketingtheorie nicht konsensual definiert. Wesentlich, auch im Kontext der hier erörterten Thematik, ist dabei die Unterscheidung gegenüber dem Luxusprodukt oder der Luxusmarke, speziell in Anbetracht der kulturmanagerialen Paradigmendiskussion in Bezug auf Distinktionseffekte der Nutzung kultureller Angebote. Rosengarten und Stürmer (2005: 26) definieren die Premiummarke als eine klar durch erstklassige Kerneigenschaften ausgezeichnete Marke, während die Luxusmarke in jenen Aspekten, die ihre Wirkung als Luxusmarke ausmacht, wesentlich „aus der Vergangenheit, also ‚Heritage', oder aus einem stärkeren Marketing beziehungsweise ‚Image'" bezieht. Entsprechend ist die Preispolitik beim Luxusgut ein erheblicher Faktor der Positionierung, indem sie Exklusivität demonstriert, während der Preis beim Premiumgut dagegen „Resultat der überlegenen Produkt- und Imageeigenschaften" (ROSENGARTEN/STÜRMER 2005: 26) ist. Pätzmann (2006: 2) grenzt die Luxusmarke von der Premiummarke u. a. durch den konstituierenden Gegensatz von „Masse vs. Nische" ab, wobei „Knappheit als wesentliches Merkmal" der Luxusmarke gilt.

Im Überschneidungsbereich zwischen Premium- und Luxusmarke unterscheidet Alexander Haas (2000: 4) zwischen symbolischen Premiummarken und funktionalen Premiummarken, wobei bei ersteren „der Markenkern [...] einen mehr oder minder umfangreichen Teil des eigenen Lebensgefühls und Wertesystems" des Rezipienten bzw. Nutzers ausdrückt.

Gleichwohl bedürfen auch funktionale Premiumqualitäten der Inszenierung, um ihre spezifischen Qualitäten kommunikativ transportieren zu können – Haas (2000: 4) zieht hierzu ein Beispiel aus dem Automobilmarketing heran:

So wurde auf einem Informationsvideo [...] die überlegene Laufruhe des *Lexus* veranschaulicht – im konkreten Beispiel dadurch, dass gezeigt wurde, wie das Wasser in einem damit gefüllten, auf den Motorblöcken abgestellten Glas beim Anlassen im Falle des *Mercedes* geschüttelt wurde, im Falle des Lexus dagegen nicht.

Übertragung des Begriffs auf den Bereich klassischer Musik

Jene Aspekte, die die Konzeption kultureller Angebote unter Distinktionsaspekten betreffen, sind in Diskussion und insbesondere Handbuchliteratur bereits umfassender behandelt. Dieser Differenzierung über Sekundärqualitäten (Veranstaltungsort, gesellschaftliche Wertigkeit, gastronomische Exzellenz) soll an dieser Stelle das Prinzip einer Differenzierung über höchstmögliche sachliche Kerneigenschaften und die Ermöglichung einer höchstmöglich intensiven Rezeption gegenübergestellt werden. Damit ergeben sich wesentlich die folgenden Grundaspekte für die Vorstellung eines Premiumangebots im Kulturbereich:

- Höchstmögliche Qualität des Kernguts
- Bereitstellen der Voraussetzungen für eine möglichst optimal intensive Rezeption der ästhetischen und emotionalen Qualitäten des Kernguts

Insbesondere der zweite Faktor bedingt in Form einer

- positiven Abgrenzung die produktgerechte Inszenierung der Präsentation unter authentizitätsorientierter Auswahl und Gestaltung von Sekundärfaktoren sowie in Form einer
- negativen Abgrenzung die Distanzierung von solchen Sekundärfaktoren, die von einer möglichst intensiven Rezeption ablenken, mithin in der Wahrnehmung die nach Benjamin auratische, authentische Wirkung des Kunstwerks beeinträchtigen.

Wurde durch den Autor (ZIEGLER 2006: 85f.) dargestellt, dass sich in der Erwartungshaltung des potenziellen Rezipienten Sekundärfaktoren innerhalb eines auf Exzellenz ausgerichteten Leistungsbündels an Qualitätsmaßstäben ihres eigenen Genres (z. B. exklusive Gastronomie) messen lassen müssen, so sind die Sekundärfaktoren gleichwohl unbedingt den Grundwerten des Kernangebotes und insbesondere den avisierten Rezeptionsparadigmen unterzuordnen, wenn sie dem Anspruch eines authentisch wirkenden Gesamtangebots gerecht werden sollen. Dies lässt sich illustrativ z. B. anhand der Geschwindigkeit von Handlungen bei solchen Bestandteilen des Leistungsbündels beschreiben, die dem Dienstleistungssegment zuzurechnen sind. Fließ, Lasshof und Meckel (2004: 12) beschreiben dies – unter Berufung auf Dichtl/Leach (1997:50) und Roland/Daub (2000: 441) – wie folgt:

So kann Schnelligkeit kontraproduktiv wirken, wenn – wie bei Zeitvertreibsangeboten – die ausgedehnte Inanspruchnahme einer Leistung Erlebnisqualität besitzt. Dies bedeutet, dass eine Reduzierung der Prozessdauer nur dann sinnvoll ist, wenn sie vom Kunden als Verbesserung der Leistung interpretiert wird.

Somit können auch Merkmale, die innerhalb der originären Genres von hier als Sekundärfaktoren eingesetzten Leistungen als positive Qualitäten wahrgenommen werden, in anderen Kontexten als eine Idealqualität beeinträchtigend wirken.

Rezeptionsparadigmen und daraus resultierende Aspekte der Produktgestaltung

Das beinahe schon klassische neuzeitliche Rezeptionsparadigma klassischer Musik durch den Connaisseur ist mit wenigen Strichen skizziert: der/die Hörer/in im Ledersessel zurückgelehnt, durch den erstklassigen Kopfhörer von der Außenwelt abgeschirmt und von der brillanten Akustik weltbester Konzertsäle umfangen, mit einem Glas exquisiten Weins in der Hand und, zum Beispiel, einer mit höchster Präzision zu klangtechnischer Brillanz geschliffenen Aufnahme der Bachschen *Goldberg-Variationen* in der Interpretation von Glenn Gould. Im Dialog mit großer Kunst und fern vom Alltag deren einzigartigen Qualitäten sich überantwortend – in einer parallelen Welt perfekter Stimmigkeit. Das Glas Wein repräsentiert dabei die kulinarische Parallelsphäre – unvergleichliche Qualität wird in einem außergewöhnlichen Moment genossen.

Von der Idee des großen Weins aus lässt sich auch der Anspruch an Qualität und Präsentation des Kunstwerks entwerfen: So darf ohne Zweifel davon ausgegangen werden, dass ein *Mouton-Rothschild Premier Grand Cru* seine herausragenden Qualitäten besonders stark entfalten wird, wenn er nicht etwa im Rahmen eines von Smalltalk umrahmten Banketts zu einer einigermaßen beliebigen Auswahl vom zugegebenermaßen delikaten Büffet genossen würde, sondern in ausgewählter Gesellschaft mit perfekt abgestimmten Speisen. Diese Feststellung ist dabei keineswegs elitär oder abwertend gegenüber niedrigeren Qualitätsstufen oder anderen Rezeptionssituationen gedacht, doch sie weist eindeutig auf die maximale Entfaltung eines sinnlich-ästhetischen Nutzens hin. Wenn dem entsprechend eine höchstmögliche Ausschöpfung der spezifischen ästhetischen Potenziale des Kunstwerks im dialogischen Gegenüber und damit der kontemplativen Rezeptionsweise gegeben erscheint, so wäre also ein angemessenes Premiumformat ein solches, das so kompromisslos als möglich auf die autonome Existenz und raum- wie zeitgreifende Totalität des hochkarätigen Werkes hin angelegt ist.[16]

Auch wenn diese Vorstellung enge Parallelen zum tradierten Konzertformat des 19. Jahrhunderts aufweist, so wird hiermit keineswegs eine Restitution der Maßstäbe der großbürgerlichen Epoche angestrebt. Die speziellen Eigenheiten der dazugehörigen Konzertästhetik ergaben sich in der Praxis ja eben keineswegs ausschließlich aus der Autonomiebetonung ihrer Theorie, sondern auch in der erheblichen Einwirkung gesellschaftlicher Wertvorstellungen und Verhaltensformen.[17] Es geht dabei in der hier vorgestellten Form um eine erneuerte, reflektierte Form, die unter anderen Paradigmen entwickelt wurde und – auch wenn sie markante Parallelen aufweist – im Detail essentiell anderen Maßgaben folgt: sie verfolgt eben nicht die gesellschaftspädagogische Zielsetzung, die ein Haus und die darin angebotenen Veranstaltungen „Dem Wahren, Guten, Schönen" widmet – die Idee eines ethischen Anspruchs an und von Kunst ist aus dieser Sichtweise heraus definitiv nicht relevant.

---

16 Damit sollen keineswegs andere Formen am Eventprinzip orientierter Präsentation als von minderem Wert klassifiziert oder andere übliche Präsentationsformate als inadäquat abgewertet werden – im Sinne von Markenmanagement soll jedoch eben an dieser Stelle dargestellt werden, wie weit eine solche Angebotsform in Anbetracht spezieller Nutzenperspektiven als Premiumangebot der Präsentation klassischer Musik gelten darf.

17 „In dem gestern abend stattgefundenen siebenten Museums-Concerte ereignete sich der ebenso seltene wie befremdende Fall, dass die beiden letzten Orchester-Vorträge vor einem zur Hälfte geleerten Saale, der doch kurz zuvor trotz des heftigen Schneegestöbers noch völlig von Besuchern erfüllt war, stattfinden mussten. Kaum ein kleiner Teil der so rasch Davoneilenden ließ sich durch den stürmischen Beifall, welcher dem letzten Stücke des Pianisten [Eugen d'Albert, d.Verf.] folgte und diesen zu einer Zugabe bestimmte, zu einem kurzen Verweilen bewegen. Die Frankfurter sind nun einmal gewöhnt, dass die Concerte der obengenannten Gesellschaft nicht länger als zwei und eine halbe Stunde dauern. Diese Zeit war nun abgelaufen und die Aussicht auf einen noch folgenden außergewöhnlichen Genuss für das längere Verbleiben nicht verbürgt. Daher die Flucht." (Frankfurter Journal vom 9. Januar 1886, zitiert nach: WEBER 1958).

5.2. Totalität – Potenzial und Anspruch des musikalischen Kunstwerks

Kunstrezeption kann durchaus auch ein gruppendynamisches Phänomen sein: vom gemeinsamen Entdecken von Details eines Kunstwerks bis hin zur kunstreligiösen Andachtsanmutung im tradierten Konzertformat. Dies sind Aspekte, die durchaus z. B. als niedrigschwellige Zugangsfenster zur Rezeption von Hochkultur von wesentlicher Bedeutung für das Gewinnen breiterer Bevölkerungsschichten sein können. Für den kompetenten Rezipienten gewährleisten sie für sich hingegen keineswegs die Intensität der vollen Auswirkung der im Folgenden dargestellten Totalität des Kunstwerks, die sich am intensivsten eben im rein dialogischen Akt der Beziehungsentwicklung zwischen Kunstwerk und Rezipient erschließt. Die Interaktion mit dem (übrigen) Publikum, die innerhalb kritischer Betrachtung oft als pseudo-sakrales Gemeindephänomen aufgefasst wird, kann gleichwohl eine zusätzliche Komponente darstellen, die in unterschiedlichen Intensitätsgraden in der Wahrnehmung des Rezipienten mit der Werkrezeption gemischt wahrgenommen wird.

Eine, wenn nicht die Kernqualität des hochkarätigen (hier musikalischen) Werkes stellt die bereits benannte Eigenschaft der Totalität dar. Diese Totalität besagt, dass die im Kunstwerk existierende (Kunst-)Welt eine solche innere Stringenz aufweist, dass sie dadurch dazu geeignet ist, dem Rezipienten Momente des Erlebens vollkommen außerhalb der – durch ihre Realitätsbezogenheit im Gegensatz zur Kunst-Welt stehenden – realen Welt möglich zu machen. Die inneren Gesetzmäßigkeiten des hochkarätigen Kunstwerkes sind dabei – wie im Folgenden noch präzisiert wird – so stark, dass sie vom Bewusstsein des Rezipienten als gleichwertige ‚Welt' parallel zur realen akzeptiert werden. Für (mindestens) die Dauer des Verlaufs des idealtypischen hochkarätigen musikalischen Werkes in der idealtypischen inspirierten Interpretation wird der Rezipient also in einen Raum des Möglichen gegenüber dem des Wirklichen überführt. Das Nutzenspektrum aus diesem Vorgang kann vielfältig sein – beginnend beim völligen Loslassen einer als anstrengend und beengend wahrgenommenen Realwelt bis hin zu einer Fortentwicklung kreativen Denkens über die Grenzen von scheinbar Machbarem hinaus, das den Rezipienten auch nach dem Moment der eigentlichen Kunstrezeption fortdauernd bereichern kann.

Ob ein Werk nun, wie im vergangenen Kapitel dargestellt, mit Versatzstücken oder Verweisen aus der ‚äußeren Welt' operiert oder nicht: in jedem Fall verfügt es, speziell nach tradiertem europäischen Verständnis, über eben diesen Zug von Totalität. Romano Guardini hat diese Totalität folgendermaßen anschaulich umschrieben:

> Ein echtes Kunstwerk ist nicht, wie jede unmittelbar wahrgenommene Erscheinung, ein bloßer Ausschnitt aus dem, was es gibt, sondern ein Ganzes. Der Stuhl da vor mir etwa befindet sich in einem nach allen Seiten weitergehenden Zusammenhang. Sobald ich ihn mit einem photografischen Apparat aufnehme, kommt der Ausschnitt-Charakter scharf zur Anschauung. Wenn aber Vincent van Gogh ihn sieht, dann setzt schon im ersten Sehen ein eigentümlicher Vorgang ein: Der Stuhl wird zur Mitte, um die sich alles übrige im Raume sammelt; zugleich formt er sich so,

dass seine Teile sich um eine Mitte in seinem eigenen Bestand ordnen. Dadurch erscheint das, was sich auf dem Bilde zeigt, als Ganzes. (GUARDINI 1947: 18)

Für Guardini (1947: 23) ist damit „jedes echte Kunstwerk, auch das kleinste, [...] welthaft: ein geformter, von Sinngehalten erfüllter Raum, in den man schauend, hörend, sich bewegend eintreten kann." Das Kunstwerk ist also von der realen Welt isoliert und verläuft vor allem als Zeitablauf spezifisch in sich, es ist ein „in einer Endlichkeit eingeschlossenes Unendliches" (ECO 1973: 57), endlich dadurch, dass es nicht einen Ausschnitt aus der Wirklichkeit abbilden noch eine umfassende, allgemein gültige neue Wirklichkeit etablieren will – aber in dem ihm angehörigen Umfeld, einer Zeitdauer oder einem Raum über absolute Gestaltungshoheit und letzten Endes: den erwähnten Anspruch einer vom Greifbaren losgelösten Realität beanspruchen kann. Dahlhaus spricht in diesem Zusammenhang in Bezug auf die Musik von einem Phänomen, in dem

‚die Zeit' durch Musik sowohl ‚pointiert' als auch ‚aufgehoben' wird: pointiert durch den teleologischen Zug, der von einem Anfang zu einem Ende führt, der als Ziel erscheint; aufgehoben dadurch, dass nicht jeder Augenblick den gerade vergangenen auslöscht, sondern der Hörer sich zunächst die Abschnitte und zuletzt das gesamte Werk als ‚ein Ganzes' zu vergegenwärtigen vermag." (DAHLHAUS 1982: 93)

Bereits Friedrich Daniel Ernst Schleiermacher spricht von der „Totalität des Möglichen" als „höchstem Interesse unseres Geistes" (HUBIG 1991: 45). Insbesondere für das musikalische Kunstwerk gilt hier, dass ein erheblicher Teil dieses Potenzials des Werkes als Möglichkeitsraum gegenüber dem Rezipienten bereits der Partitur als Trägerin der konstitutiven Merkmale des Werks innewohnt. Die Person des Interpreten wiederum gibt diesem Möglichkeitsfeld Raum und vitalisiert das komponierte Werk, sie verleiht ihm durch seine eigene Persönlichkeit und Überzeugungskraft eine Realität im Jetzt.

Christoph Hubig fasst diese Möglichkeiten des Werkes in drei Ebenen auf:

Erstens könne das Werk analysiert werden in Hinsicht auf die Darstellung einer möglichen Wirklichkeit, die faktische Realisierung einer möglichen Wirklichkeit im ästhetischen Erlebnis. Wenn es sich um die Wirklichkeit des Rezipienten handele, liege hier ein Akt der Trivialisierung vor. Zweitens könne aber das Werk als Alternative zu seiner Realität zugelassen werden, was zu einer Potenzialisierung der Erlebniswelt des Rezipienten selbst führe. Dies meint auch Wilhelm Dilthey, wenn er Interpretation als Wiedererschließung von Möglichkeiten bestimmt. Drittens könne das Werk unter dem Anspruch einer Konkretisation der Ideale des Rezipienten aufgefasst werden [...]. (HUBIG 1991: 44)

Je intensiver diese für sich geschlossene, also totale Welt ihre Eigengesetzlichkeiten auszubilden und gleichzeitig in spannungsvollem Bezug zum Allgemeinen zu halten versteht, desto wahrhaftiger in sich und desto stärker Bedeutung generierend kann das Werk wirken; für Adorno ist

die tour de force eines jeden seiner großen Werke [...], dass sich buchstäblich hegelisch die Totalität des Nichts zu einer des Seins sich bestimmt [...], nur eben als Schein, nicht mit dem Anspruch absoluter Wahrheit. Doch wird diese(r) durch die immanente Stringenz als oberster Gehalt zumindest suggeriert. (Adorno 1973: 275f.)

In Anbetracht der Konstruktivismus-Diskussionen der 1980er und 1990er Jahre wird unter anderem auch der Anspruch des Historikers hinterfragt, geschichtliche Realität wahrheitsgetreu abzubilden. Durch die Komplexitätsreduktion, die jeder Darstellung von Geschichte zu Grunde liegt, wird historische Darstellung darin zwangsläufig zum – wenn auch im Idealfall hoch verantwortungsvollen – Konstrukt. Auch das bedeutsame Kunstwerk verfügt über eine unausschöpfbare Fülle von Impulsen bzw. deren Kombinationen untereinander, die in ähnlicher Form wirkt wie bei dem beschriebenen Phänomen in der Vermittlung von Geschichte zur Konstruktion von Realität. Je geschlossener das Kunstwerk in sich ist, je individueller und schlüssiger die Form angelegt ist, desto offener wird es in der beschriebenen Weise – und eröffnet in diesem Prozess von Realitätsbildung die Möglichkeit von unendlichen Varianten der Wahrnehmung und Verarbeitung als ästhetischer Gegenstand. Nach Goodman (1995: 162) ergibt sich diese, indem „ein Besonderes Allgemeines darstellt oder vergegenwärtigt, ohne dass bestimmt wäre, welches Allgemeine gemeint ist." Der ästhetischen Darstellung des Allgemeinen im Besonderen entspricht bei Goodman die Möglichkeit, „Welten durch Exemplifikation präsentieren zu können" (GABRIEL 2003: 768). Diese Unausschöpfbarkeit – dies sei vermerkt – bedingt freilich im Umkehrschluss, dass die Autorenintention stets in weitem Maß relativ bleibt, es einen, wie Dahlhaus (1980: 105) formuliert, „eigentlichen, feststehenden Sinn des Werkes [...] nicht gibt" – selbst wenn einzelne Aspekte von Vermittlungsintention einigermaßen deckungsgleich glücken mögen.

Die Wirkung, die das Kunstwerk in dieser Hinsicht zu generieren vermag, ist durchaus außergewöhnlich. Zwar ist z. B. das Schaffen von möglichst konsistenten „Unternehmenswelten" als umfassenden Marketinginstrumenten von der Etikettengestaltung bis hin zu „Brand Lands" in der Gegenwart ein längst gebräuchliches strategisches Modell. Dem gegenüber stehen die besonderen Potenziale der in der Regel gerade (ergebnis)offenen Welt des Kunstwerkes, wesentlich unterschieden von den Unternehmens- oder Markenwelten durch das Fehlen der konkreten Handlungsaufforderung.

Odo Marquard (1989: 64ff.) hat Kunst als Korrektiv und Kompensationsfunktion gegenüber der nach Webers Diktum „entzauberten Welt" bezeichnet – sie nimmt in der genannten Existenz als Totalität von Form und Individualität von Wirkung auf unterschiedlichen Ebenen die Position von Fiktion, Utopie, Phantasie, aber auch Verhandlung von Realität ein. Insbesondere die kompensatorische Funktion des inneren Dramas von Werken gerade in der abstrahierenden Form von Musik kann hier in der weiten Spanne zwischen Kontemplation und Impuls eine erhebliche Spannweite von Wirkungsmöglichkeiten innehaben. Dabei entsteht der Abgleich zwischen der absoluten Form des Kunstwerks und der individuellen Bezugnahme zum Rezipienten gerade nicht zwingend anhand einer mit dem Außen, dem Alltag abgeglichenen Symbol- und Bezugswelt, denn es sind

nicht nur darstellende Werke symbolisch. Ein abstraktes Gemälde, das nichts darstellt und überhaupt nicht darstellend ist, kann ein Gefühl, eine andere Qualität oder eine Emotion oder Idee ausdrücken und somit symbolisieren. Gerade weil Ausdruck eine Art ist, etwas zu symbolisieren, was nicht im Bilde enthalten ist, was nicht empfindet, fühlt oder denkt, lehnt der Purist den abstrakten Expressionismus ebenso ab wie die gegenständliche Malerei. (GOODMAN 1995:80f.)

Kunst gewinnt also ihre Bedeutung und ihren Anspruch des Visionären eben gerade daraus, nicht mehr (nach Wolfgang Iser) nur „Spiegel der Welt" zu sein, sondern eine „nicht auf instrumentelle Machbarkeit reduzierbare Rationalität" (ADORNO 1973: 487) herzustellen. Kunst ist demnach gerade dort, wo sie nicht abbildend ist, keineswegs bar jeder Rationalität, aber eben innerhalb ihrer konstitutiven eigenen ratio. Kunstwerke protokollieren für Hetzel (1993: 81) „eine Praxis, die noch nicht existiert, ein Mögliches, das sich vom Wirklichen distanziert", für Brock (1977: 252) werden durch die „ästhetische Praxis [...] Informationen produziert, die außerhalb der ästhetischen Praxis nicht existieren". Damit entsteht im Kunstwerk eine Welt, die sich den Zwängen der Empirie entzieht und die Möglichkeit des Anderen im gleichwohl sinnlich erlebbaren Moment greifbar gestaltet.

Kontemplation als erstarrte tradierte und elementare innovative Rezeptionsform

Ein Rezeptionsmodell für Kunst verfügt, ebenso wie ein Kunstwerk selbst, nicht sui generis über Bedeutung. Betrachtet man das im Wesentlichen seit dem 19. Jahrhundert bestehende traditionelle Muster der Präsentation klassischer Musik, so ist dies zunächst durchaus von einer differenzierten Musikästhetik (vgl. Hanslick etc.) getragen. In seiner faktischen Existenz ist es aber – wie bereits ausgeführt – mindestens ebenso stark motiviert von der Idee einer Kunstreligion, wie sie als Distanzmodell zu bisherigen Autoritäten (speziell zu Adel und Kirche) ein Ausdruck der Emanzipation des Bürgertums im 19. Jahrhundert wird. Auch wenn diese Form der Musikrezeption insbesondere auch als gesellschaftliches Distinktionsinstrument über 150 Jahre eine Standardform geblieben ist, so ist sie dennoch nicht lediglich aus Gründen der Tradition als geeignetes Modell zur Musikrezeption anzunehmen.

Soll nun gleichwohl unter den eingangs dargestellten Grundideen die explizit kontemplative Rezeptionsform als nunmehr ein Premiumformat der Musikrezeption belebt werden, so besteht der Sinn vielmehr in einer Neubewertung der Form – und dies eben nicht vordringlich aus Gründen von Tradition oder ethischer bzw. kulturimmanenter Natur, sondern aus dem Verständnis heraus, dass die fokussiert und elementar auf das zentrale Kunstwerk ausgerichtete Präsentationsform auch in anderen sozialen und ästhetischen Kontexten als ihrer ursprünglichen Entstehungsepoche noch einen außergewöhnlichen ästhetischen, emotionalen und intellektuellen Nutzen zu generieren im Stande ist.

Es geht um eine Renaissance, nicht um eine Restauration. Renaissancen sind in der Geschichte Europas immer avantgardistische Bewegungen gewesen. Wenn der alte lateinische Ritus [der tridentinischen Messe, der Verf.] in Zukunft wieder erlaubt wäre, würde er in einer völlig veränderten Umwelt gefeiert, die mit den Epochen vor dem Konzil nichts mehr gemeinsam haben. Er stünde in einer sich unvorhersehbar und rasend ändernden Welt – als Gegenwelt, als Pol, den die

Zeit umkreist. Er hätte jetzt etwas dem Denken des heiligen Augustinus und Benedikt Vergleichbares, die mitten im Untergang des Römischen Reiches die Ordnungssysteme für zukünftige Jahrhunderte vorbereiteten.[18]

Ohne die Diskussion ins Theologische ausweiten zu wollen, wurde dennoch an dieser Stelle der deutsche Schriftsteller Martin Mosebach in einem Beitrag zur Diskussion um die Wiederzulassung der *Tridentinischen Messe* zitiert. Mosebach führt hierin den Aspekt der Neubewertung eines geistigen, eines ästhetischen, eines philosophischen (und am Falle der Messe selbstredend religiösen) Guts aus, die regelrecht ausschließlich in einer gewissen Distanz zu ihrem ursprünglichen Kontext aktuell zu wirken im Stande ist. Die sakralen Bezüge tauchen in der Diskussion von Formen der Musikrezeption mit regelmäßiger Häufigkeit insbesondere als parodistisches Element auf, wie z. B. in einem 2001 für die *Neue Musikzeitung* aufgezeichneten Gespräch zwischen dem Musikwissenschaftler Reinhold Brinkmann und dem Komponisten Wolfgang Rihm:

[Reinhold Brinkmann]: Du kennst ja die Konzerthaussituation, die Lichter gehen aus... [Wolfgang Rihm]: Ja, und die Monstranz in Form des Werkes wird hereingebracht. [Reinhold Brinkmann]: Und vorne auf dem Altar, auf dem Podium wird es zelebriert. Und in Stille und Ergebenheit hörst du zu. (BRINKMANN/RIHM 2001)

Der zentrale Vorwurf ist der einer Unangemessenheit gegenüber dem modernen Menschen, einer Beliebigkeit durch unreflektierte Übernahme, eines intellektualistischen und habitusbestimmten Gebrauchs einer ‚leeren Hülse' von Modell. Die Parallelen sind unübersehbar – und auch der Anspruch, gewissermaßen den Teufel mit dem Beelzebub auszutreiben – also den Vorwürfen der Aushöhlung und Ritualisierung mit einer Neubewertung eben der den alten Ritualen zugehörigen, aber dem Gegenstand möglicherweise eben doch besonders gemäßen Formen und Formate zu begegnen. Es geht in dieser Idee auch einer Renaissance der kontemplativen Rezeptionsform als eines Premiumformats der Musikpräsentation also keineswegs darum, ein verbliebenes rückwärtsgewandtes Kernpublikum zufrieden zu stellen. Vielmehr geht es darum, die starken inneren Potenziale des hochkarätigen Kunstwerks mittels Mechanismen besonders intensiv zugänglich zu machen, die bereits in unterschiedlichen Kontexten wirksam gewesen sind und damit eine gewisse Unabhängigkeit von gesellschaftlichen oder politischen Zielsetzungen erwiesen hat – die also schon als Präsentationsform (quasi in der Funktion eines Formats) eine starke Kernidentität aufweist. Daraus ergibt sich – parallel zum von Mosebach ausgeführten ästhetisch-sakralen Gut – wachsend mit der Abstraktheit eines allgemeinen Nutzens die Notwendigkeit stärkster Authentizität in der Ausgestaltung dieser Kernidentität. Erst damit erschließt sich die Möglichkeit eines überaus hochkarätigen, anspruchsvoll zu produzierenden und zu rezipierenden, aber gleichermaßen unvergleichlich intensiven Premiumangebots höchstmöglicher

---

18 http://www.welt.de/print-welt/article709563/Martin_Mosebach_ueber_die_Lateinische_Messe.html.

Ausstrahlung. Parallel zur Perspektive Mosebachs kann die kontemplative Rezeptionsform – befreit vom Reliktcharakter einer in Jahrzehnten oder Jahrhunderten scheinbar zur reinen Formel gewordenen Form – als wirkungsstarker Nukleus für ein Modell der Kunstpräsentation von hoher Produktadäquatheit und enormem emotionalem Potenzial wirken.

5.3. Gesamtheitlich entwickelte Leistungsbündel[19]

Angebote, die in der erweiterten Erfahrung, der ästhetischen Bereicherung, der Kontemplation ihre eigentliche Wirkung erfahren, müssen zuallererst in sich stimmig in stärkstem Bezug zum Kerngut entwickelt sein. Dies kann durchaus bedeuten, dass sie sich herkömmlichen Vorstellungen von Nutzenerwartungen und -spektren verweigern. Nur dann bewahrt das Angebot seine ureigenste Qualität – die Herausgehobenheit aus dem Alltag, die Bereicherung jenseits des Profanen, das Signum des Besonderen. Solche Angebote müssen offen, also keineswegs durch nicht substanzielle Details und Sekundärfaktoren verstellt sein, um – wie es am Kunstwerk bereits dargestellt worden ist – die intensive individuelle, mit persönlichen Werten und Erfahrungen vermengte und verstärkte Beziehung zum Gegenstand des Angebots herstellen zu können.

Zu Beginn dieses Textes ist auf den aus soziologischer Perspektive erwarteten Wandel der Erlebnisgesellschaft hin zu einer Sinngesellschaft verwiesen worden, an anderer Stelle bereits auf die Herausforderung, vor die die stetig wachsende Zahl von Mitanbietern aus dem kommerziellen Bereich die über lange Zeit als zentrale Kompetenz angesehenen traditionellen Anbieter stellt. Dabei sollten insbesondere diese Anbieter die Tatsache nicht aus den Augen verlieren, dass eben jene Form von Kontemplation, jene Konzentration auf das Existente und gleichwohl nicht Gegenständliche, eines ihrer wesentlichen und ureigensten Potenziale darstellt. Über Paradigmen wie die Wahrhaftigkeitsvorstellung von Kunst, speziell als Abgrenzung gegenüber der Kulturwirtschaft, soll an dieser Stelle nicht weiter diskutiert werden – außer Frage steht gleichwohl, dass die spezifischen Eigenschaften hochkarätiger Kunst in Bezug auf den Kernbereich des Angebotes wesentlich geringerer psychologischer und marketerischer Begleitung bedürfen als die meisten kommerziellen Angebote auf dem Sinnmarkt. Zudem können sie auf eine weitgehend ungebrochene Entwicklung dieser Form von Kontemplation in einer gemeinsamen Linie mit der spirituellen wie intellektuellen Tradition mindestens des Abendlandes verweisen. Beider Bedeutung kann für die Kunstpräsentation im 21. Jahrhundert, insbesondere für diejenige von Musik, bedeutsam werden.

---

19 Hierbei soll darauf verwiesen sein, dass die hier vorgestellte Form eines Premiumangebots kein Plädoyer für ein restitutives, elitäres Verständnis von klassischer Musik darstellen soll. Der Verfasser ist bei der Entwicklung von Modellen zur niedrigschwelligen Musikvermittlung und einem möglichst breiten Zugänglichmachen von Musik selbst umfassend engagiert. Das hier skizzierte Modell soll vielmehr unter den Vorstellungen eines ‚Premiumangebots' oder idealiter einer ‚Premiummarke' ein höchstwertiges Produkt als Spitze einer nach Authentizität gegliederten Pyramide vorstellen.

Die Entwicklung eines Premiumangebots zur Präsentation klassischer Musik unter den ausgeführten Grundlagen erfordert zunächst die Ausrichtung nach zwei wesentlichen Kriterien:

- Konzeption einer Präsentationsform, die eine höchstmögliche Nutzbarmachung der spezifischen Potenziale des künstlerischen Kernguts ermöglicht (authentizitätsorientierte bzw. objektbezogene Perspektive)
- Sichtbarmachung bzw. Inszenierung des Außergewöhnlichen gegenüber dem Rezipienten

Das dialogische Verhältnis zwischen Kunstwerk und Rezipient wird dabei durch die sozialen Rahmenverhältnisse z. B. des Konzertbesuchs in unterschiedlichen Richtungen beeinflusst. Gegenüber positiven, Atmosphäre gestaltenden Einflüssen machen es diese unter dem Gesichtspunkt einer höchstmöglichen Auskostung der Wirkungspotenziale des Kunstwerks notwendig, gleichwohl einen bestimmten Verhaltenskodex zu respektieren, etwas verkürzt dargestellt gewissermaßen als kategorischen Imperativ des Konzertbesuchs. Die Reglementierungen, die sich hieraus ergeben, sind seit der noch vergleichsweise lockeren Praxis der Ursprungszeit des Formats vielfach zu erstarrten Umgangsformen geworden, die vom ‚Kundenkontaktpersonal' bisweilen mit statuengleicher Würde oder gar rigider Unterdrückergebärde gelebt wird.

Die konsensuale Selbstverpflichtung zu bestimmten Handlungsmaßstäben oder die Akzeptanz von regulierenden Rahmenbedingungen kann, das haben Clemens Koob und Michael Weber (1999) schlüssig dargestellt, durchaus nicht nur unaufdringlich ‚funktionieren', sie kann sogar zu einer Steigerung der Authentizität und damit der Nutzenwahrnehmung führen,[20] wenn

nicht alle Aspekte der Kundenorientierung erfüllt werden, die theoretisch erfüllbar wären. Die Beschränkung der Kundenorientierung muss nun aber gerade keine negativen Effekte nach sich ziehen, sondern kann sogar genau ins Gegenteil umschlagen. In diesem Sinne sind die bewussten Beschränkungen dann Bedingung der Möglichkeit von Wachstum bzw. Erweiterung. So ‚produziert' ein Marketing, das der Kundenorientierung Grenzen setzt, beim Kunden ‚Glaubwürdigkeit' und ‚Authentizität'. (KOOB/WEBER 1999)

Wesentliches Grundprinzip hierbei ist es, reglementierende Maßnahmen stets in Zusammenhang mit ihrer Sinngebung als wertbasierter Überzeugung und nicht als ‚Verbot' zu entwickeln und zu kommunizieren. Ein besonders markantes, international verbreitetes Moment von ‚Kundenbevormundung' hat der Architekt Thomas Bongarz in einer Hommage an die Berliner Philharmonie dargestellt: „Nur ganz gelegentlich dringt die Außenwelt in Form eines Klingeltoncrescen-

---

20 Koob/Weber (1999) haben anhand des *Benediktinerklosters Andechs* nachgewiesen, wie unter Berufung auf die Ordensregel und Klostergebräuche bestehende, der Kundenorientierung widersprechende Einflüsse auf das touristische Produktportfolio (Öffnungszeiten des ‚Bräustüberls' nur bis 21:00 Uhr, Ausschank des beliebtesten Bieres der Brauerei nicht an Wochenenden etc.) als authentizitäts- und damit nutzengenerierende Faktoren gehandhabt werden können.

dos ein, das neuerdings zu einer bahnhofshallenartigen Ansage geführt hat, nach der man jeden Moment die Einfahrt des Orchesters erwartet. Bitte wieder abschaffen!" (BONGARZ 2007). Wenn quasi reglementierende kollektive Verhaltensweisen der Erhöhung der möglichen Rezeptions- und damit Erlebnisqualität engstmöglich am Kernprodukt entscheidend dienlich sind, dann sollten sie als solche auch positiv dargestellt und ggf. inszeniert werden – die fragile Aufgabe der Rahmeninszenierung und der Personalführung ist es also, ein authentisch wirkendes Gleichgewicht zwischen Serviceorientierung und dem Gestalten bzw. Garantieren der Atmosphäre zu halten.

Grundlagen zur Inszenierung als Premiumprodukt
Als Grundlagen für ein solches Premiumangebot sollen an dieser Stelle drei Kernpositionen angenommen werden:

- Rahmeninszenierung (Innen- und Außenarchitektur)
- Inszenierung am Kerngut
- Rituale

Alle drei Kernpositionen können gleichzeitig in ihrer Eigenschaft als Verweise auf das hochkarätige künstlerische Kerngut hin als auch für sich attraktiv und differenzierend gehandhabt werden.

Rahmeninszenierung
Die verstärkte Orientierung hin zu Aufsehen erregender Architektur als Rahmeninszenierung für Kulturinstitutionen als Dokument und Instrument des Positionierungswillens der Träger schlägt sich auch in Konzerthäusern deutlich nieder. Gleichwohl sind auch hier unterschiedliche Tendenzen zu beobachten, wobei z.B. die von Frank O. Gehry entworfene *Walt Disney Concert Hall* in Los Angeles (2003) wesentlich bauskulpturalen Bestrebungen Ausdruck verleiht. Im Fokus der Blickperspektiven des Hauses steht der extravagante, postmodern bewegte Orgelprospekt als dem Gesamtkomplex eingegebene Plastik, die die intendierte mindestens Gleichwertigkeit zwischen Bau-Kunst und Musik-Kunst demonstriert[21] – wobei insgesamt das Gebäude in Innen- wie Außenperspektive unbedingt Alleinstellungsstatus für sich reklamieren darf.

Einer anderen Grundausrichtung folgen die Planungen des Basler Büros *Herzog & de Meuron* für die *Elbphilharmonie* in Hamburg. Zum einen ist die Architektur an städtebaulich überaus markantem Ort im Vollsinn dazu geeignet, zu einem international differenzierenden ‚Markenzeichen' der Stadt Hamburg zu werden. Zum anderen ist das Gebäude gleichwohl in der Architektur deutlich auf eine Konzentration zum Kern musikalischer Darbietungen hin intendiert. Der Innenraum greift in einer seit den 1960er Jahren nicht mehr in

---

21 Zu erwähnen ist, dass Frank O. Gehry sich während eines umfangreichen Teils der Planungsphase gegen eine öffentlich sichtbare Orgel wandte, da der die Aufmerksamkeit fesselnde ‚Mikado-Effekt' des Orgelprospekts nicht der Grundidee des Architekten entstammt.

solcher Konsequenz realisierten Form die organische Terrassenidee von Hans Scharouns *Berliner Philharmonie* (1956-63) auf, der die sakralisierende Strenge des ‚Schuhkartonkonzertsaals' ebenso auflöst wie das markante plastische Eigengewicht vieler Folgearchitekturen. „Dieser Entwurf scheint mit deshalb so glücklich zu sein, weil ein Moment besonders hervorgehoben wird, und das ist die restlose Konzentration der Zuhörer auf das Musikgeschehen", wertete Herbert von Karajan[22] in seiner Kommentierung des Architekturwettbewerbs den Scharounschen Entwurf.

Auch der Außenbau der *Elbphilharmonie* wird bei aller selbständiger Attraktivität auch Verweis sein im Sinn der integrierten Verbindung sozialer, kultureller und künstlerischer Perspektiven, wie sie in Bruno Tauts Idee der Oper, Theater sowie großen und kleinen Saal beinhaltenden Stadtkrone zum Tragen kommt: „Vom Licht der Sonne durchströmt thront das Kristallhaus wie ein glitzernder Diamant über allem, der als Zeichen der höchsten Heiterkeit, des reinsten Seelenfriedens in der Sonne funkelt" schreibt Taut (1919: 73) – in der journalistischen Beschreibung des *Elbphilharmonie*-Projektes formuliert selbst das um antipathetische Sprache sorgsam bedachte Magazin Stern:

> Und wenn alles klappt, wird das gläserne Glitzerding auf dem Backsteinsockel 2010 wie ein Diamant über der Elbe strahlen [...] Architektonisch wird die Elbphilharmonie etwas nie Dagewesenes, Exzentrisches. Ein Wunderwerk ... (LÖSEL 2007)

Die Architektur leitet mit Assoziationen des mittelalterlichen Kathedralbaus und der expressionistischen Stadtästhetik ins Innere eines Gebäudes, das in einem gleichermaßen bewegten wie nur auf das Orchesterpodium hin orientierten Saal sein Zentrum findet. Bei allem spektakulären Ambitus von Idee und Projekt, bei aller städtemarketerischen Funktion schon Jahre vor der Fertigstellung ist die *Elbphilharmonie* auch ein Musterbeispiel einer Architektur, die nach innen auf das zu präsentierende Kunstwerk hin orientiert ist und vom Kunstwerk nach außen weg entwickelt ist.

Die Inszenierung, die das künstlerische Kernereignis trägt, ist ein entscheidendes Instrument dazu, wie konzentriert und gewissermaßen ausschließlich Kunst wahrgenommen werden kann. Die menschliche Wahrnehmung ist in der Regel stets zumindest aspektweise synästhetisch: ein z. B. im vorliegenden Fall isolierter akustischer Eindruck ist kaum möglich.[23]

Eine auf die möglichst intensive Rezeption des künstlerischen Kernprodukts bezogene Rahmeninszenierung kann also z. B. dazu geschaffen sein, durch Architektur und Licht eine Atmosphäre zu schaffen, die einerseits den Grundaspekten der künstlerischen Kernproduktes einen adäquaten optischen Raum schafft und gleichermaßen nicht zu intensiv mit inszenatorischem Eigengewicht auftritt. So wurde im *Konzerthaus Dortmund* (2002) ein verdecktes umlaufendes Band an

---

22 http://wissen.spiegel.de/wissen/dokument/dokument.html?id=46172387&top=SPIEGEL.

23 Komponisten wie Aleksandr Skrjabin (mit der Einbindung von LUCE-Stimmen), Toru Takemitsu oder Karlheinz Stockhausen haben in Konzertwerken Lichtstimmungen bereits explizit einkomponiert.

Lichteinheiten installiert, das über eine CMX-Computersteuerung den Saal in frei wählbaren Farbschattierungen einzufärben imstande ist.
Solche inszenatorische Momente, die Kritikern gelegentlich zu sehr aus der Konsumgüterwerbung und -präsentation entnommen scheinen, sind letzten Endes ureigenstes Vokabular von Kunstpräsentation. Christian Mikunda (u. a. 2004: 63ff.) verweist berechtigt darauf, dass die im allgemeinen Konsumgütermarketing vor allem für Premiumangebote in Anwendung gebrachten Präsentationsmechanismen ursächlich der Theater-, Museums-(Wunderkammern-) oder sakralen Architekturdramaturgie entnommen sind. Mit bedeutend höherer wirtschaftlicher Potenz ausgestattet, hat die Konsumgüterpräsentation diese Modelle perfektioniert – gleichwohl sind sie dadurch nicht per se für die Kunstpräsentation zukünftig weniger geeignet. Angesichts der Tatsache, dass insbesondere die Konsumgüterwerbung und die Markenwelten, deren Instrument diese ist, stärkstens die Wahrnehmungsgewohnheiten potenzieller Rezipienten prägen, ist davon auszugehen, dass ein intelligentes und sensibles Spiel zwischen

- Konformität – dem Entsprechen bestimmter Instrumente, die Wertigkeit, hohe Qualität, sozialen Status etc. symbolisieren (z. B. im so genannten ‚Mood Management' durch Lichtstimmungen etc.) –,
- Diskonformität – dem bewussten und sichtbaren Sich-Verweigern gegenüber bestimmten gängigen Kommunikations- und Präsentationsformen (mit der i. d. R. rigiden Orientierung von Instrumenten hin auf die Grundwerte des Kernguts

für die Entstehung von hoher atmosphärischer Qualität von entscheidender Bedeutung sein kann.

Inszenierung
Die Grundlage von Inszenierung schafft i. d. R. die Innenarchitektur, die gleichermaßen ein spezifisch auf die Belange der Musikpräsentation ausgerichteter Raum sein kann, die aber auch von außergewöhnlichen Zügen besondere Prägung erhalten kann. Die bereits benannte Nutzung von Industriebrachen zur Kunstpräsentation (z. B. *Jahrhunderthalle Bochum*) lebt schließlich nicht ausschließlich von der kognitiven Diskrepanz ‚Hochkultur vs. Industriebau' und dem Regionalidentität prägenden Aspekt ‚Industriekultur', die Situation der stillgelegten Industriearchitektur gestaltet gleichzeitig einen ebenso authentischen (und un-artifiziellen) wie sachlichen Rahmen für die Rezeption insbesondere musikalischer oder darstellender Kunst.

Ein wesentlicher Bestandteil von Inszenierung ist das Präsentationsformat. Im Kontext, in dem sich das einzelne Werk befindet und in der Rolle, die es im Gesamtformat zwischen den Polen von Funktionalität und Autonomie innehat (ZIEGLER 2006: 75f.), liegen wesentliche Differentiale dafür, wie intensiv die spezifischen ästhetischen Potenziale des Einzelwerkes wirksam werden können.

Dabei können z. B. interdisziplinäre Konzepte (Literatur und Musik, Musik und Projektion o. ä.) selbstredend vergleichbar hohe ästhetische Qualität erreichen, jedoch sind sie, ähnlich wie kompilierte Programme, i. d. R. dann wiederum als Kunstwerk in sich (in der ggf. interdisziplinären Kompilation) aufzufassen.

Wenn auch davon ausgegangen werden darf und muss, dass eine im Vollsinn authentische Wahrnehmung von Kunst vergangener Epochen alleine schon durch die veränderten Lebenswirklichkeiten für den heutigen Rezipienten in ihrer Ganzheitlichkeit verschlossen ist, so können z. B. auch Kombinationen historisch zusammengehöriger Elemente besonders intensive Wirkungen erzielen, wie die Vorstellung einer Aufführung süddeutscher liturgischer Orgelmusik des 18. Jahrhunderts in einem Raum und auf einem Instrument der Entstehungszeit zur Stunde des mönchischen Frühgottesdiensts (vgl. das bereits ausgeführte Modell des authentizitätsorientierten Wertedifferenzials).

Gleichwohl kann, wie bereits ausgeführt, ein authentischer Eindruck ohnehin nicht das Ergebnis einer möglichst intensiven Auskostung des ästhetischen Potenzials von Kunstwerken sein, indem deren Bedeutung eben im Kontakt zur aktuellen Lebenswirklichkeit und Rezipientenpersönlichkeit entsteht und daraus immer neue und neuartige Wirkungen generieren kann.

Ritual
Die Rituale, die die Teilnahme an der Präsentation klassischer Musikwerke begleiten, sind i. d. R. diejenigen, die traditionell einer kontemplativen Rezeptionshaltung zugeordnet sind – ruhiges Sitzen, Schweigen, Konzentration. Im in diesem Kapitel anfangs paraphrasierten Genussparadigma klassischer Musik (Gould/*Goldberg-Variationen*, Ledersessel, Weinglas) spielen Lounge-Elemente eine zusätzliche Rolle (Ledersessel, Weinglas), die in der Musikindustrie darin mündeten, z. B. in der *Yellow Lounge* der *Deutschen Grammophon/Universal* Live-Aufführungen und CD- bzw. LP-Kompilationen in Bar- bzw. Loungeatmosphäre mit kulinarischer Begleitung darzubieten. Dieses interessante Konzept verkennt zugleich, dass das angenommene Connaisseur-Modell auch in weitergehenden Genussmomenten die Konzentration auf das dialogische Gegenüber nicht aufgibt. Die Erweiterung des Modells auf einen größeren Kreis von Rezipienten (Klassik in einer Bar, jede(r) Besucher(in) mit Weinglas etc.) brächte zwangläufig eine Beeinträchtigung der Erlebnisintensität – zumindest, soweit sie zentral vom künstlerischen Kern ausgeht – mit sich. Ein eindrucksvolles Erlebnis wird sich ggf. ebenfalls einstellen, allerdings wird es ein anderes sein, bei dem werkfremde Faktoren die Überhand gewinnen.

Die scheinbar reglementierenden Momente der klassischen Rezeptionshaltung gegenüber dem musikalischen Kunstwerk können in der angedachten Form gleichwohl für den primär am Hochkarätigen interessierten Rezipienten durchaus auch ins Positive umgewertet aufgefasst werden und die Inszenierung wiederum vermag, z. B. durch die Lichtatmosphären, diese Umwertung zu begleiten, wie:

Ruhiges Sitzen	=	Entspannung
Schweigen	=	Stille
Konzentration	=	Weltenwechsel

Hierzu sei noch einmal Guardini zitiert, der in Hinblick auf die Wirkungsmöglichkeit des Kunstwerks schreibt:

Wir sind Aktivisten geworden und stolz darauf; in Wahrheit haben wir verlernt, still zu werden, uns zu sammeln, zu öffnen, zu schauen und die Wesenheiten in uns aufzunehmen. Darum haben auch, trotz allen Redens von Kunst, so wenige ein echtes Verhältnis zu ihr. Die meisten fühlen wohl irgend etwas Schönes; oft kennen sie Stile und Techniken; manchmal suchen sie auch nur nach stofflich Interessantem oder sinnlich Anreizendem. Das echte Verhalten vor dem Kunstwerk hat damit nichts zu tun. Es besteht darin, dass man still wird, sich sammelt, eintritt, mit wachen Sinnen und offener Seele schaut, lauscht, miterlebt. Dann geht die Welt des Werkes auf. (GUARDINI 1947: 36f.)

5.4. Instrumente zur Differenzierung auf dem Markt

Die Entwicklung eines spezifischen Marketingmodells zur differenzierenden Kommunikation von Premiumaspekten einer höchstmöglich intensivierten Rezeption klassischer Musik ist nicht Gegenstand dieser Ausführungen. Gleichwohl werden an dieser Stelle wesentliche Ansprüche an ein solches Marketing skizzenhaft vorgestellt.

Musik und Darstellende Kunst nehmen innerhalb der Institutionen der Hochkultur eine außergewöhnliche Position ein, die unter anderem durch ein besonderes Merkmal bestimmt ist: während z. B. ein Museum über ein originales Werk i. d. R. ausschließlich verfügt, vermag die Musikdarbietungen anbietende Institution prinzipiell sämtliche bedeutenden Werke vorzuhalten und wird lediglich von den Produktionskosten einer klingenden Realisierung dahingehend bestimmt, über die Werke in einem jeder weiteren Institution ähnlicher Ausrichtung gegenüber vergleichbaren Originalitätsgrad zu verfügen. Lediglich die Buchung von speziellen Interpreten ist kontingentierbar, jedoch meist kein sicheres Differenzierungskriterium gegenüber Wettbewerbern. Als Institution eine Unterscheidbarkeit bei der Präsentation von Musik schaffen zu können, ist ein Prozess, der mit wachsender Komplexität des Leistungsbündels und des Produktportfolios erst an Differenzierungskraft gewinnt. Wenn das *Streichquartett f-moll* op.95 von Ludwig van Beethoven durch z. B. das *Leipziger Streichquartett* bei einer Aufführung im Konzertsaal (also nicht an außergewöhnlichen Orten) sowohl vom einen wie vom anderen Konzerthaus angeboten werden kann, wenn in der nächstgelegenen finanzkräftigen Metropole beim privaten Veranstalter Anna Netrebko oder Lang Lang auftreten, von der allgemeinen Sparten- bis zur Freizeitkonkurrenz ganz abgesehen – dann ist die Möglichkeit zur Differenzierung erst auf übergeordneten Ebenen möglich. Programmstruktur und -schwerpunktbildung, beispielsweise auch *Artists* oder *Composers in Residence* können hier auf ‚stillerer' Ebene Aussagen formulieren, die gleichwohl für die Fokussierung im Sinne von Markenmanagement bereits eine vergleichsweise hohe Abstraktionsebene erreichen.

Das Versprechen, die Möglichkeit zum hoch intensiven, ungestörten und hochklassig ggf. puristisch inszenierten Kontakt zum klingenden musikalischen Kunstwerk zu bieten, vermag in diesem Kontext zumindest angesichts eines umfangreicheren Einzugsgebiets an potenziellen Rezipienten als differenzierungsfähig – gleichwohl methodisch höchst anspruchsvoll – zu erscheinen. Im bereits zitierten Plakattext von *JWT* wird exakt diese Ausrichtung thematisiert: „Kein Mitsingen. Kein Mitklatschen. Nur Musik."

Das angemessene Produkt ist als Premiumangebot unter den ausgeführten Maßstäben mit Kreativität und Kompetenz durchaus realisierbar. Das eigentlich komplexe Moment ist dabei, aus der schwer greifbaren bzw. in ihren Nutzendimensionen dem Rezipienten wenig transparenten Form des Nutzens von Kunst und Kultur den außergewöhnlichen oder gar einzigartigen Nutzen erstrebenswert, sichtbar und unterscheidbar zu gestalten und dann in einer Kommunikationsstrategie operationalisierbar zu formulieren.

Schwerpunktthemen, die sich aus dem Anspruch einer besonders intensiven Rezipierbarkeit der Kernqualitäten von musikalischen Kunstwerken ergeben können, sind hier besonders

- die Differenzierung vom Alltag (Das Besondere),
- die Inszenierung des puren Erlebens (Atmosphäre).

Die Differenzierung vom Alltag kann sich angesichts des geschilderten Modells einerseits durch solche Qualitäten herleiten, die von den Rahmenfaktoren her gegeben sind, wie eben Entspannung oder Stille. Am außergewöhnlichsten wohnen sie gleichwohl der Totalität des hochkarätigen Kunstwerks inne, das durch die Intensität und Geschlossenheit seiner ästhetischen Eigenheiten den Rezipienten voll in seine eigene Welt einbindet. Die Inszenierung des puren Erlebens hat dabei die Waage zu halten zwischen bemerkbarer, erstrebenswert erscheinender Wiedererkennbarkeit und einer gleichwohl dienenden Zurücknahme vor dem klingenden Kunstwerk. Solche Momente sind in knappen Claims und starken Logos nur schwer pointiert darzustellen, geschweige denn dem ‚Noch-Nicht-Kunden' zu vermitteln. Ist das Produkt konzipiert, hängt es davon ab, die im allgemeinen Konzert des (Kultur-)Marketing überaus konservativ erscheinenden Werte in einer entsprechend gleichermaßen edlen wie ggf. puristischen Form zu vermitteln. Hier wiederum vermag die Herangehensweise von Premiummarken aus dem Konsumgüterbereich in Bezug auf die Handhabe durchaus Inspirationen zu vermitteln.

Abb. 3: Logo Konzerthaus Dortmund / Philharmonie für Westfalen

Im abschließenden Beispiel ist das Spielen mit realen oder scheinbaren Statuselementen denkbar, das noch nicht einmal ausschließlich auf Traditionsmerkmalen wie bei der *Semperoper* oder der *Bayerischen Staatsoper* beruhen muss. So wurde für das 2002 fertig gestellte *Konzerthaus Dortmund* von der Agentur *erdmann-wittmaack & raffelt* als Logo ein geflügeltes Nashorn kreiert, das Bestandteil eines ungewöhnlichen Ansatzes zwischen pathetisch affirmativen und heiter skurrilen Elementen ist. Dieses Prinzip wirkte sich spätestens in der Grundsteinlegung aus:

In den Grundstein des neuen Konzerthauses wurden einige symbolträchtige Gegenstände eingemauert: Ein Glückspfennig, ein Manuskript des Hauskomponisten Matthias Pintscher, ein geflügeltes Nashorn – Symboltier des Konzerthauses, ein Taktstock, eine Taschenpartitur von Beethovens „Fidelio" und eine Bibel.[24]

Durch den Künstler Oliver Jordan ließ das Konzerthaus darüber hinaus für das Foyer nicht nur Portraits dreier das aktuelle Repertoire des Hauses prägender Komponisten (Mahler, Schönberg, Strawinsky), sondern auch die vier *Residence*-Künstler der ersten Spielzeit porträtieren: den Komponisten Matthias Pintscher, den Dirigenten Kent Nagano, den *Roncalli*-Chef Bernhard Paul und die Pianistin Elisabeth Leonskaja.

Zum Dortmunder Nashorn publizierte das Haus nachträglich auf dem FAQ-Bereich der Webpräsenz eine Auslegung der Symbolik des Logos:

Das Wappentier der Philharmonie für Westfalen ist ein geflügeltes Nashorn. Ganz am Anfang standen zwei Ideen hinter dieser charmanten Figur. Erstens: obwohl das Nashorn ein recht bodenständiges Tier ist, hat es doch ein sehr feines Gehör. Deshalb ist es das ideale Konzerthaus-Wappentier. Zweitens: das geflügelte Nashorn soll, dem Pegasus gleich, beflügeln, zu immer neuen gedanklichen Höhenflügen anregen. So soll der Geist der Konzertbesucher, ‚sull'ali dorate', auf den Schwingen des Nashorns immer ungehinderten Zugang zur Kunst haben! (KONZERTHAUS DORTMUND)

Im Lauf der ersten Jahre des Betriebs wurde die ursprüngliche mit Ambivalenzen spielende Strategie im Wesentlichen auf eine edlere Kommunikationslinie hin beschränkt, indem, wie in der Design-Blog-Community formuliert, „das Nashorn im Auftritt ja nur noch als Marke genutzt wird, nicht mehr als visuel-

---

24 Unter http://www.3sat.de/3sat.php?http://www.3sat.de/musik/34875/ (Abruf: 22.03.2008).

les Spielzeug."[25] Gleichzeitig emanzipierte sich das auf Werbematerialien des Hauses nunmehr kleinformatig verwendete Nashorn in einer von der *Dortmund Agentur* – dem Stadtmarketing – initiierten Kunstaktion für die Dortmunder Innenstadt. Dabei konnten Sponsoren zwei Meter lange geflügelte Nashörner erwerben und von lokalen Künstlern und/oder Jugendgruppen gestalten lassen. 2006 wurden die insgesamt über 120 Nashorn-Figuren in der Stadt aufgestellt. Die gesamte Dortmunder Innenstadt ist nunmehr von farbstrotzenden Nashörnern geprägt, die gleichwohl eher Farbigkeit und Vielfalt denn die Exklusivität eines Premiumprodukts transportieren – für ein kommunales Konzerthaus keinesfalls fehl am Platz, aber strategisch auf den ersten Blick konträr zu den Positionierungsbestrebungen des Hauses.

Dennoch wäre gerade auch das viel diskutierte Nashorn eine Möglichkeit, die Position des Hauses nachdrücklich zu unterstreichen, gerade eben z. B. durch die spielerische Übernahme von Instrumenten aus der Konsumgüterwerbung – die diese wiederum eben einst aus der Kunstpräsentation übernahmen. Fasst man die künstlerisch gestalteten Nashörner als Symbole der Buntheit und uneingeschränkten Lebendigkeit der Stadt auf, so könnten diese als Hinführung zu einem hervorgehobenen quasi ‚Ur-Nashorn' am Konzerthaus umgedeutet werden. Das geflügelte Nashorn, das im Logo-Original noch sehr viel mehr optische Prägnanz besitzt als im plastisch gestalteten künstlerischen Modell, könnte z. B. über dem Entrée oder im Foyer als brillante Glasskulptur alle weiteren Nashörner als Hinführung zum Konzerthaus verstehen lassen – der charmante Witz des Wappentiers wirkte als Symbol, das die Vielfalt der Stadt aus den unzähligen bunten Nashörnern im Ort von Kunst, Reflexion und Kontemplation kristallin bündelt – und bei aller Wertigkeit gleichwohl dokumentiert, dass dieses Haus kaum je Gefahr laufen könnte, sich in sendungsüberladener Selbstüberschätzung zu verlieren.

Literatur:

ADORNO, Theodor W. (1973): *Ästhetische Theorie*. Hg. von Gretel Adorno und Rolf Tiedemann. Frankfurt/M.: Suhrkamp.

ADORNO, Theodor W. (1993): *Beethoven – Philosophie der Musik*. Rolf Tiedemann. Frankfurt/M.: Suhrkamp.

ADORNO, Theodor W. (2001): *Zu einer Theorie der musikalischen Reproduktion*. Frankfurt/M.: Suhrkamp.

BAUMGARTH, Carsten (1999): Ingredient Branding – Markenkonzept und kommunikative Umsetzung. – http://www.competence-site.de/discussion.nsf/E3B30180936A7A54C1256D7400516D0A/$File/ingredkoverb2.pdf (Abruf: 20.05.2008).

---

25 Nach dem Intenet-Blog http://www.hdschellnack.de/?p=2470 (Abruf: 10.06.2008).

BENJAMIN, Walter ([1936] 1996): *Das Kunstwerk im Zeitalter seiner technischen Reproduzierbarkeit.* Frankfurt/M.: Suhrkamp.

BONGARZ, Thomas (2007): „Hier ist die Mitte der Welt" – Die Berliner Philharmonie. – In: *Crescendo – das Klassikmagazin*, 6/2007 (Port Media). – http://www.crescendo.de/blog/hier-ist-die-mitte-der-welt/486 (Abruf: 15.07.2007).

BRINKMANN, Reinhold/RIHM, Wolfgang (2001): Die Musik der Vergangenheit, Gegenwart und Zukunft. – In: *Neue Musikzeitung* 6/2001. – www.nmz.de/nmz/nmz2001/nmz06/d-01.shtml (Abruf: 10.02.2007).

BROCK, Bazon (1977): *Ästhetik als Vermittlung - Arbeitsbiographie eines Generalisten (1958-1977).* Köln: Dumont.

BROCK, Bazon (2008): http://www.bazonbrock.de/werke/werkansicht_text.php?wid=12&cid=125 (Abruf: 10.06.2008).

BRUG, Manuel (2007): Glückliches Freiburg. – In: *Die Welt* vom 06.02.2007. – http://www.welt.de/print-welt/article716833/Gluecklinches_Freiburg.html (Abruf: 06.02.2007).

CADENBACH, Rainer (1991): Der implizite Hörer? – Zum Begriff einer „Rezeptionsästhetik" als musikwissenschaftlicher Disziplin. – In: Danuser, Hermann/Krummacher, Friedhelm (Hgg.), *Rezeptionsästhetik und Rezeptionsgeschichte in der Musikwissenschaft* (= Publikationen der Hochschule für Musik und Theater Hannover, 3). Laaber: Laaber, 133-163.

CROSMAN, Inge/SULEIMAN, Susan J. (Hgg.) (1980): *The Reader in the Text: Essays on Audience and Interpretation.* New Jersey: Princeton University Press.

DAHLHAUS, Carl (1982): Ästhetik und Musikästhetik. – In: Dahlhaus, Carl; de la Motte-Haber, Helga (Hg.), *Systematische Musikwissenschaft.* Wiesbaden: Athenaion, S. 81-108.

DICHTL, Erwin/LEACH, Mark (1997): Die Ambivalenz der Zeitkomponente im Wettbewerb. – In: Kötzle, Alfred (Hg.), *Strategisches Management: Theoretische Ansätze, Instrumente und Anwendungskonzepte für Dienstleistungsunternehmen.* Stuttgart: Lucius & Lucius, 45-57.

ECO, Umberto ([1962] 1973): *Opera aperta* [Das offene Kunstwerk]. Übers. von Günter Memmert. Frankfurt/M.: Suhrkamp.

ECO, Umberto (1983/84): *Postille a „Il nome della rosa"* [Nachschrift zum Namen der Rose]. Übers. von Burkhart Kroeber. München: Hanser.

FLIESS, Sabine/LASSHOF, Britta/MECKEL, Monika (2004): *Möglichkeiten der Intengration eines Zeitmanagements in das Blueprinting von Dienstleistungsprozessen.* Hagen: Fernuniversität.

GABRIEL, Gottfried (2003): Logische und ästhetische Unaussagbarkeit. – In: Hogrebe, Wolfram (Hg.), *Grenzen und Grenzüberschreitungen. 19. Deutscher Kongress für Philosophie*. Berlin: Akademie-Verlag, 762-769.

GOODMAN, Nelson ([1978] 1995): *Ways of worldmaking* [Weisen der Welterzeugung] Übers. von Max Looser. Frankfurt/M.: Suhrkamp.

GUARDINI, Romano (1947): *Über das Wesen des Kunstwerks*. Tübingen und Stuttgart: Wunderlich & Leins.

HAAS, Alexander (2000): *Quo vadis – Premiummarke?* – http://www.competence-site.de/marketing.nsf/ADC14EB4F472BD08C1256A530058563C/$File/premium-marke.pdf (Abruf 20.05.2008).

HAUSMANN, Andrea (2005): *Theater-Marketing: Grundlagen, Methoden und Praxisbeispiele*. Stuttgart: Lucius & Lucius.

HENNIG-THURAU, Thorsten (2006): Tom Hanks inside – Filmstars als Marken! Zum Einfluss von Filmstars auf den ökonomischen Erfolg von Spielfilmen. – In: Höhne, Steffen/Ziegler, Ralph Philipp (Hgg.), *Kulturbranding? Konzepte und Perspektiven der Markenbildung im Kulturbereich*. Leipzig: Leipziger Universitätsverlag, 159-181.

HETZEL, Andreas (1993): Ästhetische Welterschließung bei Oswald Spengler und Walter Benjamin. – Veröff. 2005 in: Sic et Non – Online Zeitschrift für Philosophie und Kultur – www.sicetnon.org.

HUBIG, Christoph (1991): Rezeption und Interpretation als Handlungen. Zum Verhältnis von Rezeptionsästhetik und Hermeneutik. – In: Danuser, Hermann/Krummacher, Friedhelm (Hgg.), *Rezeptionsästhetik und Rezeptionsgeschichte in der Musikwissenschaft* (= Publikationen der Hochschule für Musik und Theater Hannover, 3). Laaber: Laaber, 37-65.

JAUSS, Hans Robert (1992): Artikel „Rezeption, Rezeptionsästhetik". – In: Ritter, Joachim/Gründer, Karlfried (Hgg.), *Historisches Wörterbuch der Philosophie*. Bd. 8. Darmstadt: Schwabe, Sp. 996 - 1004.

KEMP, Wolfgang (1988): Kunstwerk und Betrachter: Der rezeptionsästhetische Ansatz. – In: Belting, Hans (Hg.), *Kunstgeschichte – eine Einführung*. Berlin: Reimer, 241-258.

KLEIN, Armin (2005): *Kultur-Marketing: Das Marketingkonzept für Kulturbetriebe*. München: Beck.

KONZERTHAUS DORTMUND: Homepage. – http://www.konzerthaus-dortmund.de/language=de/3612 (Abruf: 22.03.2008).

KOOB, Clemens/WEBER, Michael (1999): Erfolg durch authentizitätsorientiertes Marketing. – In: *Absatzwirtschaft* 4/1999, 74-81.

LENSSEN, Jürgen (2001): *Bewahren und Erneuern. Das Bestreben um Zeitgenossenschaft in sakralen Räumen des Bistums Würzburg.* Regensburg: Schnell und Steiner.

LÖSEL, Anja (2007): Ein prächtiges Traumschiff auf riskantem Kurs (Elbphilharmonie Hamburg). – In: *stern*, 14.04.2007. – http://www.stern.de/politik/deutschland/:Elbphilharmonie-Ein-Traumschiff-Kurs-/586757.html (Abruf: 20.11.2007).

MARQUARD, Odo (1989): Kompensation. Überlegungen zu einer Verlaufsfigur geschichtlicher Prozesse. – In: Marquardt, Odo (Hg.), *Ästhetica und Anästhetica*. Paderborn, 64-81.

MASET, Pierangelo (1995): *Ästhetische Bildung der Differenz. Kunst und Pädagogik im technischen Zeitalter.* Stuttgart: Radius.

MEYER, Leonard B. (1959): *Emotion and Meaning in Music.* Chicago: The University of Chicago Press.

MIKUNDA, Christian (2004): *Marketing spüren – willkommen am Dritten Ort.* Frankfurt/M.: Redline.

NIETZSCHE, Friedrich ([1882] 1999): *Die fröhliche Wissenschaft.* Kritische Studienausgabe (KSA). Bd. 3. Frankfurt/M.: Insel.

PÄTZMANN, Jens (2006): *Instant Marketing. Die 50 besten Marketing- und Vertriebskonzepte.* Frankfurt/M.: Nexus Audio Books.

PLASSMANN, Hilke/O'DOHERTY, John/SHIV, Baba/RANGEL, Antonio (2007): *Marketing actions can modulate neural representations of experienced pleasantness.* Stanford. – http://www.pnas.org/cgi/content/abstract/0706929105v1 (Abruf: 10.05.2008).

POMMEREHNE, Werner / FREY, Bruno, S. (1993): *Musen und Märkte. Ansätze einer Ökonomik der Kunst.* München: Vahlen.

RECKENFELDERBÄUMER, Martin (2003): Auswirkungen der Integrativität auf die Qualitätspolitik von Fußballclubs. – In: Boerner, Sabine/Ders./Sauerland, Dirk/Seeber, Günther/Waschbuch, Gerd (Hgg.), *Schriften der Wissenschaftlichen Hochschule Lahr* 2. Lahr, 47-88.

ROLAND, Folker/DAUB, Anke (2000): Zeitmanagement in der Dienstleistungsproduktion. – In: Goetze, Uwe/Mikus, Barbara/Bloech, Jürgen (Hgg.), *Management und Zeit*. Heidelberg: Physica-Verlag, 435-454.

ROSENGARTEN, Phillipp G./STÜRMER, Christoph B. (2005): *Premium Power. Das Geheimnis des Erfolgs von Mercedes Benz, BMW, Porsche und Audi.* Weinheim: Wiley-VCH.

SCHRAMM, Michael (2002): Nicht nur ein Unternehmen Gottes. ‚Identitätsorientiertes Marketing' für die Katholische Kirche. – In: Arnold, Volker (Hg.), *Wirtschaftsethische Perspektiven VI: Korruption, Strafe und Vertrauen, Verteilungs- und Steuergerechtigkeit, Umweltethik, Ordnungsfragen* (= Schriften des Vereins für Socialpolitik, NF 228/VI). Berlin: Duncker & Humblot, 295-319.

SEEL, Martin (1985): *Die Kunst der Entzweiung – Zum Begriff der ästhetischen Rationalität.* Frankfurt/M.: Suhrkamp.

TEWINKEL, Christiane: Klang und Marke. Zum Streit um Simon Rattle und die Berliner Philharmoniker. – In: *Der Tagesspiegel* vom 27.05.2006. – http://www.zeit.de/2006/23/Spitze23_xml (Abruf: 20.08.2007).

TRÖNDLE, Martin (2005): Das Orchester als Organisation: Exzellenz und Kultur. – In: Meynhardt, Timo/Brunner, Ewald (Hgg.), *Management und Synergetik*. Münster, New York, München, Berlin: Waxmann, 153-169.

WAGNER, Ulrich (2005): *Value Added Services und deren Management im Krankenhaus*. Diss. Universität Bielefeld. – http://deposit.ddb.de/cgi-bin/dokserv?idn=976778238&dok_var=d1&dok_ext=pdf&filename=976778238.pdf (Abruf: 20.05.2008).

WAPNEWSKI, Peter (2001): *Der traurige Gott. Richard Wagner in seinen Helden*. München: Berlin-Verlag.

WELLING, Michael (2003): Das Produkt Fußball? – Eine leistungstheoretische Grundlegung zur Identifikation von Produktions- und Absatzspezifika. – In: Boerner, Sabine/Reckenfelderbäumer, Martin/Sauerland, Dirk/Seeber, Günther/Waschbuch, Gerd (Hgg.), *Schriften der Wissenschaftlichen Hochschule Lahr* 2. Lahr, 5-46.

WETZEL, Manfred (2000): Fragment zum ästhetischen Diskurs und Erwiderungen auf nicht bloß fiktive, zumeist aber doch nur vermeintliche Einwände zu einem Theoriestück in Werkstättenformat. – In: Bendixen, Peter/Laaser, Ullrich H. (Hgg.), *Geld und Kunst – wer braucht wen?* Opladen: Leske + Budrich.

WIELAND, Renate (2005): Musikalische Aspekte der Ästhetik Adornos. – In: *Marburger Forum. Beiträge zur geistigen Situation der Gegenwart* 6/4. – http://www.philosophia-online.de/mafo/heft2005-5/wieland_adorno.htm (Abruf: 22.03.2008)

ZIEGLER, Ralph Philipp (2006): Entwurf eines Modells zu Grundlagen der Markenführung in Kulturinstitutionen am Beispiel der Präsentation klassischer Musik. – In: Ders./Höhne, Steffen (Hg.), *Kulturbranding – Konzepte und Perspektiven der Markenbildung im Kulturbereich*. Leipzig: Universitätsverlag, 59-94.

Klassische Werbung für klassische Musik – Werbe- und Markenstrategien professioneller Agenturen für öffentliche Kulturinstitutionen an zwei Fallbeispielen

Ralph Philipp Ziegler, Sonja Müller-Bollenhagen

1. Vorbemerkung

Die grundsätzliche Markenfähigkeit selbst von solchen Institutionen der Hochkultur, die sich bislang – oft aus der Furcht vor einem ersten Schritt zur außerkünstlerischen Instrumentalisierung heraus – einem professionellen integrierten Marketing verweigert haben, steht außer Frage. Prominente Beispiele wie in der Bundesrepublik die *Semperoper* in Dresden, die *Berliner Philharmoniker* oder die *Bayreuther Festspiele* weisen starke Markeneigenschaften auf und verfügen über entsprechende Vorstellungsbilder, die zwar zwischen fachkompetenter und allgemeiner Öffentlichkeit differieren können, aber insgesamt über eine erhebliche Stärke verfügen. Während beispielsweise quasi legendäre Partnerschaften aus der Werbung im Vorabendprogramm auf Grund langfristiger Verträge jahrelang zu einem regelrechten Discountpreis existierten, spiegeln heute auch attraktiv dotierte Vertragsabschlüsse im Sponsoringbereich wie in der Partnerschaft *Audi/Bayerische Staatsoper* wider, dass die Markenstärke und damit die zum Imagetransfer geeigneten Potenziale gut positionierter Kulturinstitutionen durchaus einen greifbaren hohen wirtschaftlichen Wert aufweisen, für den auch ein Markt und Akteure mit entsprechend professionellen Verhandlungsfähigkeiten existieren.

Dem gegenüber sehen sich heute auch Kulturinstitutionen mit einer hohen Marktpräsenz einer breiten Konkurrenz selbst im Kernbereich gegenüber, wie z. B. durch die Bewirtschaftung des Weltstar-Segments in der klassischen Musik in wachsendem Maß durch kommerzielle Anbieter (z. B. *DEAG Classics*). Dem gegenüber verfügen öffentliche Anbieter in der Regel zwar ebenfalls über hoch qualifizierte künstlerische Angebote, aber nicht über die angemessenen Budgets und qualifizierten Steuerungsmöglichkeiten, um professionelle Marketingaktivitäten betreiben zu können. Vielfach bestehen jedoch auch entscheidende Vorbehalte gegenüber einem Marketing auf dem Niveau hochkarätiger Konsumgüterwerbung aus der Sorge heraus, seine Institution und seine Angebote über niedrigwertige Kommunikationsmechanismen unter Wert zu transportieren. Gleichwohl verfügen entsprechend hochkarätige Werbeagenturen heute durchaus über den Erfahrungsschatz und die geeigneten Instrumente, um die mit den Zielsetzungen von Hochkulturinstitutionen verbundenen Grundwerte angemessen zu berücksichtigen.

Einige hochkarätige Kampagnen bestätigen diese Einschätzung, von denen *Das MoMA ist der Star* (*Johanssen + Kretschmer*) und die Kampagnen der *Jungen Deutschen Philharmonie* (*J. Walter Thompson* [*JWT*]) mit deutlich unterschiedlichen Ansätzen zwischen traditionell werblichen und reflektiert-wertbasierten

Grundideen eine hohe bis sehr hohe Öffentlichkeitswirkung erreicht haben. Kampagnen für die *Oper Frankfurt* (*OgilvyOne worldwide*) oder das *Konzerthaus am Gendarmenmarkt* (*JWT*) erweisen sich dabei als durchaus dem ureigensten Genre klassischer (Marken-)Werbung zugehörig, während z. B. diejenige der *Deutschen Stiftung Denkmalschutz* (*OgilvyOne worldwide*) eher dem jüngeren Genre eines expliziten Nonprofit-Marketing angehört.[1]

Das Entstehen solcher hochwertiger Kampagnen, die unter anderem auch auf qualitativ exzellent gemachte Werbefilme verweisen können (*Junge Deutsche Philharmonie* ‚Hospital'-Spot, *Kunsthalle Hamburg* ‚Fans'-Spot, *Pergamonmuseum* ‚Babel jetzt'-Spot zur Ausstellung *Babylon. Mythos und Wahrheit*), beruht gleichwohl oftmals nicht auf einer genregemäßen Finanzierung der Kampagnen und Werbemittel. Das Engagement von Werbeagenturen im Sozial- und Kulturbereich hat sich in den vergangenen Jahren unter anderem deutlich als attraktives Feld im Wettbewerb der Agenturen um Preise und Awards herauskristallisiert, mit denen auch die an dieser Stelle näher vorgestellten Projekte ausgezeichnet wurden. In der Praxis wurden solche hochkarätigen Werbemaßnahmen oft auf partnerschaftlicher Ebene zu niedrigeren als marktüblichen Preisen realisiert – somit ist ein gleichwertiger Einsatz bei vergleichbaren Institutionen nicht zwingend auch bei gleichen wirtschaftlichen Konditionen realisierbar. Insgesamt stehen gewöhnlich neben stilistischen und inhaltlichen Vorbehalten vielfach auch vergleichsweise geringe Marketingbudgets im Raum, die die Möglichkeiten des Einsatzes professioneller Werbung weiter dezimieren.

Im Folgenden werden zwei Kampagnen vorgestellt, die beide in Kooperationen von Kulturinstitutionen mit Sitz in Frankfurt am Main mit international renommierten Werbeagenturen, die ebenfalls ihren Sitz in Frankfurt haben, entwickelt und umgesetzt wurden. Die Projekte unterscheiden sich zunächst dadurch, dass der eine Akteur – die *Junge Deutsche Philharmonie* – eine Einrichtung mit bundesweitem Einzugsgebiet und bereits von der Idee her ein nationales bis internationales Einsatzfeld darstellt. Die vorgestellte Kampagne von *J. Walter Thompson* Frankfurt (*JWT*) umfasst hier sowohl Imagewerbung als auch konkrete Veranstaltungswerbung. Die Plakatwerbung für die *Oper Frankfurt* von *OgilvyOne worldwide* ist dagegen wesentlich als eine Serie zur Veranstaltungswerbung am Standort des Hauses konzipiert, während eine weitere Kampagne derselben Agentur für die *Oper Frankfurt* mit dem Ziel der Spendenakquise angelegt ist und entsprechend ebenfalls eine Form von Imagewerbung darstellt.

---

[1] Indem im Gegensatz zum Konzert- oder Ausstellungsbesuch i. d. R. für den Gebenden ein im Wesentlichen emotionaler Mehrwert realisiert wird (philanthropische Motivation).

2. Junge Deutsche Philharmonie – ‚*Köpfe*'-Kampagne und Veranstaltungsplakate

Art der Kampagne: Imagekampagne ‚*Köpfe*': Groß- und größtformatige (u. a. Hauswände) bis kleinformatige (u. a. Postkarten) Werbemittel. *Veranstaltungsplakate:* Plakatwerbung als Veranstaltungspromotion. Kinospot ‚*Hospital*'.

Kurzportrait: Die *Junge Deutsche Philharmonie* e.V. (*JDPh*) wurde seit ihrer Gründung im Jahr 1974 als *Bundesstudentenorchester* mit anspruchsvollem Auswahlverfahren Repräsentant des Ausbildungsstandards junger deutscher Orchestermusikerinnen und -musiker aufgebaut. Das Modell ist grundlegend als innovativ, jung und hochklassig angelegt, was sich sowohl in den Strukturen der Selbstorganisation (z. B. demokratische Entscheidungsfindung über grundlegende künstlerische Aspekte und Zusammenarbeit) als auch im künstlerischen Profil niederschlägt. Die Programme umfassen je eine in der Regel kontrastreiche Mischung zwischen Standardwerken der abendländischen Musik unterschiedlicher Epochen sowie Werken Neuer und Neuester Musik. 30 Uraufführungen stellte die *Junge Deutsche Philharmonie* alleine in den letzten zehn Jahren vor. Künstler wie Daniel Barenboim, Pierre Boulez und Witold Lutoslawski leiteten das Orchester, Solisten wie Tabea Zimmermann oder Christian Tetzlaff musizierten mit der *Jungen Deutschen Philharmonie*. Erster Gastdirigent ist der Chefdirigent und stellvertretende Intendant des *Konzerthausorchesters Berlin*, Lothar Zagrosek. Konzertreisen führten die Philharmonie bereits durch viele bekannte Häuser in Europa und darüber hinaus und ließen ihr „herausragendes Interpretationsniveau, engagiertes Spiel sowie außergewöhnliche Programmkonzeptionen […] zum Markenzeichen des Ensembles"[2] werden. Auszeichnungen wie der Titel „Künstler des Jahres" des deutschen Schallplattenpreises würdigen die Arbeit.
JWT (J. Walter Thompson) ist, 1864 in New York gegründet, die älteste existierende Werbeagentur der Welt. In Deutschland ist *JWT* mit drei Niederlassungen vertreten (Düsseldorf, Frankfurt und Hamburg); der Schwerpunkt der Frankfurter Niederlassung liegt im Kommunikationsmarketing für kommerzielle Güter internationaler Großkonzerne. Zu den Kunden von *JWT* Frankfurt zählen u. a. *Bosch*, *Ford* und *Unilever*.

Kontext des Auftrags: Die Junge Deutsche Philharmonie ist direkter räumlicher Nachbar der Niederlassung von *JWT* Frankfurt. Bereits bislang war die *Junge Deutsche Philharmonie* mit grafisch hochwertigen und vom Design her außergewöhnlichen Kommunikationsmitteln aufgetreten. Die umfangreiche und mit herausragendem Einsatz der Agentur hergestellte Werbekampagne wurde für das Orchester realisierbar durch eine kostengünstige Kooperation, die von

---

2 Junge Deutsche Philharmonie, http://www.jdph.de/main.php/L/d/rubrik/biografie (Abruf am 06.03.2007).

JWT wiederum als Engagement zur Positionierung im hochwertigen Nonprofit-Marketing aufgefasst wurde.
Ziel der Kampagne für die *Junge Deutsche Philharmonie* war nur bedingt die aktuelle Besucherakquise – die Konzertveranstaltungen des Orchesters sind in der Regel sehr gut besucht – sondern die Erschließung jüngerer Rezipientenkreise für die Angebote des Orchesters. Als wesentliches Ziel für Image- wie Plakatkampagne wurde festgelegt, Schwellenabbau zu betreiben, um Veranstaltungen der Hochkultur den Ruch des Elitären zu nehmen, denn „Neue Konsumenten brauchen keine Grenzen." (BLUM-HEUSER 2006) Gleichzeitig sollten die Grundwerte des Orchesters in Stil, Ernsthaftigkeit und Exzellenzstreben in gleichem Maß repräsentiert werden.

Kampagnen: Ernste Musik kann jung, energisch, spritzig sein – vor allem dann, wenn ein junges dynamisches Orchester wie die *Junge Deutsche Philharmonie* dahinter steht. Dies ist nicht nur ein Imageziel, es schlägt sich auch in der sinnlichen und intelligenten Ausstrahlung der Auftritte des jungen Ausnahmeorchesters nieder. Der im unteren Raum der Plakatserie gleichbleibende Claim „Konzerte, die man nicht vergisst" ist bereits aus dem rein künstlerischen Angebot der *Jungen Deutschen Philharmonie* heraus keineswegs übertrieben – gerade die Herausforderung bis Provokation, die schon die Programmgestaltung ausmacht und das Publikum immer wieder mit zeitgenössischer Musik unterschiedlichster Perspektiven konfrontiert, unterstreicht diese Zeile gleichermaßen als Anspruch wie Ergebnis.
Das Ziel des Abbaus von Schwellen bei gleichzeitiger Kommunikation der Grundwerte des Ensembles wird in den Kampagnen für die *Junge Deutsche Philharmonie* oft mit klugem, gezieltem und nur punktweise angewandtem, dann aber sehr bewusstem Tabubruch bewerkstelligt: Sinnlichkeit und Provokation; Entertainment und Didaktik. Verbindendes Element aller Werbemittel ist die Vorstellung, den für den Betrachter vermeintlichen Gegensatz zwischen modernem Leben und klassischem Konzert zu überwinden und damit im Besonderen eine positive Wahrnehmung innerhalb jüngerer Bevölkerungsgruppen zu erreichen. Wie dies unter Beibehaltung bestimmter optischer Grundmerkmale geschieht, ist in den Einzelfällen sehr unterschiedlich und war eine der zentralen Herausforderungen der Kampagne. Allen Werbemitteln gemein ist, dass die Entwickler eine Erscheinung der modernen Gesellschaft, besonders unter jungen Menschen, aufgreifen: die Bricolage[3] des Lebensstils. Mit diesem aus dem Französischen abgeleiteten Begriff der Soziologie wird die persönliche Zusammenstellung verschiedenster gesellschaftlicher Einflüsse aufgefasst, die sich dann zu einem ganz individuellen (Lebens-)Stil der Person entwickeln.[4] Dies kann sich beispielsweise in einem Mix verschiedener Moderichtungen ausprägen. Im Meer der Möglichkeiten also ist alles mit allem kombinierbar, und

---
3   Bricolage = franz.: Basteln, Werken.
4   Christiane Lobenstein (JWT Frankfurt), persönliches Gespräch mit SMB am 22.03.2007.

dies gilt auch für die klassische Musik. Besonders die Reihe ‚Klassikkonzert und Party' betont den Bezug zu diesem Phänomen.

Neue Konsumentengruppen sollen des Weiteren durch die Nutzung zeitgemäßer Kommunikationsmedien zu Werbezwecken erreicht werden. So wurden in das Werbeportfolio der Jungen Deutschen Philharmonie nun Werbemittel wie Postkarten mit einem entsprechend bunt gemischten Distributionsmodell intensiv mit einbezogen, ebenso die bereits erwähnte Kinowerbung, die neue Gruppen dort erreichen soll, wo große Teile der Zielgruppe ihre Freizeit verbringt. Da die *Junge Deutsche Philharmonie* nicht örtlich gebunden ist, werden Werbemittel jeweils in zeitlicher Nähe zum Konzert am jeweiligen Veranstaltungsort eingesetzt; lediglich vor dem Sitz des Orchesters in der *Deutschen Ensemble Akademie* in der Schwedlerstraße in Franfurt wurde und wird kontinuierlich intensiviert und großformatig geworben.

Abb. 1: ‚*Köpfe*'-Kampagne. Motiv ‚*Klingeltöne*' (Junge Deutsche Philharmonie/JWT)

Auffälligstes Merkmal und eindrucksvolles Dokument der Professionalität der Arbeit gegenüber vielen vergleichbaren Kampagnen ist die expressive Sinnlichkeit der Motive der ‚*Köpfe*'-Kampagne. Vollkommen in Gedanken und Eindrücken versunken gibt sich ein junger Mann (Abb.1) ganz dem Hörsinn hin. Die Kamera hält sensibel einen intimen Moment fest: geschlossene Augen, Gleichgültigkeit gegenüber der realen Umwelt, vollkommen ergriffen von der erklingenden Musik. Dunkel gehaltene Farben schaffen zusätzlich eine beruhigende, in sich geschlossene Atmosphäre und sichern dem Bild damit hohe Authentizität. In der linken Plakathälfte erscheint dazu ein Text, der mit provokantem Seitenblick auf die akustische Realität des Alltags mit wenigen Worten völlig knapp und unpathetisch im Kontext der Fotografie die Unvergleichlichkeit des Erlebnisses unterstreicht: „Plötzlich merkst du, dass Musik mehr ist als die Klingeltöne auf deinem Handy." So wird das Aufeinandertreffen zweier Welten kunstvoll inszeniert: die eine ist ergriffen von der sie umgebenden Musik, die andere nutzt Musik nur als ein technisches Signal zur Kontaktaufnahme. Beide werden einander auch räumlich auf dem Plakat gegenübergestellt, kein verbindendes Element ist ergänzt, um die Diskrepanz offensichtlich zu machen – vielmehr wird diese durch die größere Schrift und die Kursivstellung des konträren Wortes ‚Klingeltöne' noch verstärkt. Dennoch enthält die Aussage eine vielversprechende Botschaft, direkt an den Leser adressiert. Mit einem ‚Du' wird die interessierte Person persönlich angesprochen, ohne Distanz durch ein unpersönliches (mit der gesellschaftlich konnotierten ‚Institution' Konzert verbundenes) ‚Sie' aufzubauen. Jeder ist in der Lage, diese die Sinne verändernde Musik zu empfangen, heißt diese Botschaft, er muss sich nur darauf einlassen. Gegensätze können überwunden werden.

Des Weiteren enthält gerade diese Plakatkomposition etwas Geheimnisvolles, etwas zu Ergründendes, das durch die dominante dunkle Farbgebung noch verstärkt wird. So wird von vornherein darauf verzichtet, den zu erwartenden Höreindruck zu beschreiben oder vorwegzunehmen, dieser wird indirekt im bildlich transportierten Gefühl angesprochen. Auch dies ist eine Grundsatz der Werbeidee von *JWT*: ein Rätsel soll aufgeworfen werden, das es sich lohnt zu lösen – durch das eigene Erleben und die eigene Erfahrung.

Noch verstärkt erscheint das Provokante als Wesenszug der Kampagnen mit Elementen in anderen Beispielen, die nun auch zur visuellen Ausprägung kommen. So stellt bereits die einfache Abbildung eines Sarges auf einem Werbeplakat einen Tabubruch dar, gilt doch das Thema Tod gesellschaftlich in der Regel als Tabu. Und wenn es schon innerhalb der Gesellschaft gemieden wird, so erst recht in der Werbung, die schließlich in positiver Weise das Interesse am Produkt wecken soll. Auch die auf der Partitur von Claude Debussys *La Mer* liegenden Fische – der Zusammenhang denkbar naheliegend – provozieren. Aus der traditionellen, distinktionsgeprägten Denkweise erscheint es absolut unvereinbar, höchste Kompositionskunst mit etwas Alltäglichem wie einem Fisch zu verbinden. Die *Junge Deutsche Philharmonie* tut dies und präsentiert damit ihren musikalischen Anspruch als auch denjenigen, Musik an einem entscheidenden Ort zu platzieren: Nah am Alltag, nah am Menschen, nah am Leben.

Auf andere, ebenfalls durchaus selbständig künstlerische und sehr subtile Weise inszeniert die ‚*Herbst*'-Serie (Abb. 2) eine eigene Form von Sinnlichkeit. Keine Gegensätze, keine Provokation – hier steht die reine Symbiose von Atmosphäre und Musik im Mittelpunkt. Die Natur vertritt in diesem Motiv die Sphäre der

Sinnlichkeit: Ein See, auf dessen Oberfläche Wellen ihre Kreise ziehen. Ausgelöst wurden diese Wellen durch Musik in Form eines Violoncellos. Adäquat zum Thema eines Herbst-Konzerts wird herbstliche Landschaft mit buntem Laub präsentiert. In dieser Weise erscheint eine direkte Verbindung zum Inhalt des beworbenen Konzertes. Hierin ergibt sich ein weiterer wesentlicher Unterschied zur ‚Köpfe'-Kampagne. Während erstere die *Junge Deutsche Philharmonie* als Institution bewirbt, ist das hier abgebildete Plakat projektbezogen und ‚darf' deshalb eine thematische Brücke zum Konzert bauen. Es dient demzufolge zweierlei Zwecken: einerseits der Image- und Markenbildung für die Philharmonie, andererseits der Bewerbung des konkreten Konzerts vor Ort.

Abb. 2: ‚Herbst'-Serie (JDPh/JWT)

Ebenfalls stark – im frechen ironischen Spiel mit Klischees – auf das Sujet des Konzertprojekts abgestimmt ist ein Plakatmotiv, das für ein Konzert mit Werken russischer Komponisten entworfen wurde. Die Idee eines typisch russischen Attributs bzw. Souvenirs wurde hierbei aufgegriffen und mit einem musikalischen Kontext kombiniert. Wie eine Matroschka werden dabei Instrumentenkästen –

vom Kontrabass bis zur Violine – der Größe nach aufgestellt und arrangiert. Damit stellt das Foto eine bildliche Verbindung zwischen Konzertprogramm und Plakat her und weckt so das Interesse des Betrachters durch eine ungewöhnliche Inszenierung. Ein Klischee dient als Verbindung zwischen Musik und Alltag für den Konsumenten; die ironische Brechung mit Souvenirkitsch wiederum wird durch die Wertigkeit der Gesamtkomposition dennoch auf die Erwartung eines hochkarätigen Ereignisses hin orientiert.

Abb. 3: ‚Klassikkonzert und Party' (JDPh/JWT)

Die ganz offene Vermischung zweier Welten, ausschließlich durch bildliche Elemente, ist die Werbung für die Reihe *Klassikkonzert und Party* der Kampagne aus dem Jahr 2006 (Abb. 3). Schon das Konzept der Veranstaltung stellt sich als absolut außergewöhnlich dar uns ist speziell auf ein junges Publikum hin ausgerichtet. Kombiniert werden hier die scheinbar völlig gegensätzlichen Ingredienzien ‚klassisches Konzert' und ‚Party' wie in einer oben beschriebenen

Bricolage. Dieses ist nun auch der Auftrag der Werbung, die ein Spiegelbild der Veranstaltung selbst sein soll und die richtigen Erwartungen wecken muss. Einen „Mix von Optionen" (LOBENSTEIN 2006) also stellen beide – Veranstaltung und Werbung – gleichermaßen dar. Auf den Fotos werden klassische Instrumente und Partyattribute verschmolzen abgebildet und so das scheinbar Unmögliche möglich gemacht: Die Kombination von traditioneller abendländischer Konzertmusik und aktueller Partykultur. Ein ergänzender und erklärender Text – ausgenommen natürlich die erforderlichen Daten zur Veranstaltung selbst – ist nicht notwendig. Hier findet das Vorhaben des Vermittelns zwischen den Welten seine offensichtlichste Ausprägung, da es am unverblümtesten abgebildet wird. Auch ein weiterer Aspekt unterscheidet diese Plakatreihe von den meisten anderen der Kampagnen der *Jungen Deutschen Philharmonie*. Die Farbenfreude ist passend zum Anlass besonders vielfältig. Während die anderen Plakate bislang vornehmlich in dunklen Farben gehalten wurden, fiel hier die Wahl auf Gelb, Blau und Grün. Ganz entsprechend dem umworbenen Produkt wird von subtiler Sinnlichkeit Abstand genommen.

Abb. 4: ‚Inszenierung von lautem Schweigen' (JWT)

Außergewöhnliche Einfachheit bei äußerst hoher inhaltlicher Prägnanz zeichnet dasjenige der Motive aus, das unter den von *JWT* entwickelten Veranstaltungsplakaten am meisten Aufmerksamkeit weckte (Abb. 4). Die „Inszenierung von lautem Schweigen" (LOBENSTEIN 2006) war das Ziel bei der Schöpfung dieser Werbung, die Reihe der Plakate um eine stimmige, aber gleichwohl selbst im Kontext der Reihe außergewöhnliche Note zu erweitern. Ganz gezielt nämlich bezieht sich das Motiv auf den Anlass des betreffenden Konzertes, die Einweihung des *Denkmals für die ermordeten Juden Europas* am 9. Mai 2005 in Berlin. Durch die bewusst historisierenden Stilmittel, die bei diesem Plakat zur Anwendung kommen, ergibt sich eine vergleichsweise hohe Interpretationsbreite. Der wesentliche Aspekt ist gleichwohl wieder derjenige der Gegensätzlichkeit. Auf den ersten Blick ist vor allem ein leeres Notenblatt zu sehen – auf den zweiten erschließt sich (schnell und höchst prägnant), dass diese Notenlinien aus Stacheldraht bestehen. Während Kunst auf verschiedene, individuelle Weise befreiend wirken kann, engt Stacheldraht ein, er beschränkt und droht. Wer sein Gebot nicht achtet, den verletzt er. Eine ganz besonders negative Bedeutung und intensive Wirkung erhält dieses Zeichen der Unfreiheit zudem im Zusammenhang mit der Vergangenheit der Juden in Deutschland und Europa und impliziert die Sicherungsanlagen der Konzentrationslager des Dritten Reichs. Nicht nur das Konzert mit Brahms' *Tragischer Ouvertüre*, Schönbergs *Ein Überlebender aus Warschau* und Wolfgang Rihms *Memoria*[5] bezieht künstlerisch und kommunikativ Stellung – auch das Plakat selbst vertritt mit stiller Vehemenz diese Aussage. Beide sind als Statement dazu formuliert, dass „wir als junge Generation diese Geschichte annehmen und weitertragen [müssen und wollen]" (DÜMLING 2005), so die *Junge Deutsche Philharmonie* selbst gegenüber der *Neuen Musikzeitung*. In diesem Fall also ist Werbung deutlich mehr als ein bloßes Anpreisen eines kommerziellen Produktes – das Plakatmotiv erreicht eine historisch-gesellschaftliche Ebene, über die es bereits selbständig in Rang und Wirkungsweise als Kunstwerk aufgefasst werden kann. Dass auch die Agentur dieses Motiv als einen äußerst gelungenen Wurf über den Bereich des allgemeinen Nonprofit-Marketing heraus sieht, geht aus der Einschätzung hervor, dass trotz der „Brisanz dieses Themas der Entwurf sowohl diesem als auch dem Wesen der Jungen Deutschen Philharmonie gerecht wird."[6] Dies belegen auch die Preise, die gerade dieses Veranstaltungsplakat erzielte. Unter anderem erhielt *JWT* den Sonderpreis der Jury des *ZMG-Wettbewerbs 2005*[7] sowie eine von der Jury des *ADC-Wettbewerbs 2006*[8] vergebene Auszeichnung.

---

5   Nach: Hessischer Rundfunk Online (Hrsg.), „Die Junge Deutsche Philharmonie eröffnete Feierlichkeiten", <http://www.hr-online.de/website/rubriken/kultur/index.jsp?rubrik=5710&key=standard_document_5787194>, Abruf am 20.03.2007.
6   Christiane Lobenstein (JWT Frankfurt), persönliches Gespräch mit SMB am 22.03.2007.
7   Nach: Zeitungsmarketing Gesellschaft (ZMG), <http://www.zmg.de/aktuelles/archiv.html>, Abruf am 19.03.07.
8   Nach: Art Director's Club für Deutschland e.V. (ADC), „Ergebnisse für die Kategorie Printkommunikation: Kunst/ Kultur/ Veranstaltungsplakate", <http://www.adc.de/servlet/PB/show/1011950/ADC_Gewinner2006.pdf>, Abruf am 19.03.2007.

Wirkung: Die *Junge Deutsche Philharmonie* unternahm zur Untersuchung der Wirkung der Kampagne eine Besucherevaluation vor (THOMPSON: 4f), nach der neben einer insgesamt steigenden Nachfrage nach den Veranstaltungen der Jungen Deutschen Philharmonie allgemein sich zudem innerhalb von nur einem Jahr der prozentuale Anteil der Konzertbesucher unterhalb von 45 Jahren verdoppelt hat. Während 2004 nur 15% des Publikums jünger als 45 Jahre waren, ergab eine Statistik, dass es 2005 bereits 30% waren. Unmittelbar hat sich also nach den Ergebnissen der Untersuchung die Werbeaktion in den Entwicklungen der Besucherstatistik niedergeschlagen. Parallel dazu entwickelte sich die Medienresonanz für die *Junge Deutsche Philharmonie*. 2004 erschienen 104 Beiträge über das Orchester in unterschiedlichen Medien, 2005 waren es bereits 400. Selbstredend verlaufen hier mehrere Entwicklungen parallel – unter anderem die Entwicklung von Formaten wie ‚Klassikkonzert und Party'; mit Sicherheit wirken sich aber die Werbekampagne und deren imagefördernde und -beeinflussende Wirkung positiv aus.

3. Oper Frankfurt – Veranstaltungsplakate und Fundraisingkampagne

Art der Kampagne: *Logoentwicklung. Veranstaltungsplakate*: Großformatige Werbeplakate. *Fundraingskampagne*: objektgestütztes Akquisemailing (Dimension Mailing).

Kurzportrait: Im Gegensatz zum in Projektphasen arbeitenden, die junge Musikerelite der Bundesrepublik repräsentierenden ‚Reiseorchester' der *Jungen Deutschen Philharmonie* stellt die *Oper Frankfurt* als städtisches Opernhaus eine Organisation der kommunalen Infrastruktur dar. Sowohl das Opernhaus als auch das *Opernhaus- und Museumsorchester Frankfurt* üben keine umfangreiche Reisetätigkeit aus, sondern bespielen im Wesentlichen das städtische Haus. Im Musikbereich bildet die Oper damit gemeinsam mit dem wiederum vielfach auch auswärts konzertierenden *hr-Sinfonieorchester* und dem Konzerthaus der *Alten Oper Frankfurt* das Rückgrat klassischer Musik in der Stadt und ist einer der wichtigsten Akteure des Genres in der Metropolregion Frankfurt/Rhein-Main. Damit richten sich Angebot und Werbeaktivitäten vornehmlich an Einwohner und (berufliche wie private) Gäste von Stadt und Region. Im Kontext der Bestrebungen zur Entwicklung der Rhein-Main-Region zur Metropolregion sieht die Stadt Frankfurt ihr Opernhaus als eine wesentliche Institution kontinuierlichen Kulturangebots auf international respektablem Niveau als klassischem ‚weichem Standortfaktor'.
Bereits 1780 wurde der Grundstein des ersten Theatergebäudes der Stadt gelegt. Seit der zweiten Hälfte des 19. Jahrhunderts existierten zwei auch räumlich an unterschiedlichen städtischen Orten platzierte, architektonisch und gesellschaftlich hervorgehobene Häuser für Sprech- und Musiktheater. Nach den Zerstörungen des Zweiten Weltkriegs wurden beide Häuser am Theater-

platz (heute Willy-Brandt-Platz) 1951 wieder unter einem Dach zusammengeführt. Bedeutende Dirigenten wie Christoph von Dohnányi, Georg Solti, Michael Gielen, Sylvain Cambreling oder bis 2008 Paolo Carignani leiteten das Frankfurter Haus, das mit den vergleichsweise frühen Verpflichtungen von Dirigenten späteren Weltrangs jahrzehntelang ein künstlerisches Gespür bewies und beweist. Der Spielplan reicht adäquat zur Funktion des Hauses von Alter Musik über die volle Breite des kanonisierten Opernrepertoires bis zu zeitgenössischen Werken. 2002 und 2005 war die *Oper Frankfurt* ‚Opernhaus des Jahres'.

OgilvyOne worldwide wurde 1948 von David Ogilvy gegründet und ist wie *JWT* im Wesentlichen mit der Vermarktung von Gebrauchs- und Konsumgütern befasst. Im Nonprofitbereich betreut *OgilvyOne worldwide* unter anderem auch Sozialmarketingkonzepte für Umwelt- oder Menschenrechtsinitiativen, darunter Kampagnen für den *WWF* und *Amnesty International*. *OgilvyOne worldwide* ist mit drei Büros in Deutschland vertreten, die unter anderem für die *Dresdner Bank*, *Nestlé* oder die *Deutsche Bahn* tätig sind.

Kontext des Auftrags: Im Jahr 2002 wurde Bernd Loebe als Intendant an die *Oper Frankfurt* berufen. Parallel zur künstlerischen Revision strebte Loebe auch eine Neuorientierung von Marketing und Öffentlichkeitsarbeit an und präsentierte bereits zu Beginn seiner Amtszeit die Agentur *OgilvyOne worldwide* in Form von deren Frankfurter Niederlassung als Partner für die zukünftige Arbeit.[9]

Auch wenn in der spezifischen Kernkonkurrenz ‚Musiktheater' kein weiterer kontinuierlicher Anbieter in Frankfurt auftritt, steht für die Positionierung der *Oper Frankfurt* insbesondere diejenige gegenüber dem Konzerthaus *Alte Oper* als eine kontinuierliche Aufgabe im Zentrum. Dies betrifft nicht ausschließlich den konkreten Ticketverkauf, sondern auch die gesellschaftliche und künstlerische Position des Hauses, unter anderem in Hinblick auf den Wettbewerb in den Bereichen Fundraising und Sponsoring. Für die *Oper Frankfurt* engagieren sich eine Sponsoring-Gemeinschaft sowie der Patronatsverein mit insgesamt 1.000 Mitgliedern.

Kampagnen: Die gesellschaftliche Funktion von Institutionen der Hochkultur war lange unangefochten – was sich sowohl auf das direkte Nutzungsverhalten von Angeboten als auch auf die Unterstützung der Institutionen auswirkte. In der multioptionalen Gesellschaft der Gegenwart müssen auch diese Institutionen ihren Platz in Gesellschaft und Stadt neu definieren, neuen Wettbewerbern der Freizeitgestaltung gegenübertreten und sich selbst ein neues zeitgemäßes (gleichwohl wertebasiertes) Image schaffen – eben eine „lebendige Präsenz und Sichtbarkeit" (BLUM-HEUSER 2006) zeigen.

Kultur (und speziell die das aktuelle Leben künstlerisch sublimiert reflektierenden Formen der Darstellenden Kunst) ist ein eng eingegliederter, fester Be-

---

9   nach: OgilvyOne worldwide, <http://www.ogilvy.de/ogilvy/index2.html>, 17.03.07.

standteil von Frankfurt am Main – der Stadt der Finanzen, Unternehmenssitze, des Flughafens Rhein-Main, des Big Business. Diese Rolle der Oper als verbindendes Zahnrad im Organismus „Stadt", ohne dabei eine ethisch übergeordnete Position zu betonen, stellt den Grundtenor der Kampagne von *OgilvyOne worldwide* dar. Ziel der Kampagne war es, in den Köpfen der relevanten Interessen- und Anspruchsgruppen eine enge Verbindung zwischen der Oper und der Stadt herzustellen, die Sympathie und Spannung, reflektive und innovative Perspektiven als Argumente für die Institution und ihre Arbeit aufzubauen zum Ziel hat. „Oper lebt durch die Stadt und mit der Stadt",[10] formuliert die Projektleiterin Christine Blum-Heuser – diese gewissermaßen ‚natürliche' Position aus dem Selbstbild der Institution heraus nach außen zu kommunizieren ist die Aufgabe der Werbekampagne. Eine wesentliche Zielgruppe für die Plakatkampagne war es, bisherige Nichtbesucher des Opernhauses für die Angebote des Musiktheaters zu sensibilisieren und zu interessieren. Besonders gegenüber jüngeren, gegebenenfalls durchaus kulturaffinen, aber institutionenfernen Zielgruppen sollten negative Images, die mit dem Begriff eines städtischen Opernhauses konnotiert sein könnten, abgebaut und durch positive Assoziationen ersetzt werden.

Plakatreihe. Die von *OgilvyOne worldwide* entwickelte Plakatreihe soll exakt diese Vorstellung im Einzelplakat, aber auch mittels der Reihe umsetzen. Das Veranstaltungsplakat zu Joseph Haydns „*L'isola disabitata*" (Die unbewohnte Insel) z. B. verwirklicht die Perspektive in Reinkultur. Das Motiv greift den puren Alltag auf – gleichwohl unter Einbeziehung des Straßenschilds „Auf der Insel". An jeder Ecke findet sich im bundesdeutschen Schilderwald auch ein solcher Orientierungshelfer, und nun ebenso auf einem Plakat der Oper, einer kulturellen Institution, einer Vertreterin des gewissermaßen explizit Außer-Alltäglichen. „Das, was sonst nicht in der Werbung erscheinen würde",[11] die alltägliche Seite Frankfurts, soll in den Plakaten der *Oper Frankfurt* abgebildet werden. Das ist gleichwohl noch nicht ausreichend, um eine authentische und überzeugende Verbindung zur Institution Oper herzustellen. In Falle dieses Plakates schlägt unter anderem eine linguistische Verbindung die Brücke – durch das Wort ‚Insel' im Titel der Haydn-Oper und im fotografischen Motiv des Plakats. Des Weiteren ist als zentrales Element ein Originalzitat aus dem Libretto der umworbenen Oper prominent platziert: „Könntest du, mein Treuer, mein Herz klopfen sehen." Große Emotionen verkörpert dieser Satz, greift in wenigen Worten Aspekte der Handlung heraus und soll so auch an die Neugierde des Publikums appellieren. Verstärkt wird diese Wirkung durch die kognitive Dissonanz: Alltagsszene im Bild/große Gefühle im Text. Das Zitat im Sprachstil der Spätklassik führt gleichzeitig den artifiziellen Anspruch der Kunstform Oper in

---

10 Christine Blum-Heuser (OgilvyOne worldwide), persönliches Gespräch mit SMB am 16.03.2007.
11 Christine Blum-Heuser (OgilvyOne worldwide), persönliches Gespräch mit SMB am 16.03.2007.

die Plakatkomposition ein. Im gemeinsamen Komplex wird gleichermaßen die Tonalität des Außeralltäglichen subtil angeschlagen wie die Verbindung zum Alltäglichen vergleichsweise unangestrengt und locker hergestellt wird – so dass es kaum mehr außergewöhnlich erscheinen kann, für die Gestaltung eines freien Abends durchaus zwischen Kino und Oper wählen zu können, ohne in eine gesellschaftliche Sphäre eintauchen zu müssen, die als anstrengend oder gekünstelt attribuiert wird.

Abb. 5: L'isola disabitata (Oper Frankfurt/OgilvyOne)

In den Grundsätzen identisch, jedoch mit leicht variierter Gewichtung zeigt sich ein zweites Beispiel der Plakatkampagne (Abb. 6). Während im vorangegangenen Beispiel ein gewöhnlicher Ort auch in vergleichbar gewöhnlicher Weise dargestellt wurde, wird in diesem Motiv ein gewöhnlicher Ort aus einer ungewöhnlichen Perspektive betrachtet und dadurch eine regelrecht geheimnisvolle Atmosphäre vermittelt. So schaut die betrachtende Person durch das Innere ei-

Klassische Werbung für klassische Musik

nes vielgeschossigen Rundbaus mit der Wirkung eines hohen Turms oder tiefen Abgrunds, was durch vorüberziehende Wolken sichtbar wird. Der reale Ort der Aufnahme ist hier höchstens für den Kenner der Lokalität erkennbar. Genauso gewichtig wie das Foto wirkt der begleitende Zitattext aus Franz Schuberts *Fierrabras*. Als klassisches romantisches Diktum liest sich der Satz „Selbst an des Grabes Rande erwacht das Leben neu", den im Werk der Protagonist Roland zu seiner Geliebten spricht, als Ausdruck der Erkenntnis, dass nur die Liebe das menschliche Leben überdaure. Das Libretto stellt in diesem Falle einen offenbaren Bezug zum Werbefoto dar, das im vorigen Motiv konstitutive Stilmittel der kognitiven Dissonanz kommt explizit nicht zur Anwendung. Scheinbar steht der Betrachter des Plakats im Innern des beschriebenen Grabes und erblickt von unten den Grabesrand.

Abb. 6: Fierrabras (Oper Frankfurt/OgilvyOne)

In diesem Zusammenhang ist ein weiterer Bestandteil des Auftrags und entsprechend eine Konstante der Serie zu berücksichtigen, nämlich der Anspruch, dass die Plakatkomposition einen Bezug zu Grundideen der Inszenierung herstellen soll. So muss die ausgewählte Fotografie eine doppelte Funktion erfüllen – einmal den Bezug zur Stadt gewährleisten und zum zweiten, gemeinsam mit Textzitat und Wirkung, die sich aus der Kombination beider ergibt, bestimmte dramaturgische Ideen zu reflektieren. Ein Ziel der Serie ist es, das Plakatmotiv gegenüber dem Besucher der Oper als glaubwürdigen Indikator für bestimmte Aspekte der Inszenierung zu entwickeln. Eine Beispielszenerie wäre also: Der Opernbesucher sieht nach dem Besuch das Plakat wieder, nimmt die Parallelen zwischen faktischer Inszenierung und Werbeplakat wahr und fasst beim nächsten Plakat dessen Atmosphäre als glaubhaften Hinweis auf bestimmte Eigenheiten der nächsten Inszenierung auf. Hier wird die komplexe Anforderung deutlich, das außerhalb des eigenen Erlebens kaum im Printmedium Kommunizierbare einer Werkinterpretation verantwortungsbewusst in ein Medium zu fassen.

Für die Gestaltung der Werbemittel ist es deshalb von zentraler Wichtigkeit, den Charakter der Inszenierung selbst in das Plakat mit aufzunehmen und diesen widerzuspiegeln. Eine modern inszenierte Oper kann aus Sicht der Projektleiterin auf Seiten von *OgilvyOne* (Christine Blum-Heuser) nicht mit einem traditionellen Bild beworben werden; auch der umgekehrte Fall ist für die Projektleiterin der Kampagne für die Oper Frankfurt nicht denkbar und irreführend. Was aber einerseits eine Herausforderung ist, kann auch zur Chance werden. Denn mit der Beeinflussung der Erwartungen durch die Werbung können genau diese Erwartungen auch gesprengt und von Grund auf verändert werden, um auf unverstellte Weise Interesse an den Angeboten des Musiktheaters zu generieren.

Um solche inhaltlichen Kontinuitäten zwischen Werbung und Veranstaltung sicherzustellen, ist auch im operativen Bereich eine enge und ggf. auch zeitintensive Zusammenarbeit zwischen Opernhaus und Agentur notwendig. Aus diesem Grund sind beispielsweise an der Besprechung und Auswahl der Fotos Vertreter der Werbeagentur, der Dramaturg der entsprechenden Produktion und natürlich der Fotograf beteiligt. Auf diese Weise werden die Berücksichtigung und angemessene Kombination aller relevanten Einzelaspekte sichergestellt.

Neben der konkreten Veranstaltungswerbung verfolgt die Reihe gleichwohl Ziele einer Image- oder Markenentwicklung. In der Gesamtheit der Plakatmotive soll ein Bild der Institution *Oper Frankfurt* in der Öffentlichkeit kommuniziert werden, das innerhalb dieses Projektes nicht zusätzlich in einer separaten Imagekampagne transportiert wird. Deshalb sind gerade die Plakate ein wichtiges Instrument in der Kommunikation der für das Haus angestrebten Institutionsidentität bzw. von deren gewünschter Funktion innerhalb der Stadtidentität, nämlich welcher „Charakter der Institution [...] in der Öffentlichkeit in Erscheinung" (FISCHER 2001:107) treten soll. Eine Definition dieser Aspekte ist Träger der Kernaspekte der Institutionsidentität und beeinflusst wesentliche Entscheidungen des Auftritts, konsequenterweise gleichwohl auch inhaltliche der künstlerischen Arbeit. Neben den bereits dargestellten Aspekten wurden für die Zusammenarbeit von *Oper Frankfurt* und *OgilvyOne* Charakteristika wie „selbstbewusst, stolz, einzigartig" (BLUM-HEUSER 2006) definiert.

Um aus der Vorstellung eines Corporate Design auch innerhalb der mit dem Anspruch auf Repräsentanz der Produktionen entworfenen Plakate eine Wiedererkennbarkeit zu gewährleisten, werden unterschiedliche Parameter der Plakatgestaltung konstant eingesetzt. Zum Beispiel wird durchgehend dieselbe Schriftart und -größe für den Text angewandt, auch die optische Verteilung von Schrift und Bild ist meist ähnlich gestaltet. Dominierend sind der Titel des Werks sowie der Name des Komponisten im oberen Drittel des Plakats. Je nach Motiv ist das Zitat aus dem jeweiligen Libretto linksbündig bis mittig orientiert und in kleinerer Schriftart zu finden. Wie ein transparentes Banner füllen Termin- und Serviceinformationen das untere Drittel des Plakats. Hier ist zudem das im Format kleinste, in der grafischen Prägnanz jedoch wichtigste Wiedererkennungsmerkmal positioniert – das Logo der *Oper Frankfurt*.

Abb. 7: Logo Oper Frankfurt

Logo: Die Logoentwicklung für die *Oper Frankfurt* (Abb. 7) war ebenfalls Bestandteil der Zusammenarbeit zwischen Oper und Agentur. Es zeigt eine schweifende Klammer, wie sie im allgemeinen Gebrauch als zusammenfassendes Zeichen gebraucht wird. Bewusst wird offen gelassen, was die Klammer zusammenfasst – Oper kann alles beinhalten, sie verschließt sich vor nichts und kanalisiert das, was von außerhalb der Klammer in sie einfließt. Betont wird außerdem durch größere Schrift das Wort ‚Oper', da zum einen das Phänomen die Kunstform Oper allgemein betrifft und zum anderen der wesentliche Bezugsrahmen des Hauses regional ausgerichtet ist. Mit dem neuen Logo wurde eine komplette neue Ausstattung an Kommunikationsmaterialien eingeführt. Neues Papier für den offiziellen Postverkehr transportiert das Logo nun ebenso wie Promotion-T-Shirts. Dieser einheitlichen Linie entsprechend erscheinen innerhalb des neuen Designs auch das neu entwickelte Opernmagazin und die Programmhefte. Auf dem schwarzen Grund, der die neue Grundfarbe der Oper darstellt, ziehen sich hier bannerartig zweifarbig die Motive der Plakatkampagne über die Din-A4-Größe. Ähnliche Banner finden sich wie oben beschrieben auch auf den Plakaten selbst. Auch im Innern der Materialien wird das Bannermotiv beibehalten, so dass eine gesamtheitlich gestaltete Ausstattung einen hohen Wiedererkennungseffekt gewährleistet.

Fundraising-Material. Schließlich umfasst die Neuaufstellung des Kommunikations-Marketings der Oper einen letzten Schwerpunkt: die Professionalisierung der Fundraising- und Sponsoringaktivitäten der *Oper Frankfurt*. Da die *Oper Frankfurt* auf Unterstützung durch Sponsoren aus der örtlichen, regionalen und überregionalen Wirtschaft angewiesen ist, wurden neue Materialien für die Spender- und Sponsorenakquise entwickelt. *Reine Gefühlssache* heißt das Projekt, das Gefühle in Reagenzgläser einschließt, die die Oper wieder entkorkt und in eine unnachahmliche Mischung zusammenfließen lässt. Emotionen wie zum Beispiel Rache, Leidenschaft und Eifersucht werden Stoffe und Materialien zugeordnet (Rache: Patrone, Leidenschaft: Lippenstift, Schmerz: Scherben etc.), die in je einem Glas enthalten sind. Abstrakte Positionen, die die Oper mit ihrem Programm präsentieren möchte, werden auf diese Weise plastisch dargestellt und sichtbar gemacht.

Abb. 8: Dimension Mailing 'Reine Gefühlssache' (Oper Frankfurt/OgilvyOne)

Wirkung: Die *Oper Frankfurt* verzeichnet seit Beginn der Amtszeit Loebes auf unterschiedlichen Ebenen ansteigende Tendenzen. Die Besucherzahlen zeigen in der Betrachtung seit der Spielzeit 2000/01 eine positive Entwicklung.[12] Waren es 2000/01 noch etwa 172.000 Besucher, die an Veranstaltungen jeglicher Art der *Oper Frankfurt* teilnahmen, zeigt sich seitdem ein stetiger Aufwärtstrend. In der Spielzeit 2005/06 waren es 193.000 Besucher, also 20.000 mehr als noch fünf Jahre zuvor. Dies hängt u. a. auch damit zusammen, dass die Zahl der Vorstellungen von 203 in der Saison 2000/01 auf 289 in der Spielzeit 2005/06 gesteigert wurde. Eigene Untersuchungen der Oper ergaben zudem, dass seit Beginn der neuen Kampagne vermehrt jüngere Menschen den Weg in die Oper finden. Außerdem konnte ein Zuwachs im Verkauf von Abonnements verzeichnet werden.

---

12 Nach: Stadt Frankfurt (Hg.), *Statistische Jahrbücher der Stadt Frankfurt am Main 2002–2006.*
– http://www.frankfurt.de/sixcms/detail.php?id=2811&_myvars[_id_listenartikel]=8355, 16.03.07. (siehe auch Anhang 2)

Von den Projektbestandteilen der Zusammenarbeit von *Oper Frankfurt* und *OgilvyOne worldwide* konnte insbesondere *Reine Gefühlssache* nicht nur im ursprünglichen Zweck des Materials Sympathien und Abschlüsse generieren, das Projekt wurde auch mehrfach preisgekrönt – es erzielte bei *Cannes Lions 2005* den dritten Platz in der Kategorie *Dimensional Mailing*[13] und beim *Deutschen Dialogmarketingpreis* einen zweiten Platz.[14]

4. Marketing oder Marke? – Kategorisierungs- und Wirkungsfragen
In beiden vorgestellten Kampagnen liegt der (noch) vergleichsweise seltene Fall vor, dass professionelle Werbeagenturen, die auch im Konsumgüter- und Dienstleistungsbereich für bedeutende Akteure des kommerziellen Marktes tätig sind, mit der Konzeption und Umsetzung von Marketingaktivitäten für Kulturinstitutionen betraut wurden.

Unter den Gesichtspunkten von Markenmanagement muss zunächst – adäquat zu vielen vergleichbaren Institutionen – davon ausgegangen werden, dass beide vorgestellten Institutionen bereits bislang sehr wohl ambitionierte Marketingaktivitäten realisierten, jedoch keine professionell entwickelten und umgesetzten Markenstrategien verfolgten. Ein eklatanter Unterschied beider Kampagnen ist in dieser Hinsicht die Tatsache, dass z. B. angesichts bislang nicht vorliegender oder nicht verpflichtend gehandhabter visueller Markensymbole (Corporate Design) die Kampagne von *OgilvyOne* für die *Oper Frankfurt* sehr wohl ein Logo und weitere Merkmale von Corporate Design gestaltet und weitgehend konsequent nutzt, während die Kampagne von *J. Walter Thompson* für die *Junge Deutsche Philharmonie* bewusst auf die Entwicklung insbesondere eines ‚klassischen' Logos verzichtet und stattdessen auf andere verbindende Parameter setzt.

In Hinblick auf die Ausrichtung der Kampagnen ist festzuhalten, dass das Ziel von Werbung und Öffentlichkeitsarbeit bei beiden Institutionen deutlich über eine klassische Veranstaltungswerbung hinausgeht und dies auch tun muss – insbesondere, da es sich um solche Einrichtungen handelt, deren Finanzierung wesentlich über Investitionen/Subventionen der öffentlichen Hand und/oder privatwirtschaftliche Sponsoringbeziehungen gewährleistet wird. Diese Form von Stakeholderbeziehung beinhaltet die Notwendigkeit, eine ökonomische Sicherheit aus der Balance zwischen konkreten Einnahmen und dem eigenen Bild in der Öffentlichkeit zu generieren, das wiederum ausschlaggebend für das Engagement für die Institution oder das Projekt sein kann.

Indem der Nutzen für den Sponsor oder die Ausrichtung der (kultur-)politischen Entscheidung für eine Investition bzw. Subvention entscheidend von der Bedeutung des Sponsoring- oder Investitionsnehmers in der Öffentlichkeit abhängt, erhalten Präsenz, Wiedererkennbarkeit und Kontinuität – und damit zentrale Ziele von Markenmanagement – ganz entscheidende Bedeutung über den konkreten

---

13 Nach: One to One, „Gewinner des Cannes Lions Direct 2005 der D-A-CH Region". – http://www.onetoone.de/downloads/dm_trends/2005_2006/dm0506_awards.pdf, 12.03.07.
14 Nach: Deutscher Direktmarketing Verband e.V. (DDV), „Deutscher Dialogmarketing Preis 2005. Shortlist". – http://www.ddv.de/downloads/Shortlist_ddp2005.pdf, 12.03.07.

Verkaufserfolg im Ticketingbereich hinaus. Hier stehen imagemäßige Ziele wie Markenbekanntheit und Markenstärke in Hinblick auf eine Differenzierung auf dem Markt partiell vor dem eigentlichen Verkauf (wie Präferenzbildung mit dem Ziel von Markentreue).
Beide vorgestellten Kampagnen sind also vor allem unter zwei grundlegenden Perspektiven zu betrachten:

- Imageziele/allgemeine Positionierung (Präsenz und Differenzierung)
- Absatzziele/Veranstaltungswerbung (Ticketverkauf und langfristige Präferenzbildung)

Oper Frankfurt: Die Kampagne für die *Oper Frankfurt* ist im Wesentlichen einem klassischen Markenmodell zugehörig. Die konstante Bezugnahme auf die Institution erfolgt zunächst durch ein Schriftlogo mit schlichtem grafischem Ornament (geschweifte Klammer), das im herkömmlichen Sinn die Kennzeichnung der Angebots als eines der *Oper Frankfurt* sicherstellen soll. Eine zweite Konstante stellen die Ästhetik der Fotografien sowie die grafische und inhaltliche Konzeption der Plakate dar. Hier wird gleichwohl nicht ein gleich bleibendes Element wiederholt (wie z. B. der Außenbau oder das Interieur des Hauses) – vielmehr ist es der Stil der Fotografien und deren stetiger Rückbezug auf die Stadt (aus originellen Blickwinkeln und in außergewöhnlichen Details), der sich als optische Leitlinie durch die Serie zieht. Die Veranstaltungsplakate der *Oper Frankfurt* kalkulieren auf einen bereits wachen Beobachter, indem die Konzeption der Plakate nicht plakativ die einzelnen Angebote des Hauses z. B. mit Szenenbildern auch von Ungeübten wahrnehmbar kommuniziert, sondern im Wahrnehmungsvorgang zumindest entweder den kompetenten Blick für das rasche Erfassen des Operntitels oder Komponistennamens oder eine gewisse Neugierde ob des für ein Veranstaltungsplakat ungewöhnlichen Motivs voraussetzt, um die Verbindung mit dem Thema Oper schnell herstellen zu können. Innerhalb dieses Bezugskomplexes – also einen bereits mindestens eingeschränkt kompetenten potenziellen Nutzer voraussetzend – erfüllt die Kampagne eindeutig die Anforderung, gleichermaßen anspruchsvolle und ggf. spannende Bezüge herstellende Motive zu verwirklichen und andererseits stetig den Rückbezug auf die dahinter stehende Institution zu ermöglichen. Die Identifikation markierter Angebote ist damit im Bereich der Veranstaltungsplakate grundlegend gewährleistet. Für den aufmerksamen Betrachter und regelmäßigen Besucher der *Oper Frankfurt* bietet sich zudem ggf. der informations- bzw. assoziationsbezogene Zusatznutzen, Parallelen zwischen der gesehenen Inszenierung und dem noch gehängten Plakat zu dechiffrieren – und daraus möglicherweise zukünftig aus dem Plakatmotiv zumindest abstrakte Informationen über die Art der Inszenierung abzulesen. Etwas spekulativ ließe sich aus dieser Beziehung also sogar eine (gleichwohl wenig differenzierte) ex-ante-Bewertbarkeit ableiten, die

allerdings i. d. R. nicht mit dem Mindestmaß an Präzision wirken kann, die nötig ist, um auf deren Grundlage eine zuvor noch ungeklärte Kaufentscheidung treffen zu können.
Die Fundraisingkampagne *Reine Gefühlssache* bedient sich gegenüber dem Ansatz der Plakatkampagne symbolischerer Mittel; sie wirkt durch die Plastizität der angewandten Materialien (z. B. der Glassplitter) gegenüber den nüchterneren Plakaten sehr emotional. Die Außendarstellung der *Oper Frankfurt* erscheint in diesem Punkt – begründet durch die unterschiedlichen Ziele – mindestens auf den ersten Blick nicht vollständig konsistent.
Als Bestandteil von Aufbau, Entwicklung und Pflege von Markenkommunikation für die *Oper Frankfurt* ist speziell die Plakatkampagne gleichwohl i. d. R. auf den bereits vorinformierten und/oder produktaffinen potenziellen Rezipienten angewiesen; ein Aufladen des Angebots mit Bedeutungen, die dem Betrachter bislang nicht im Zusammenhang mit dem Haus präsent sind, geschieht nur in eingeschränktem Maß.

Junge Deutsche Philharmonie: Die Kampagne für die *Junge Deutsche Philharmonie* erscheint zunächst als geradezu konträr gegenüber der Idee einer markenstrategischen Kampagne. Das grafische Logo der *Jungen Deutschen Philharmonie* tritt auf den Plakaten überhaupt nicht in Erscheinung; der Orchestername ist in der Regel auf den Plakaten nicht dominant gehalten. Die Imageplakate der ‚*Köpfe*'-Kampagne wirken sogar vergleichsweise allgemein und lassen sich erst auf den zweiten Blick auf einen spezifischen Anbieter beziehen. Gleichwohl werden hier, in noch stärkerem Maß als durch die eigentlich normierteren Modelle bei den Veranstaltungsplakaten der *Oper Frankfurt*, der Stil und nicht zuletzt die Intelligenz und das Niveau der Motive zu Konstanten. Die Tatsache, dass das werberische Niveau der Plakate der *Jungen Deutschen Philharmonie* im Kontext der üblichen (im Umfeld plakatierten) Plakate für Kulturveranstaltungen erheblich nach oben differiert, gewährleistet als qualitativer Quantensprung die Wiedererkennbarkeit des Anbieters. Intelligenz und künstlerische Qualität der Plakate wiederum geben ein Qualitätsversprechen ab und spiegeln die Grundwerte, die das Orchester vermitteln möchte. Damit wird der Verzicht auf das plakative Herausstellen des Namens oder des Logos, das die *Junge Deutsche Philharmonie* außerhalb klassischer ökonomischer (Verkaufs-)Notwendigkeiten stehend darzustellen scheint, zu einem wesentlichen Bedeutungs- und Imageträger. *No Logo*, um mit dem Titel des globalisierungskritischen Standardwerks von Naomi Klein (2001) zu spielen, ist hier also das eigentliche Logo mit dem Anschein von Understatement, zumindest von hohem, ungekünsteltem Niveau. Dieses glänzende Spiel mit oder ohne Momenten der klassischen Werbung ist gleichwohl nur dort möglich, wo keine vergleichbaren Kampagnen parallel existieren – die Alleinstellung der Methode bedingt die außergewöhnliche Wirkung der Kampagne.
Der *Hospital*-Kinospot formuliert seine Kernaussage auf ähnliche Weise – es

geht nicht um Versprechungen und Superlative, vielmehr transportieren die Gesichter und Gedankenspiele die Passion und das Unnachahmliche, das Einzigartige, das im Kontakt mit dem hochkarätigen (musikalischen) Kunstwerk erlebt werden kann. In diesem Kontext wird auch deutlich, warum z. B. gerade der *Hospital*-Kinospot trotz der vieldimensionalen Kommunikationsfacetten des Mediums auf die Vorstellung des Kerngegenstandes – des Klanges, der Musik – über weite Strecken bewusst verzichtet. Thematisch prägend ist vielmehr – wie auch in der ‚*Köpfe*'-Kampagne – nicht der Gegenstand, sondern die Wirkung: in der kontemplativen Rezeptionssituation der dargestellten Personen oder im krassen Gegensatz in den aufgeregten Dirigierbewegungen des ins Krankenhaus eingelieferten Mannes. „Drogen?" fragt der behandelnde Arzt und erhält als Antwort ein Kopfschütteln: die emotionale Ansteckungskraft großer Musik erreicht den Effekt bewusstseinserweiternder Mittel allemal.

Die *Junge Deutsche Philharmonie* steht als Medium in scheinbarem Understatement am Rand von Motiven und Kinospot, dennoch ist sie gerade dadurch als integrer Anbieter, der auch in der Kommunikation den Exzellengrundsatz zugrunde legt, eindeutig zu identifizieren. *JWT* arbeitet hier exakt mit den Mitteln, die die hochkarätige Konsumgüterwerbung nutzt, die bruchlos auf das kulturelle Angebot übertragen werden – aber auch ohne Abstriche professionell dessen Werte zu Grunde legen.

Die Konstanten der Kampagnen für die *Junge Deutsche Philharmonie* prägen sich also im Gegensatz z. B. zu einer Logopräsenz oder der Darstellung von Gebäuden oder Veranstaltungsräumen über andere Aspekte aus:

- Deutliche Unterscheidbarkeit im Kontext vergleichbarer Veranstaltungswerbung (exzellente Anwendung anspruchsvoller Stilmittel)
- Im allgemeinen gesellschaftlichen Kontext scheinbar antizyklische Werte werden unter Verwendung ‚stylischer' Kommunikationsmittel zu Grunde gelegt

Die hierüber erzielte Selbstähnlichkeit der Plakate, Postkarten und des Spots ist selbst dort, wo sie im Gegensatz zur Imagekampagne der ‚*Köpfe*' deutlich unterschiedliche Kompositionsprinzipien aufweisen, insbesondere im Rahmen des Kontexts allgemeiner Plakatierungen gerade im Hochkulturbereich außerordentlich markant.

Coda: Beide vorgestellten Kampagnen zählen zu den noch raren, von marktführenden Werbeagenturen professionell entwickelten Maßnahmen für Organisationen der Hochkultur. In beiden Fällen beschränkt sich die professionelle Arbeit nicht ausschließlich auf die Gestaltung von Merkmalen eines Corporate Design; auch die Einzelplakate und weiteren Werbemedien wurden und werden vom gleichen Anbieter entwickelt und umgesetzt.

Beide Kampagnen bedienen sich der Vorstellung, im inneren Bild des potenziellen Rezipienten gleichermaßen Alltag und Kunsterlebnis aneinander anzunähern (sowohl, um Kunst als Reflex auf und Impuls für die ‚Wirklichkeit' zu benennen, als auch, um Schwellen abzubauen) und gleichzeitig das Außergewöhnliche des künstlerischen Ereignisses herauszustellen.

Dabei ist die Kampagne der *Oper Frankfurt* vergleichsweise klassisch orientiert und verfolgt konsequent Corporate-Design-Richtlinien, erreicht im geografischen Umfeld des Angebots damit eine hohe Wiedererkennbarkeit – allerdings, wie oben ausgeführt, besonders im Rahmen bereits vorab interessierter potenzieller Rezipientenkreise.

Die Kampagne für die *Junge Deutsche Philharmonie* geht dem gegenüber freier mit dem tradierten Instrumentarium von Markenmanagement um, erreicht jedoch auch gegenüber nicht vorgeprägten potenziellen Rezipienten eine hohe Überzeugungsfähigkeit zu einem ästhetischen Gegenstand, dessen außergewöhnliche Wirkungsqualitäten visuell darzustellen eine äußerst anspruchsvolle Aufgabe darstellt.

Mit unterschiedlicher Zielrichtung präsentieren dabei beide Kampagnen mit den jeweils zugrunde gelegten Zielen und Werten im Einklang interessante Ergebnisse bei einer Königsaufgabe von Werbung im Hochkulturbereich, gewissermaßen gegenstandslose Affekte, Emotionen und Sinnlichkeit greifbar zu gestalten.

Quellen

BLUM-HEUSER, Christine (2006): Vortrag *Ein Bild in der Öffentlichkeit: Werbung für Kultur am Beispiel der Oper Frankfurt und der Deutschen Stiftung Denkmalschutz* am 10.11.2006 bei der Konferenz ‚Kulturbranding II' an der Hochschule für Musik FRANZ LISZT Weimar – Notizen Müller-Bollenhagen und Tonmitschnitt.

THOMPSON, J. Walter: Unterlagen zur Einsendung des Projekts „Junge Deutsche Philharmonie" beim Wettbewerb „Social-Effie" des Gesamtverbandes Kommunikationsagenturen e.V.

LOBENSTEIN, Christiane (2006): Vortrag *Werbung als unseriöser Mittler zwischen den Welten? Beispielhafte Werbung für Orchester und andere ernste Themen* am 10.11.2006 bei der Konferenz ‚Kulturbranding II' an der Hochschule für Musik FRANZ LISZT Weimar – Notizen Müller-Bollenhagen und Tonmitschnitt.

Literatur

DÜMLING, Albrecht (2005): Denkmäler aus Stein und aus Tönen. – In: *Neue Musikzeitung* 54/43. – http://www.nmz.de/nmz/2005/05/bericht-jdph.shtml (Abruf am 20.03.07).

FISCHER, Walter Boris (2001): *Kommunikation und Marketing für Kulturprojekte*. Bern u. a.: Haupt.

KLEIN, Naomi (2001): *No logo! Der Kampf der Global Players um Marktmacht. Ein Spiel mit vielen Verlierern und wenigen Gewinnern*. München: Riemann.

MEFFERT, Heribert/BURMANN, Christoph/KOERS, Martin (2002): Stellenwert und Gegenstand des Markenmanagement. – In: Dies. (Hgg.), *Markenmanagement. Grundlagen der identitätsorientierten Markenführung*. Wiesbaden: Gabler.

PROKOP, Josephine (2008): Corporate Design für Museumsmarken: Mehr Wirksamkeit durch mehr Aufmerksamkeit. – In: John, Hartmut/Günter, Bernd (Hgg.), *Das Museum als Marke. Branding als strategisches Managementinstrument für Museen*. Bielefeld: transcript.

Reihenherausgeber

Steffen Höhne ist Professor für Kulturmanagement an der Hochschule für Musik FRANZ LISZT Weimar.
HfM FRANZ LISZT Weimar, Studiengang Kulturmanagement, Platz der Demokratie 2/3, 99423 Weimar. E-Mail: steffen.hoehne@hfm-weimar.de.

Wolfgang Lück ist Professor em. am Lehrstuhl für Allgemeine Betriebswirtschaftslehre mit Schwerpunkt Wirtschaftsprüfung an der TU-München.

Autoren

Pascal Charles Amann ist Rechtsanwalt mit Schwerpunkt Musikrecht.
Amann Rechtsanwälte, Heidelberger Str. 64, 64285 Darmstadt.
E-Mail: pa@ra-amann.de.

Carsten Baumgarth ist Priv.-Doz. der Deutschsprachigen Abteilung für Betriebswirtschaftslehre an der Fakultät für Verwaltungs- und Wirtschaftswissenschaften, Marmara Universität.
Marmara Üniversitesi İ.İ.B.F., Almanca İsletme Bölümü, 34810 Anadoluhidari-Istanbul/TR. E-Mail: cb@baumgarth-brandconsulting.de.

Sigrid Bekmeier-Feuerhahn ist Professorin für Kulturwissenschaft an der Universität Lüneburg.
Universität Lüneburg, Fachbereich Kulturwissenschaften, Scharnhorststr. 1, 21335 Lüneburg. E-Mail: bekmeier@uni-lueneburg.de.

Andreas Eckel ist Geschäftsführer der Sponsorengesellschaft Schleswig-Holstein Musik Festival mbH.
Sponsorengesellschaft Schleswig-Holstein Musik Festival mbH, Palais Rantzau, Parade 1, 23552 Lübeck. E-Mail: a.eckel@shmf.de.

Kristina Freund ist Projektmanagerin im bcc Berliner Congress Center.
Kristina Freund, Gryphiusstr. 11, 10243 Berlin.

Kai-Uwe Hellmann ist Priv.-Doz. am Institut für Soziologie (IfS) der TU Berlin.
TU Berlin, Institut für Soziologie (IfS), Franklinstr. 28/29, 10587 Berlin.
E-Mail: kai-uwe.hellmann@gmx.de.

Birgit Mandel ist Professorin am Institut für Kulturpolitik der Universität Hildesheim.
Universität Hildesheim, Kulturwissenschaften und Ästhetische Praxis, Marienburger Platz 22, 31141 Hildesheim. E-Mail: birgit.mandel@gmx.de.

Sonja Müller-Bollenhagen, Hochschule FRANZ LISZT Weimar. E-Mail: SonjaMB@gmx.net.

Stefanie Rathje ist Professorin für Interkulturelle Wirtschaftskommunikation an der Friedrich-Schiller-Universität Jena.
Friedrich-Schiller-Universität Jena, Ernst-Abbe-Platz 3, 07743 Jena.
E-Mail: stefanie.rathje@uni-jena.de.

Sebastian Steinert ist wissenschaftlicher Volontär (Schwerpunkt: Marketing) am Zentrum für Kunst und Medientechnologie Karlsruhe.
Zentrum für Kunst und Medientechnologie Karlsruhe, Lorenzstraße 19, 76135 Karlsruhe. E-Mail: steinert@zkm.de.

Schriftenreihe

Weimarer Studien zu Kulturpolitik und Kulturökonomie

bisher erschienen:

Höhne, Steffen (Hg.) (2005): „Amerika, Du hast es besser"? Kulturpolitik und Kulturförderung in kontrastiver Perspektive. Leipzig: Universitätsverlag.

Höhne, Steffen/Ziegler, Ralph Philipp (Hgg.) (2006): „Kulturbranding?" Konzepte und Perspektiven der Markenbildung im Kulturbereich. Leipzig: Universitätsverlag.

Höhne, Steffen (Hg.) (2008): „Amerika, ein Land der Zukunft"? Kulturpolitik und Kulturförderung in kontrastiver Perspektive. Leipzig: Universitätsverlag.

demnächst:

Höhne, Steffen/Kostenbader, Uli/Seemann, Hellmut (Hgg.) (2009): Krisenmanagement: Der Brand und seine Folgen – die Herzogin Anna Amalia Bibliothek. Leipzig: Universitätsverlag.